寻找最好的自己

哪里有荒山？肯开采都是金矿！

顾　问　梁希厚
主　编　王玉东
副主编　于正平　王春翠　张甫阳

吉林大学出版社

图书在版编目（CIP）数据

寻找最好的自己 / 王玉东主编. —长春 : 吉林大学出版社, 2018.5
ISBN 978-7-5692-2319-4

Ⅰ.①寻… Ⅱ.①王… Ⅲ.①教学研究 Ⅳ.①G420

中国版本图书馆CIP数据核字(2018)第128125号

书　　名：寻找最好的自己
XUNZHAO ZUIHAO DE ZIJI

作　　者：王玉东　主编
策划编辑：朱　进
责任编辑：朱　进
责任校对：高桂芬
装帧设计：贺　迪
出版发行：吉林大学出版社
社　　址：长春市人民大街4059号
邮政编码：130021
发行电话：0431-89580028/29/21
网　　址：http://www.jlup.com.cn
电子邮箱：jdcbs@jlu.edu.cn
印　　刷：三河市嵩川印刷有限公司
开　　本：787mm×1092mm　　1/16
印　　张：17.25
字　　数：320千字
版　　次：2018年5月　第1版
印　　次：2023年9月　第2次
书　　号：ISBN 978-7-5692-2319-4
定　　价：53.00元

"未来的文盲不再是不识字的人，而是没有学会怎样学习的人。"

（埃德加·富尔）

前　言

王玉东

这是一部写给千百万在校学生的书。他们朝气蓬勃，千姿百态，面对着只看文化成绩的各类考试，他们奋斗、挣扎、苦恼、无助，单一的评价模式，标准件型的人才理念，让不少学生对学习失去了兴趣，对自己失去了信心。

这是一部写给千百万家长的书。他们的孩子活泼可爱、聪明伶俐，面对着山一样的学习资料，面对着日趋下滑的学习成绩，面对着日趋紧张的父子关系，他们焦虑万分，万分期盼孩子够聪明、会学习，能取得更大的成功。

这是一部写给千百万教师的书，他们几十年如一日，面对枯燥无味的书本知识，不厌其烦，日复一日地重复着，没有过程快乐，缺少职业幸福。

互联网时代的今天，政治谋略、经济规划、日常生活都在改变，我们的学习艺术和教学艺术也在改变。"以人为本""以学生发展为本""办学生最适合的教育"已经成为新课程改革的核心理念，而"自主学习""自己教自己"就是新课改理念下的主要策略。在新课改的背景下，各种学法研究和教法研究风起云涌、纷至沓来，也确实让我们兴奋了一阵，但尘埃落定之后，我们反而怀念起我们海阳一中老的学习方法——"学案学法"。

上个世纪80年代，教育界蒸蒸日上，我的语文老师——山东省海阳一中的梁希厚先生，从教法研究领域转向了学法研究。

梁希厚先生以"自己教自己"的崭新理念撰写的《论学案》《学案概说》《语文学案》等著作相继发表，在省内外引起了极大反响。"过去的教学研究，大家的目光多集中于'如何教'，而梁希厚老师及时转换视角，研究如何'学'，并独创'学案'，开创学法研究之先河"——《山东教育》。当然，在那个崇尚"成功是百分之九十九汗水"的年代，这种将时间放手给学生，课堂上讲得很少的做法，很难得到学校和社会的广泛认可。就是在这样的环境中，梁老师运用"学案学法"，带领着我们的学生，采用"小鸡扒拉食吃，缺什么补什么"的策略，挖掘出学生的巨大潜能。那届高考，我们班语文成绩竟获全市第一。这"奇迹"引起"老师不讲课能考第一"的轰动与笑谈，也让我在近三十年的教学生涯中，常常去思索研究"自己教自己"的"学案学法"。

"自己教自己"的"学案学法"真正发挥了教师的主导作用和学生的主体作用，它不仅能挖掘出学生的巨大潜能，还能使之超越书本，超越教师，超越自我和群体。它打开了课堂的门窗，放开了学生的手脚，让他们有机会以最佳的思路去获取知识，以最适宜的方法去"寻找最好的自己"。

"半亩方塘一鉴开"源于"活水"，积极活泼的课堂源于常教常新。学生的认知能力不断地日新月异，教师也要不停地学习新理念、新知识。

"学案学法"的精髓是"自己教自己""自主学习""质疑"等，教育者要尊重学生，要爱护鲜活的生命，来不得半点沽名钓誉，来不得一丝投机取巧。要排除一切私心和诱惑，在教学过程中的每一招每一式，都要慎之再慎，如履薄冰。再不能以旧理念去看待新课改，教师之所以慨叹教学难的症结就在于——丰富的新课改内容与教育者的陈旧理念发生严重碰撞，形象点说，教师的前脚已踏进新理念，而后脚还没从旧理念中拔出来。

"自己教自己""自主学习""翻转课堂"等教学理念和策略，检验着一切教学活动的短长，决定着学习的艺术和教学的艺术的优劣。学生是千姿百态的有情感、有个性的"人"，而不是知识的"容器"，不是考试的"机器"，更不是定型的"产品"。为学生营造一个"辛苦并快乐着"的学习乐园，让他们个性成长、特长发展，应是每位教师梦寐以求，并终身为之孜孜奋斗的。

本书分"学习的艺术""教学的艺术"两部分。"学习的艺术"部分，以类似科学小品文的形式，尽力把国内外最经典的，尤其是诺贝尔奖获得者的学习思维的步骤、手段和方法，融合在生动的事例或感人的故事之中，以求广大学子在有情、有趣的氛围中去"寻找最好的自己"，去领悟"自己教自己"的个中妙趣。"教学的艺术"部分，以语文、数学、外语三科为主，展现教师教学生怎样以"自己教自己"的学法策略，猎取更丰富、更广阔、更深邃的知识。这就是著名教育家叶圣陶梦寐以求的"教是为了达到不需要教"的美妙境界。来自一线教师的经验，可能是零散或粗陋的，但它是原生态的，是接地气的。

"每种色彩都应该盛开，别让阳光背后只剩下黑白，每一个人都有权利期待，爱放在手心，跟我来。"

"自己教自己"的理念，可创造出许许多多更好的学法和教法！

"自己教自己"的理念，会挖掘出学生中蕴藏的丰富潜能！

"自己教自己"的理念，可以给学生提供最适合的教育！

"自己教自己"的理念，能让学生寻找到最好的自己！

2017年春

序　言

徐建敏

　　王玉东先生从事教育工作多年。他敬业务实，敢作敢为，拒绝守旧，他深知"因循二字，从来误尽英雄"。

　　在几十年的教学实践中，王玉东先生"不期修古，不法常可"，一直在反思，在总结，在创新。他懂得"尊新必威，守旧必亡"的道理。为了改变教育的保守现状，他调研探索、昼夜笔耕，完成了这本《寻找最好的自己》。

　　这本书的价值就在于它冲出教育界牢牢的思维定式，以哲理的高度提出了"自己教自己"的方略和操作手法。这"自己教自己"的理念，赋予现代教学以崭新的内容。旧观念的"教学"是让学生背记知识的ABC，并由老师"越俎代庖"牵着走；而新观念的"教学"是教学生怎样去"自己教自己"，怎样去思维，怎样去推理。当师傅领进门之后，就让学生自己去动手、动脑，以锻炼其一叶知秋、知微见著、事半功倍的能力。

　　据业内资深人士说，以自读、质疑、自由讨论为手段的"自己教自己"的策略，可不经教师讲解——数、理、化、外语能掌握百分之五十以上；语文、历史、地理、生物能掌握百分之八十以上。可见，只要开发学生深藏于大脑的潜能，只要不束缚学生的创造力而任其"奇思妙想"，只要让学生冲出"老师不教我就不会"的惯性桎梏，学生的潜能就会像地下的岩浆般喷薄而出。

　　期盼老师讲课能提纲挈领，并置知识于系统之中，这样学生无需死记硬背，就能在抽丝剥茧的学习过程中得到获取知识的捷径。

　　期盼老师讲课轻重分明，容易讲的"芝麻"勿喋喋不休，难讲的"西瓜"不轻描淡写，这样就会让学生的学习效率步步攀升。

期盼老师能仔细考量每次布置作业的实效性、针对性，不至于让作业潮汹涌澎湃，以让学生积蓄更充沛的精力！

期盼老师能精致、艺术地驾驭课堂，让学生像身处溪涧听淙淙流水，如漫步沙滩听轻轻涛声，那么清晰，那么顺畅，那么享受。

教学美与敬业心，能唤起学生的聪慧和意志，能让他们寻找到最好的自己。

2017年春

目　录

学习的艺术篇

21世纪该如何学习？千万条路可归结为一条——"自己教自己"。这是"互联网时代"进行学习的基本特点。

如何才能学会学习，困扰着一代又一代的莘莘学子和他们的父母们。因此，编者以类似于科学小品文的形式，努力把国内外最经典的，特别是诺贝尔奖获得者们的学习和思维的步骤、手段和方法，融入生动的事例和感人的故事，使学子们能在有情、有趣的环境中来"寻找最好的自己"，去领悟"自己教自己"的奇妙乐趣。

知识的学习仅靠他人的传授是原始的、低效的，只有凭借自己动手、动脑去寻找、探索和汲取，才是学习知识最根本、最有效、最科学的策略。在当今社会，一个人事业发展得好坏，与"自己教自己"时的力度、深度与广度密不可分。

非智力因素在学习中会发挥巨大的推动作用。哪个人拥有强烈的自信心，哪个人持有认真的态度和科学的方法，哪个人具有百折不挠的毅力，哪个人就能最终攀上科学的顶峰，去领略"一览众山小"的无限风光。

大千世界，芸芸众生，为何有人春风得意，有人却黯然无光？为何有人家财万贯，有人却一贫如洗？为何有人成功，有人却失败？

怎样才能成功呢？

成功的第一要素——"天生我材必有用"的自信。人生在这个世界都是有用的。然而不是每个人都知道自己想干什么，能干什么，适合干什么。只有了解这些，才能调动起自己的兴趣，才能做到"学海无涯乐作舟"。

曾经有一个叫迈克的男孩，他成绩一直不好。高中毕业时，校长对他母亲说："迈克的理解能力非常差，两位数以上的计算都弄不懂。"迈克为了安慰母亲，还是试着去努力学习，可是不管怎样也记不住那些需要掌握的知识，因此他大学也没考上。然而，迈克却对雕刻有着浓厚的兴趣。他只要一遇到有人在雕刻，就凑上前去，好奇而仔细地欣赏起来。久而久之，只要迈克看到适合的材料，如木头、石头之类的东西，就会按照自己的想法去认真雕刻。多年以后，市政府为纪念一位名人，决定在广场上为其建一座雕像。知道消息后，众多雕塑大师纷纷送去自己的作品。但最后，只有雕塑师迈克的作品被选中了。他在雕像揭幕式上感慨道："大学里没有我的位置，但我总会在广阔的生活中找到位置。"由此可见，迈克并不是笨，只是他当年没有找对自己的位置。位置找对了，兴趣便有了，成功就来了。

成功的第二要素——认真做手中的事情。一花一世界，一沙一天堂，只要能把手上的小事情认真做好，人生就一定会绽放出异彩。

在荷兰，一个初中刚毕业的青年农民在一个小镇找到了一份替镇政府看门的工作。他的业余爱好是费时又费工的打磨镜片。他磨呀磨，一磨就是60年。他磨出的复合镜片的放大倍数，甚至比专业技师都高出很多。终于，他利用所研磨的镜片，发现了另外一个广阔的世界——微生物世界。他就是科学史上赫赫有名的大科学家范·列文虎克。列文虎克用他毕生的心血，认真对待手中那份平平淡淡的爱好。终于在这"认真"中，他找到了属于自己的"上帝"；从他的"认真"中，科学也开启了更绚烂的未来。

成功的第三要素——挖掘潜能。什么是潜能？是沉睡或潜藏在人身上和身边的能量。苏联学者叶夫里莫夫说："如果人类能够发挥一半的大脑功能，那么就可以轻而易举地学会40种语言，背诵整本百科全书，拿到12个博士学位。"人能发挥出这样大的潜能吗？能！

一位已被医生确定为残疾的美国人，名叫斯蒂文，靠轮椅代步20年。他的身体原本很健康，赴越南打仗，被流弹打伤了背部的下半截，被送回美国治疗，经过治疗他虽然没有生命危险，却没法行走了。他整天坐轮椅觉得此生已经完结，有时就借酒消愁。有一天，他从酒馆出来，照常坐轮椅回家，却碰上三个劫匪，动手抢他的钱包。他拼命反抗，却触怒了劫匪，他们竟然放火烧他的轮椅。轮椅突然着火，斯蒂文竟然忘记了自己的双腿不能行走，他拼命逃走，求生的欲望竟然使他一口气跑了一条街。事后，斯蒂文说："如果当时我不逃走，就必然被烧伤，甚至被烧死。我忘记了一切，一跃而起，拼命逃走。以至于停下脚步，才发现自己会走动。"后来他在纽约找到了一份工作，身体健康，与正常人一样行走。

成功的第四要素——坚持不懈。人一松劲，就会自己打败自己；人一咬牙，也能自己成全自己。不论一个人的智商是高还是低，身体是强还是弱，只要能坚持到底，那么他的成功率就会明显提高。

巴雷尼小时候因病成了残疾，母亲的心就像刀绞一样，但她还是强忍住自己的悲痛。她想，孩子现在最需要的是鼓励和帮助，而不是妈妈的眼泪。母亲来到巴雷尼的病床前，拉着他的手说："孩子，妈妈相信你是个有志气的人，希望你能用自己的双腿，在人生的道路上勇敢地走下去！巴雷尼，你能够答应妈妈吗？"母亲的话，像铁锤一样撞击着巴雷尼的心扉，他"哇"地一声，扑到母亲怀里大哭起来。从那以后，妈妈只要一有空，就陪巴雷尼练习走路，做体操，常常累得满头大汗。有一次妈妈得了重感冒，她想，做母亲的不仅要言传，还要身教。尽管发着高烧，她还是下床按计划帮助巴雷尼练习走路。黄豆般的汗水从妈妈脸上淌下来，她用干毛巾擦擦，咬紧牙，硬是帮巴雷尼完成了当天的锻炼计划。体育锻炼弥补了由于残疾给巴雷尼带来的不便。母亲的榜样作用，更是深深教育了巴雷尼，他终于经受住了命运给他的严酷打击。他刻苦学习，学习成绩一直在班上名列前茅。最后，以优异的成绩考进了维也纳大学医学院。大学毕业后，巴雷尼以全部精力，致力于耳科神经学的研究。最后，终于登上了诺贝尔生理学和医学奖的领奖台。面对人生路上的巨大打击——少儿残疾，巴雷尼和他的妈妈不仅没有放弃，反而坚持恢复，努力学习，最终巴雷尼登上了科学界最高领奖台。

达尔文告诉我们，优胜劣汰，适者生存——这是大自然的发展规律，也是人类社会的发展规律。时不我待，若一时乐于现状，若一时骄傲自满，若一时不思进取，那么就可能被卷入时代创新激流所形成的漩涡中而沉没。

第一章　你想更聪明吗

人人渴望聪明，可"聪明"是怎样炼成的呢？

曾经有这样一位女科学家：她是欧洲第一个获得博士学位的女性，是登上巴黎大学讲台上的第一位女教授。她既是全世界首位获诺贝尔奖的女性，也是当时全世界第一个两获诺贝尔奖的人。她的名字几乎是"顽强毅力"的代名词。她就是居里夫人。

玛丽·居里（1867—1934 年），波兰裔法国籍人。父亲是名中学数学和物理教师。幼年时，她就对自然科学十分感兴趣。中学毕业时她成绩很优秀，并获得了金质奖章，可却由于家境困难而上不起大学。为了能够攒钱去念书，她只好去做家教。她白天工作，夜间自学，每个晚上都从九点一直学到午夜。她做了6年家教后，终于攒了一点钱。于是1891年她来到巴黎大学理学院学习。为了节约，冬天她住在一间没有取暖的、冰冷的阁楼上。每到晚上冻得不能入睡，就把家里所有的衣服，尽量多地穿在身上，其余的都压在被子上。更冷时，她就把屋里唯一的一张椅子也压上。她平时节衣缩食，可这样还不够维持学费，只好经常利用课余时间为学校洗刷工具、检修炉子，来赚些微薄酬劳。但是就在这样的困境中，她却能将全部的精力都集中在课堂上和实验室里。1893年夏，她终于以第一名的优异成绩毕业于巴黎大学物理系，并获得了物理学硕士学位。第二年，又以第二名的成绩，获得了数学硕士学位。

1895年，玛丽与物理学家比埃尔·居里结婚，从此大家称她为居里夫人。结婚后，居里夫妇开始致力于放射性元素的研究。1898年，居里夫妇发现了一种新元素，为了纪念自己的祖国，居里夫人给这个新元素起名为"钋"（po，拉丁文波兰的首字母）。之后他们又宣布发现第二种新元素"镭"。为了获取到纯净的镭，他们展开了为期4年之久的夺镭之战。

居里夫妇买不起原料，就使用廉价的铀沥青残渣。没有实验室，就在理化学校借了一间简陋的放置废物的厂棚。就这样，无论酷暑还是寒冬，他们忍着刺鼻的气味，利用十分简单的工具，将残渣碾碎加热，数个小时不断搅拌锅内热气腾腾的溶液。他们以超乎常人的毅力，1千克1千克地炼着。他们不惧失败，反复测定、分析、试验，历经4年难以想象的艰苦奋斗，终于从8吨的铀沥青残渣中，提炼出1/10克的氯化镭。

1906年，居里夫人的丈夫不幸因车祸丧生。居里夫人没有停下来，她鼓起勇气，忍受着巨大的悲痛，独自承担起丈夫遗留下来的工作。1907年她提炼出纯氯化镭，并精确测定出其原子量；1910年她又分离出了纯镭元素，并测出镭元素的性质；同期她还出版了科学巨著《论放射性》。为了科学，也为了失去的亲人，居里夫人奋力工作着。因其巨大贡献，她于1903年、1911年两获诺贝尔奖，成为现代物理学的奠基人之一。

居里夫人坚强不屈的学习精神、对待科学认真严谨的态度以及在恶劣的环境中成功不骄、灾难不屈，将毕生的精力和智慧都贡献给科学的崇高品质，永远是值得我们学习的。

距离居里夫人发现放射性元素镭已过去一百多年。她已由一个可爱的小女孩、一位坚毅端庄的女学者，变成教科书里的新名词"放射线"，变成一条条科学定理，变成物理学中一个新的计量单位"居里"，变成科学史上一块永恒的丰碑！

居里夫人虽然很聪明，但还有很多比她聪明的人，他们却未曾两获诺贝尔奖。居里夫人的成功，不仅在于她手中那把可以打开知识宝库的金钥匙，更重要的在于她能使这把钥匙熠熠生辉、永不生锈——这就是她对工作的专注与热爱、对科学的眷恋与忠诚、对事业的毅力与自信。

一、开发智力潜能

有些人学习时遇到困难就愁眉不展，悲观地问自己：我还能学好吗？回答是积极的、肯定的：你能学好，因为你的大脑还远未开发出来，仿佛一个沉睡的巨人。

这里有一个不是故事的"故事"。

1968年的一天，美国心理学家罗森塔尔和助手们来到一所小学，说要进行7项实验。他们从一至六年级各选了3个班，对这18个班的学生进行了"未来发展趋势测验"。之后，罗森塔尔以赞许的口吻将一份"最有发展前途者"的名单交给了校长和相关老师，并叮嘱他们务必要保密，以免影响实验的正确性。其实，罗森塔尔撒了一个"权威性谎言"，因为名单上的学生是随便挑选出来的。8个月后，罗森塔尔和助手们对那18个班级的学生进行复试，结果奇迹出现了：凡是上了名单的学生，个个成绩有了较大的进步，且性格活泼开朗，自信心强，求知欲旺盛，更乐于和别人打交道。

是罗森塔尔会魔法吗？不，即使有魔法的话，这魔法就来自你自己和我们每个人，它就是埋在大脑深层的"潜能"。潜能是实实在在存在的，显然，罗森塔尔的"权威性谎言"发挥了作用。这个谎言对老师产生了暗示，左右了老师对名单上学生的能力评价，而老师又将自己的这一心理活动通过自己的情感、语言和行为传染给学生，使学生变得更加自尊、自爱、自信、自强，从而使各方面得到了异乎寻常的进步。罗森塔尔就是用心理、用精神，通过校长、老师来挖掘出孩子们蕴藏的巨大的学习潜能。

一个人的潜能到底有多少？美国心理学家威廉·詹姆斯经过长期研究发现，一个人在工作或学习时只运用了他10%的能力，还有90%的潜能可以挖掘。这是个多么惊人的数字！哪怕我们的潜能再多发挥10%，那么我们的人生将会变得完全不同。

什么是潜能？当一名学生出乎大家的意料，考出之前没有过的好成绩，达到平时很难达到的新高度，这样偶然出现的闪光点我们把它叫做"潜能"。倘若能紧紧抓住闪光点，变偶然为必然，并在新起点上创造更优异的成绩，这就是"开发潜能"。成绩好的学生有潜能，成绩差的学生潜能更大；所有学生都有巨大潜能，所有人都有巨大潜能，包括你在内。

"天下兴亡，匹夫有责"这个名句大家知道吧？这句话，是明末清初著名的文学家、思想家、政治家、教育家、史地学家和音韵学家顾炎武提出来的。顾炎武哪来的这么多的本事呢？答案就是挖掘潜能。

他6岁启蒙，10岁开始读史书、文学名著。十几岁就跟着爷爷读《孙子》《吴子》《资治通鉴》等著作。一直到老年，他几乎没有一天不读书。他能背诵出很多历史著作和儒家经典。他还广泛阅览各个朝代的实录、野史以及诗赋、辞章、地理、天文等书籍。到45岁时，他已经读完近万卷各类书籍，在他家乡附近已基本找不到他没读过的书。他的朋友还特意为他写了一篇征求天下书籍的启事，请求全国的藏书者可以借书给顾炎武读。这就是为什么顾炎武在历史、地理、天文、历算、考古、音韵、金石等方面颇有建树，写出很多著作，成为名垂千古的大学者的原因。

你能相信下面的事实吗？丘吉尔曾是学校中最顽皮、最贪吃、成绩最差的学生之一，说话又口齿不清，结结巴巴，因此经常遭到老师的体罚。然而他却成了那个时代最富有影响力的政治家和演说家。庞加莱因为患有运动神经系统疾病，写字都很困难，5岁时他又患上了严重的白喉病，致使他的语言能力发展缓慢，视力也受到严重损害。但他却成为法国最伟大的数学家之一，被公认是19世纪末和20世纪初的领袖数学家。怎么解释这一切呢？还是挖掘潜能！

海伦·凯勒一岁半时突患急性脑充血病，连日的高烧使她昏迷不醒。当她苏醒过来，眼睛烧瞎了，耳朵烧聋了。由于失去听觉，不能矫正发音的错误，她说话也含糊不清。对于一个残疾人来说，世界是一片黑暗和寂静，可她竟想读书识字，来与命运抗争，仅仅二十几个字母就用了三年时间去学习。她的老师安妮·莎莉文是用触觉与这个女孩进行交流的。她在凯勒手上写单词，一遍又一遍，一天又一天，凯勒就是这样学习阅读和盲文，后来竟写出了举世闻名的《假如给我三天光明》。从凯勒的身上我们可以看到，人的潜在能力是多么巨大啊！

你知道开发大脑潜能的"孙维刚奇迹"吗？非重点学校的北京二十二中的某实验班，在孙维刚老师的指导下，竟然使不聪明的学生变得聪明，使聪明的学生变得更加聪明。全班40人100%上大学，38人达重点线，22人考进清华、北大，占全班人数的55%。破天荒地创造了"真实的神话"，在全国绝无仅有！值得一提的是，全班40名学生全部来自工薪阶层家庭，在当年升入中学时，这个班七成学生成绩低于区属重点中学录取分数线，基本上都是其他学校挑剩下的"学困生"。可见，只要充分开发人的大脑潜能，可以创造出无数奇迹。

本杰明·卡斯坦特是法国历史上最具天赋的人之一。他天资聪颖、智力非同一般，是一位上天心存眷顾的天才。在很小的时候，就能吟诵诗歌，而且几乎过目不忘，对那些读过的诗歌总是有一套自己独特的见解。他抱负远大，曾经立志要写出一部万古流芳的巨著。可是直到一生匆匆结束之时，他也没有完成这样一部巨著。原因在于二十岁以后，卡斯坦特开始对任何事情都不感兴趣。他不愿意从任何一本书上汲取知识，因为他觉得书上写的那些东西他早就读懂了。虽然他曾经志向远大，想要写一部万古流芳的巨著，但他却不愿意付出努力，他觉得完成文学巨著需要花费的时间太长，而且他也没有那种耐性和精力。

中国有句成语叫"江郎才尽"，"江郎"指南朝文学家江淹，他年轻的时候，就成为一个鼎鼎有名的文人，他的诗和文章在当时获得极高的评价。可是，当他年纪渐渐大了以后，他的文章不但没有以前写得好了，而且退步不少，诗写得也平淡无奇。

卡斯坦特、江淹当年不聪明吗？可再聪明的人，倘若止步不前，不思进取，他的潜能也是不能发挥出来的。

宋代有个人叫苏洵，自幼聪明，但年轻时不爱读书，每天不务正业，游山玩水。直到27岁才恍然大悟，开始学习。学了一年多，就去考秀才、进士，结果都没考中。他这才认识到，学习并不是件易事，要想成功非下功夫不可。

一日苏洵的书房里向外冒烟，家人不知里面发生了什么事，进去一看，只见苏洵把过去写得不成样子的一沓沓文稿扔进火炉，矢志从头开始。此后他谢绝宾客，闭门学习。就这样奋发五六载，终于写出一手好文章，成为北宋著名的文学家，与其子苏轼、苏辙同列为"唐宋八大家"。

苏洵年轻时的确很懒惰，但是即使是懒惰的人，只要明确了目的，端正了态度，他的潜能就可以被释放出来。

"业精于勤而荒于嬉"，请千万记住古人的劝诫。人所展现出的各种能力，都在不断变化，并非已达到顶峰。人们身上潜藏着可以向各方面开发的巨大潜能，这是人类最为珍贵而又远未充分挖掘的宝藏。科学研究表明：人有潜能，动物也有潜能；体力有潜能，智力也有潜能。无论动物还是人，为了适应周边复杂的环境，在体力和智力等方面都存在巨大的潜力。即在一般情况下，只使用十分之一的体力和智力，还有其余的十分之九在沉睡中有待开发。正是因为有这十分之九的潜在体能可开发，所以才会诞生世界赛跑冠军、游泳冠军、举重冠军、武术冠军……也正是因为还有十分之九的潜在智力可开发，才会诞生伟大的文学家、思想家、科学家、政治家、设计师……

学生的潜能释放都受哪些因素影响呢？一是智力，二是学习态度，三是信息交流。

智力上大家基本上差不多。美国学者本杰明·布卢姆的实验和研究表明，除了天才儿童和弱智儿童各占2%～3%以外，剩下的95%左右的儿童在学习能力等方面都是差距不大。因此，你们都是聪明的。

这里良好的学习态度和目的十分重要，因为它能促进和推动学习潜能的开发，能让大多数学生进入优等生序列；反之，消极的学习态度和目的，将妨碍和干扰学习潜能的开发，即使是优秀生也会掉队的。

还要对信息交流引起重视，它也是影响潜能释放的一个重要因素。

1920年，人们从印度加尔各答西南山林里救出两个女孩，她们是从小不幸被母狼叼走，在狼窝里长大的。她们虽然被救回，可惜因为失去了人类的早教，在她们身上，人的一切心理现象已经全部泯灭了，反而适应了狼的生活，她们的人类潜能也就自然消失了，变成了狼的智力的十分之一。

19世纪，国外有一个王子，幼年时被人绑架，囚禁在一间地牢里。有人每天给他送水送饭，但从来没有人露过面，从来没有人与他说过话，王子的血统不可谓不高贵，但是17岁获释的时候，他既不会说话，也不会走路，不认识父母，也不知道穿衣戴帽。由于缺乏社会环境中的实践，王子成了白痴，连狼孩的智能水平也没有。

这两个例子可以证明，信息才是挖掘现代人"智矿"的钻头。信息不仅向人提供滋养，还创造刺激，产生人才。中国的春秋、战国、汉、唐时代以及古希腊文明时代、法国的路易十四时代、意大利的文艺复兴时代、英国的伊丽莎白时代等，都是人才辈出、群星璀璨的时代。究其根本在于，这些时代的信息交流十分活跃，存在大量的激励行为的信息。为什么同一个人在此环境中平庸，而到另外一个环境中会脱颖而出呢？因为就是在后一环境中有更丰富更先进的信息，有更多的推进人发展的刺激性信息。只有在这种先进而丰富的信息环境中，勤奋才能绽放出更加绚烂的智慧的花朵。

信息从何而来？从书本，从人群，从社会……

博览群书，勤于思考，会使你更聪明，更理性。

诺贝尔奖获得者弗里茨·普雷格尔的启示：

怎样挖掘潜能？有些人是由于兴趣而挖掘，可有些人却是被逼迫而挖掘的。

弗里茨·普雷格尔，1869年出生，斯洛文尼亚裔奥地利化学家。小时候的他对学习兴趣不大。他着迷的是体育运动。他的理想是长大以后成为一名体育健将。所以他常常是身在教室，心在操场。15岁那年，他如愿以偿地考入了体育学院专攻体育。

1887年，普雷格尔从体育学院毕业后，抱着一心想成为创纪录的体育明星的愿望，接连两次参加了奥地利的全国运动会。但结果令他失望，不仅没有创纪录，而且连名次也没拿到。这重重地打击了他。自此他曾苦闷惆怅，不知自己路在哪里。当时，大家都认为他在体育方面没有前途。他自己也彷徨了：是继续在体育界混下去，还是另辟蹊径？

凭着做运动员的顽强意志，普雷格尔并没有被失败打倒，及时地调整人生坐标，一切从头开始，另创新路，选择了化学作为他新的人生起点。18岁的普雷格尔回到了祖国奥地利，寄居在外祖母家里，准备改学化学。对他的这个决定，至亲好友都持怀疑态度，有的甚至冷嘲热讽。年轻好胜的普雷格尔怎能受得了这种奚落？他是自己逼自己走上这条路的，只有破釜沉舟。普雷格尔努力学习，通过一年多的发奋苦读他终于被格拉茨大学录取。家人为普雷格尔进入医科学习而喜悦，但也为他担心，担心他基础太差读不下去。普雷格尔自己也深深地明白这点。所以他一步一个脚印地扎扎实实地学，别人半天能学会的东西，他用一天到两天的时间来学习。就这样，皇天不负有心人，不久之后他各门功课都追了上来。但为了打牢基础，普雷格尔决定把学习时间再延长一年。这期间，他把主要精力都用在研究病理学上，并完成了以探索胆酸为课题的毕业论文。论文不仅得到了教授们的表演，还引起了化学界的重视。所以他刚从医学院毕业，就被母校聘为病理研究院的教师。

35岁时，已是副教授的普雷格尔前往德国求学。他首先跟随威廉·奥斯特瓦尔德教授学习物理化学。随后被瑞士化学家亚伯德赫丹教授请去协助研究蛋白的分解和制造。普雷格尔担负的是当时在化学上被认为是最难的渗透分析——分析人的尿液里所含蛋白质成分的任务。普雷格尔不惧难题，运用最精密的方法，反复进行试验。他总是通宵达旦地待在实验室里，两眼不离仪器。经过三个月的奋斗，他终于完美地完成了任务。普雷格尔因此成名，但他仍惦记着自己的祖国。他回到奥地利，任母校的医药化学研究院的院长。

1914年，第一次世界大战爆发了。战争导致物资极其匮乏，可供研究的材料和药品也数量甚少。在这种形势下，普雷格尔尽力用最少的物资，做出最正确的实验。就这样一种新的微量分析法诞生了。

普雷格尔在维也纳和柏林，两次公开演示这种微量分析的化学实验。许多著名的化学家也纷纷赶来观摩，他的书《微量分析论》也成了化学界的经典著作。由于发明微量分析法的杰出贡献，普雷格尔荣获了1923年诺贝尔奖。

从普雷格尔的故事可以看出，人的潜能有多么大啊！应该说，任何一个人都能像普雷格尔那样，使自己的能力发生巨大变化；任何一个人也都能重新塑造自己，包括体力、智力、能力、气质、性格乃至命运。

二、走创新之路

创新是世界进步的动力，是国家和社会发展的不竭动力和源泉。在世界银行、国际货币基金组织1998—1999年度报告中写有："发展中国家与发达国家的知识差距，尤其是创新能力的差距已大大超过了财富的差距。因此在某种意义上，发展中国家需要知识更甚于需要资本。世界发达国家从学历社会、文凭社会迈向能力社会，这与市场经济发展是相适应的。现在，又由能力社会开始迈向创新力社会，这是知识经济发展决定的，知识经济的本质是创新。"如果你觉得这段话抽象，那么请看美国的比尔·盖茨所领导的微软公司，它就是在不断创新中成长发展起来的。美国的微软公司积累100亿美元财富却用了不到20年。人们都想要问个究竟，原因其实很简单——微软的成功秘诀就是"我们的成功取决于创新"，微软交战的守则是"淘汰自己的产品"，微软招聘的标准是"能够适应软件技术和行业内几乎每月一次的革命。"

由此可见，创造性人才在当今社会的重要性。那么创造性人才需要具备哪些素质呢？1996年国际21世纪教育委员会曾提出七条标准：一是有积极进取的开拓精神；二是有对人类的责任感和崇高的道德品质；三是有扎实的知识基础和广泛联系实际、解决实际问题的能力；四是在剧烈变化的竞争中有较强的适应和创造能力；五是有终身学习的能力，适应科技综合化的发展趋势；六是有爱好广泛的多彩个性；七是有与他人合作和进行国际交往的能力。

符合以上七条标准的高素质人才又可分为四种类型：

第一种，在本领域内有能力驾驭全局，能领导本领域进入世界前沿的，叫"战略型人才"、帅才。这种人有战略头脑，能运筹全局，能看到发展的前途，能领导这个领域进入世界前沿，比如美国"微软公司"总裁比尔·盖茨。

第二种，在科技领域有突破、攻坚能力的顶尖人才。一般说，技术领域里处于同一水平的人并不少，再往上突破，走到最前沿就比较困难，我们需要这样的人。

第三种，懂科技知识的企业家和有经营头脑的科学家。今后的高科技企业，企业家不懂科技很难领导好这个企业，只懂科技知识而不懂经营也不行。

第四种，高水平的管理人才。知识经济需要创新，包括技术创新、知识创新、产业创新、管理创新、制度创新等。

但要明白，这些创造性人才都不是天生的。不积跬步无以至千里，不积小流无以成江海，必须从点滴做起。

（一）创新与童心

对客观世界的好奇心是儿童的天性，也正是创新的源头。小瓦特因看到壶盖被水蒸气冲得乱跳而惊叹不已；小爱迪生曾为母鸡孵蛋的奥秘迷惑不解；小牛顿夜间仰望星空，问自己为什么日月星辰不会相撞……正是这种童年的好奇心使他们成为日后的科学巨人。童心可贵，儿童没有思维定性，因此就最容易创新。切苹果时，99%的人都是从上切到下。可一个孩子却是横放苹果，拦腰切开，发现苹果核呈现出漂亮的五星图案。孩子"错切"苹果，却显现出99个大人都未曾有过的"新发现"。可见，要创新，就要打破思维惯性。

为什么成年人没有少年那么多好奇心呢？随着知识的积累、经验的增长，成人会越来越觉得：世界本来就是这样的。他们丰富的知识和经验，甚至往往会成为他们探索未知世界的障碍。科学界常出现这样的现象：有些发明创造者不是内行人，而是外行人，奇怪吗？不。外行人虽然缺少专业知识，却迫使他们用新思路、新方法去专研，因而会取得让内行人也目瞪口呆的成绩。

值得成年人学习的还有一点，就是儿童的"初生牛犊不怕虎"，儿童的无所畏惧。一个人如果怕这怕那，恐怕一生也不会有什么大出息。

成年人向儿童学什么呢？思维稚化。思维稚化的实质就是，面对客观世界，不妨保持一种类似儿童的思维方式——把认识的对象当作不认识的，积极钻研解决的。如能做到这样，你定会产生新的感受、新的思维、新的收获。在相同中找出不同，在平凡中找到非凡，这就是思维稚化的过程。

那么如何才能保持思维稚化呢？

1. 保持一颗好奇心。对任何事物都要问一个"为什么"。

2. 尊重权威，但是却不迷信权威，保持思维的独立性和批判性。

3. 多与年轻人接触，在工作上相互切磋，这对保持活力十分必要。

4. 有意识地创造一种"陌生感"来问自己：这东西真的是这样的吗？它为什么不是别的样子呢？

若让思维的世界返老还童，世界必将更加精彩。

诺贝尔奖获得者乔治·夏帕克的启示：

人类的进步需要创新来推动，但创新绝非易事。火箭只有以7.9千米/秒的速度飞起，才能摆脱强大的地心引力，冲出大气层，人类也只有保有一颗童心，才能克服安于现状、墨守成规等陈腐观念，才能进入创新的乐园。

乔治·夏帕克1924年出生于波兰的一个偏远小镇——萨尔尼。萨尔尼是个使用多种语言的多民族小镇。小夏帕克为了能与不同民族的孩子一起玩，便学会了使用俄语、波兰语、阿拉伯语和意第绪语，几岁时就表现出强大的适应能力。

刚上小学，生活在草原和森林地区的小夏帕克，竟能凭想象力制作出精致的小船，这让他的老师目瞪口呆。

7岁那年，为了生活，夏帕克一家离开了萨尔尼镇，来到法国。他们的日子过得依然很贫困，一家四口挤在一间冬冷夏热的阁楼里。每天放学后，夏帕克只能在家中唯一的昏暗的马灯下做作业，只能伴着缝纫机的嗡嗡声与弟弟一起入睡，他的小学和中学时代就是在这样的环境中度过的。

尽管家境贫寒，夏帕克一家还是努力去享受生活。星期天，全家人经常去卢森堡公园散步。夏帕克总是用羡慕的目光，看着别的孩子兴高采烈地骑在小马或毛驴上玩耍。

公园的环境比家里好多了，夏帕克常常在公园的椅子上读书。可坐公园的椅子是收费的，夏帕克没钱，只好一边看书，一边用余光盯着管理员，她一走过来，夏帕克就飞也似地开跑了。

生活的艰辛，让8岁的夏帕克将对生活的美好向往寄于未来。小小的他懂得了，希望和吃苦是联结在一起的——这就是他对生活的感悟。

第二次世界大战爆发，德军占领了法国。因被叛徒出卖，19岁的夏帕克及其他法国地下抵抗组织的成员被抓捕并关押在一个城堡里。

1943年冬，他们试图集体越狱，但是失败了，12名发起者被杀害。之后，夏帕克等人被转移到德国的集中营。人虽关在狱中，童心却是锁不住的。为了求生，夏帕克做了一点"小发明"。他将一根长棍子藏于裤里，然后在从劳动场地回到集中营的路上，捡起马铃薯穿成串藏起来。回到集中营后，就把马铃薯放到炉子上烤着吃，以此来充饥。

死亡可能随时随刻降临到夏帕克的头上，可他没有灰心绝望。夜深人静的时候，他还在思考未来，梦想做一名物理学家。进入集中营时，母亲曾给他带来一些物理、数学和地理方面的书。不料因书上有很多数字而被德军怀疑为密码，都被没收了，在集中营学习的打算破灭了。夏帕克在集中营里认识了一个名叫布劳克的人。布劳克精通数学，夏帕克就经常与布劳克一起学习和研究数学。只有这时他才能忘记被囚禁的悲伤和痛苦。夏帕克的许多数学知识，都是在集中营里学到的。这为他之后的科学研究打下了牢固的基础。

1945年，二战结束，21岁的夏帕克走出集中营。狱中的3年生活，使夏帕克成为一个坚强不屈的人。在集中营，夏帕克学会了人生中最重要的东西——"同伴教会我永远不要害怕，只要对明天心怀梦想，那就是在设计未来。"

之后，夏帕克又开始了新的求学生活。

近十年过去了。1954年，30岁的他在巴黎法兰西学院获得了物理学博士学位。34岁时，他应美国物理学家莱德曼的邀请，前往欧洲核子研究中心。1968年，44岁的他攻克重重难关制造出震惊世界的多线路正比探测器和推动粒子探测器。

但它们的价值要得到世人的承认还需要时日，夏帕克在刻苦的研究中等候着。在制造出多线路正比探测器6年后，丁肇中和里克特利用夏帕克的研究成果发现了新的J/ψ粒子，获得了诺贝尔奖；又过了8年，鲁比亚和范德梅尔也利用夏帕克的研究成果发现了中间矢量波色子，也获得了诺贝尔奖。经过以上两次科学实验证明，夏帕克的多线路正比探测器和推动粒子探测器的发明是正确的。1992年，在夏帕克制造出多线路正比探测器24年后，他当之无愧地荣获了诺贝尔奖。无怪粒子物理学家汉森说："如果没有夏帕克的成果，那么，在过去的几十年的世界核子物理领域，不可能有谁获得诺贝尔物理学奖。"

当夏帕克在展厅里看到自己的照片挂在大科学家约里奥·居里夫妇旁边时，他激动不已，感到局促不安，连声说，"这怎么可能呢？"然而，"江山代有才人出，各领风骚数百年"的规律是无法抗拒的。

有志者，事竟成。这才是创新思维的根本，而守旧思维只会束缚你的手脚，冻结你的心灵，扼杀你的创造力。只有一颗童心，才能打破那些"办不到""不可行""很愚蠢""没有用"等思想禁锢。

没有人类的独出心裁，就没有科技的日新月异；没有哲人的异想天开，就没有社会的不断进步。

（二）创新与怀疑

怀疑是一种极有价值的思维品质，也是走向创新之路的第一步。怀疑的重要作用在于激发人们去探索，去更积极地发挥内在潜能。在探求真理的道路上，科学家对旧知识的扬弃、对谬论的否定，无不始自怀疑。

伽利略(1564—1642年)是近代实验科学的先驱者。他对落体实验的研究，是从怀疑亚里士多德"物体因自身的轻重而下落有慢有快"的结论开始的。他想，如果亚里士多德的理论是正确的，那么将轻重不同的两个物体拴在一起放下，下落慢的就会拖住下落快的，其下落速度就会比原来重的慢；若把拴在一起的两个物体看成是一个整体，下落的速度就会比原来重的物块快。用同一个理论，却得到两个不同的结论，这在逻辑上是矛盾的、混乱的。究竟是一个重的物体下落快，还是轻重不同的两个物体拴在一起下落快？伽利略抓住亚里士多德理论的这一矛盾点，通过科学史上具有开创意义的斜面实验和著名的比萨斜塔实验，终于推翻了亚里士多德的错误理论，确立了自由落体定律。

中世纪的教廷一直信奉"盖氏血液理论"，对反对者严加惩处。人们对盖仑学说只是顶礼膜拜，不能也不敢提出任何异议，凡提出反对意见者都没好下场。英国科学家威廉·哈维(1578—1657年)对盖仑学说中人体血液只能做直线运动的观点产生了怀疑。哈维第一次把数学方法引进生理学研究，对血液循环进行了计量实验：人体每分钟心脏跳动约72次，每次从左心室流出的血液约2盎司（约57克）重，那么1小时内，就从左心室流出8640盎司（即240千克）血液，这相当于一个人体重的3倍。那么，问题出现了：这么多的血是从哪里来的，又流到哪里去了呢？为什么没有把人体的各个器官撑破？这一系列问题都是盖仑理论回答不了的。哈维抓住这个矛盾点，勇敢地进行突破并得出结论：血液在动脉和静脉之间形成了一个环流，心脏的血液从动脉出来后，又从上下腔静脉流到了心脏。就这样，他令人信服地提出了血液循环理论，创立了血液循环学说。

怀疑是通往创新的阶梯。它推动着人们去思索，促进思维在科学探索的道路上不断前进和深化，因此怀疑的思维品质受到古今中外诸多学者的极力推崇。法国科学家笛卡尔说："科学的出发点，是方法论上的怀疑。"我国北宋的哲学家张载说："于不疑处有疑，方是进矣！"马克思和恩格斯则从方法论的角度明确说明他们喜欢的箴言：怀疑一切！

（三）创新与化繁为简

化繁为简是创新的一种思维方法，是一种处理问题的方法。诺贝尔奖获得者李政道教授在上海科学会堂的某次演讲中指出："自然界最复杂的东西，往往原理都是最简单的。研究物理的目的，就是把这些原理找出来。"大科学家牛顿从逻辑角度评价"简化"称，"把复杂的现象看得很简单，就可以发现新的定律。"

一些有见地的科学家已经把"化繁为简"作为创新的重要方法。"相变"问题曾是物理学上的一大难题，它指的是物质从一种物态向另一种物态的变化。实验表明，相变是一种临界现象。在临界现象中物态连续变化，但是某些重要的物理量，比如热会发生突变（例如，当温度低于770℃时，铁的比热会随温度上升而提高。一旦超过770℃，比热就会由提高转为降低。这个770℃就是临界点）。这是为什么？这个难题长期困惑着致力于解"谜"的人们。

1971年，美国康奈尔大学教授肯尼斯·威尔逊以一种新颖的思路向这个世界难题发起冲锋。他的办法是：先将这个复杂的难题分解为一系列比较简单的问题，然后采取逐个击破的办法，使这些简单的问题一一得到解决。就是运用这种化繁为简的办法，威尔逊创造了"关于相变的临界现象"理论。科学界评价称，威尔逊的方法不仅圆满地解释了相变的临界现象，而且"还有解决其他问题的巨大潜力"，也就是说，它有着科学方法论的意义。

化繁为简的过程就是深入分析的过程。它是将研究对象的整体分解为多个方面、多个部分、多个层次、多个因素，并进行考察的认知活动。面对复杂纷繁的分析对象，要善于去伪存真，去粗取精，抓住事物的本质。为此，可以运用定量分析、定性分析、可逆分析、系统分析、因果分析等分析方法，来使事物复杂性充分暴露，进而实现对事物更深刻的认识。

化繁为简的过程也是概括提炼的过程。好的老师讲课能够提纲挈领，脉络分明，寥寥数语即可收点化之功。这同文学、科学上的创造一样，大师、高手往往仅用三言两语，就能将事物的本质揭示得一清二楚，或达到勾魂摄魄的化境。从某种意义上讲，任何发明创造都离不开"化繁为简"四个字。当你听到"人工心脏瓣膜"这几个字的时候，肯定想不到它不过是一只装在小笼子里的塑料球而已。

"删繁就简三秋树，领异标新二月花"，这是清代画家郑板桥留下的一副对联。如果把创造发明比作"领异标新"的"二月花"，那么孕育这枝"智慧花"的枝干就是"删繁就简"。当然，枝干下还有深扎于大地、不停汲取养分的强大根基。

（四）创新与标新立异

人的可贵在于具有创造性思维。习惯于拘泥陈法、盲从迷信、缺少主见的人，是不可能在事业上有所创新的。创新要趁早，必须从学生时代起就培养自己的创造能力。

勇于标新立异是一种有创新胆略的姿态，是充满自信的表现，是优异的心理品质。科学家们往往都拥有强烈的自信心，他们能够在前人已取得丰硕成果的情况下，大胆开拓出一条登上更高山峰的新路。居里夫人谆谆告诫后辈："我们应该有恒心，尤其要有自信心。"自信心是取得成功的力量。

标新立异并非忽视前人的研究成果而去胡思乱想，创新必须建立在科学的基础上。牛顿之所以取得伟大的成就，"是因为我站在巨人们的肩上的缘故。"学习前人的知识并不是简单地照搬模仿。前人的伟大成果的确需要继承，但也不是完美无缺的，更不是终极真理。其中有的存在着谬误，需要后人深入研究，改正错误；有的还在发展中，需要进一步探索。

标新立异，必须敢于质疑。所谓质疑，就是独立思考，解放思想，就是提倡科学研究，不为陈规旧章所束，不被权威之言所缚。科学上的很多重大发现，往往是从"疑"字开始的。恩格斯21岁时，就敢于反驳当时赫赫有名的哲学家谢林的观点。尽管在柏林大学听课的众多学者都十分崇拜谢林，但是不盲从跟风的恩格斯经过思考后却发现了谢林的唯心主义观点，并连续发文，进行深刻的科学批判，在思想界引起强烈反响。我国著名地质学家李四光曾说过："不怀疑不能见真理。"经过多年的细致研究，他大胆地向传统的地质学权威们挑战，坚决否定他们所持的孤立、静止的观点，由此首创了地质力学。

标新立异，必须改变"惯性思维"方式。所谓的惯性思维，就是习惯于用一种刻板的、固定的、狭隘的程序去思考问题。当思考一个问题得不到结果时，不善于转换角度，这就难以打破僵局。这是创新的一大阻力。另外，经常参加学术研讨，与同行们交流研究心得，也有助于摆脱惯性思维的束缚。听取别人的研究方法和心得体会，也能帮助你开阔思路，从而获得新的启示。有时把研究中的问题放一放，变换一下思维内容，也可以克服惯性思维的影响。

总之，人贵在创新，胜在创新。而创新的过程，并非一朝一夕能完成的，要准备好走一条艰难曲折的道路。爱迪生说："我平生从未做出过一次偶然的发明。"每一项伟大的发明创造，每一种新的学说的创立，无不经过长期的、卓绝的努力。要想在学术上标新立异，没有顽强奋斗的精神是无法成功的。

诺贝尔奖获得者迈克尔·史密斯的启示：

很多科学家耗尽一生精力，不屈不挠，顽强拼搏，就是为了创新，就是为了标新立异。如瓦特用了30年的时间发明蒸汽机，史蒂芬逊花了15年的时间改进火车机头等等，他们的成功秘诀就是——在任何情况下永不退缩。史密斯就是这样的人。

1932年，迈克尔·史密斯生于英国。他的家境十分贫寒，父母都靠帮人做工维持生活。

小学时，史密斯的学习成绩并不突出。在小学6年里，他获得的唯一一项奖励是"全勤"奖。可史密斯参加了小学最后一年的选拔考试，竟超常发挥，以优异的成绩考入了阿诺尔德私立学校，并获得该校的奖学金。该校是一所贵族中学，像史密斯这样的穷孩子，如果不是凭出色的成绩拿到奖学金，应是与之无缘的。

可在阿诺尔德，史密斯过得并不愉快。他不仅每天晚上要做作业，还要进行体育锻炼，而史密斯恰恰不喜欢运动。那时，正值第二次世界大战，学校的午餐都是战时食品，味道极差，难以下咽。在学校里，史密斯几乎没有朋友，再加上他长相丑陋，富家子弟常以此来取笑他。

尽管史密斯在这里遇到很多不愉快，但这所学校的教育水平确实是高超。史密斯尤其喜欢化学老师，他以生动的语言、渊博的知识、循循善诱的教学方式，激发出史密斯对化学的兴趣。史密斯的自然科学课程成绩十分优秀，而其他课程却成绩平平。

18岁的史密斯中学毕业，虽然运气一直不好，可他仍情绪高昂。他本来想考英国著名的剑桥大学或牛津大学，以求师从一流名家，可由于他之前没学过拉丁语，就失去了报考这两所名校的资格。他只好去了曼彻斯特大学化学系。21岁的史密斯不停地努力着，他在一个基金会资助下，以优异的成绩从大学毕业。那一年，他决心再去考剑桥大学或牛津大学的研究生，可又落榜了。他又回到曼彻斯特大学攻读研究生。他在一位有机化学家的指导下，研究环乙烷二醇类，24岁获得博士学位。

拿到学位后，史密斯本想去美国哈佛大学谋求一个博士后的岗位，但是运气欠佳，又未能如愿。然而挫折反而磨砺了史密斯。

这时，一个偶然的机会，他听说加拿大温哥华有一位名叫库拉纳的印度年轻科学家正在招聘助手，从事核酸的化学合成方面的研究。史密斯敏锐地意识到核酸的化学合成将是一个大有前途的研究领域。于是他毅然应聘，做了名不见经传的库拉纳的助手。他来到加拿大，在大不列颠哥伦比亚大学的库拉纳研究室里从事DNA（脱氧核糖核酸）研究工作。

大家都觉得他到一个偏远之地，给一个无名学者当助手是出于无奈。但史密斯不后悔，他要走自己的路。事实证明史密斯的选择是对的。他的默默无闻的导师库拉纳后来因在基因密码破译等方面的成就获1968年诺贝尔奖。而师从库拉纳的史密斯不仅在学识上获益颇多，而且进入到世界生命科学研究前沿，找到了最具突破性前景的研究课题。

从20世纪70年代起，史密斯就开始钻研分子生物技术，并掌握了高超的技能。他把精力都集中在如何改变DNA结构上。可虽潜心钻研，万分努力，却进展甚微。但他没有止步，没有彷徨，更没有放弃。

以客座教授的身份进入英国剑桥大学的史密斯，有一次在工作休息喝咖啡的闲谈中，突然诱发出灵感——设法使一个改变了程序的合成寡聚核苷酸，同一个DNA分子相结合，然后再让它在一个合适的宿主生物体中复制。从理论上讲，该过程会引起基因突变，从而产生一种改变了的蛋白质。为此，史密斯奋力钻研，克服了诸多困难，终于在1978年将这一灵感所形成的理论付诸实践，发明了"寡聚核苷酸定点诱变法"。这种人工合成法，可以获得人们所需要的各种改变了的DNA分子。

可史密斯的这一惊人创举，起初并未引起科学界的注意。当史密斯把这篇重量级论文交给一家科学杂志社时，编辑却把论文退了回来，认为这篇论文在技术上没有普遍意义。史密斯没有因为碰壁而气馁，反而更加努力。不久，他发明的新的人工合成方法，就被广泛应用于矫正遗传性疾病，并为治疗癌症提供了新的途径。

史密斯终于在1993年凭借发明人工合成DNA的"寡聚核苷酸定点诱变法"获诺贝尔奖。获奖后的史密斯自豪地说："我无须到波士顿或伯克利去工作，在加拿大我也能做出我的世界各地的同行认为值得一做的事情。"他又意味深长地告诫后生：那些无缘进入名牌大学、名牌科研机构的人，在自己的国家也能做出世界一流的研究。

人生就像一个战场，通常只有两条路——要么前进，要么后退；要么成功，要么失败。但是成败之间一个非常重要的区别就在于——失败者总是轻言失败，而成功者则是永不言败。一个暂时失利的人，如果打算赢回来而继续拼搏，那么他今天的失败就不是真正的失败。如果失去了再拼搏的勇气，那就真的输定了。

（五）创新的方法

提起发明创造，很多人会说："那是发明家的事，与我们不沾边。"事实并非如此。除了发明家外，普通农民、工人、技术人员，甚至家庭妇女和少年儿童都能发明创造。比如一位日本妇女注意到人们穿破了袜子，可袜筒部分却是完好的，于是她把袜筒剪成一圈一圈的，然后连起来搓成绳子，很受人们的欢迎。此法还获得了一项专利。可见，只要你在工作和生活中经常关心周边的事物，勤于思考，就不难打开发明创造的大门。

人们向来尊敬发明家，重视发明成果，却常常忽视对发明创造方法的研究。美国创造学和创造工程之父、头脑风暴法的发明人亚历克斯·奥斯本悉心研究了发明创造活动的过程，发现发明创造并不那么神秘，是有规律可循的。

发明创造的方法很多，常用的有：

1. 检核法。是根据需要研究的对象之特点列出有关问题，形成检核表。然后一个一个地来核对讨论，从而发掘出解决问题的大量设想。它引导人们根据检核项目的一条条思路来求解问题，以利求比较周密的思考。这是一种产生创意的方法。在众多的创造技法中，这种方法是一种效果比较理想的技法。由于它突出的效果，被誉为创造之母。奥本斯建议从以下方面进行检核：

①现有东西（如发明、材料、方法等）能否改变用途、扩大用途或用作他途。例如，橡胶有什么用处？有家公司提出了上万种设想，如用它制成：浴盆、床毯、衣夹、人行道边饰、门扶手、鸟笼、棺材、墓碑等。

②能否从别处得到启发？能否借用别处的经验或发明？外界有无相似的想法，能否借鉴？例如电灯在开始时只用来照明，后来，改进了光线的波长，发明了紫外线灯、红外线加热灯、灭菌灯，等等。

③现有的东西能否扩大使用范围？能不能增加一些东西？能否添加部件，拉长时间，增加长度，提高强度，延长使用寿命，提高价值？例如，织袜厂通过加固袜头和袜跟，使袜的销售量大增；牙膏中加入某种配料，成了具有某种附加功能的牙膏。

④现在的东西能否缩小体积，减轻重量，降低高度，压缩、变薄？例如袖珍式收音机、微型计算机、折叠伞等就是缩小后的产物。

⑤可否由别的东西代替？用别的材料、零件代替，用别的方法、工艺代替，用别的能源代替？例如，在液体中用液压传动来替代金属齿轮，又如用充氩的办法来代替电灯泡中的真空，使钨丝灯泡提高亮度。

2. 缺点列举法。缺点列举法就是通过发现、发掘事物的缺陷，把它的具体缺点一一列举出来，然后，针对这些缺点，设想改革方案，进行创造发明。它也是一种常用的创造方法。缺点列举法是一种行之有效的发明技法。因为任何事物都不是十全十美的，总是有优点也有缺点。或者，今天看起来没有缺点，但是过了一个较长的时间，它的缺点却暴露出来了。比如，厨房里使用的锅，烧煮食物很方便，这是它的主要功能。但是，当用它烧煮汤、羹类的东西，就暴露了它的局限性，因为锅的上口太宽，不便倒入小碗。有人根据这个缺点，设计了"茶壶锅"。这种锅的外形很别致，它是把上口宽的锅与倒水方便的茶壶巧妙地结合在一起而制成，似锅似壶，一物多用，尤其适合烧煮面食之用。

3. 仿生设计创造法。仿生设计创造法是研究和探讨生物体机制，仿照它们进行设计创造的方法。地球上的生物在漫长的进化过程中，通过自然选择，形成了许多卓有成效的器官或形态，其结构的精巧和可靠达到了令人难以置信的地步。例如，蝙蝠、螳螂等飞行动物能在极短的时间内，计算出眼前小昆虫的速度、方向和距离，并能将其一下子捕获。雷达系统就是根据蝙蝠的"回声定位法"而发明的。

综上所述，发明创造是有法可循的，并不神秘，只要你能够找到正确的途径。

（六）创新力从何而来

时代需要更多开拓型的创造人才。具有创造性的开拓型人才，除了需要掌握一定的科学文化知识，还要有科学的工作方法和学习方法。

1. 勤于笔记。有时，一些新奇法、新思路、新概念常常突然闯入脑海，又转瞬即逝。如果随身携带记录工具，将头脑中出现的灵感和想法立刻记录下来。那如果积累的想法多了，各种想法之间一旦形成碰撞，问题的解决可能就"顺理成章"了。

2. 原型启发。有时一个难题是在相关问题的启发下解决的。因为有启发作用的事物与所要解决的难题有着相通之处，通过联想就可以创造出解决难题的新方案。

这种例子屡见不鲜。德国著名科学家克雷默博士因观察海豚受到启发，找到克服因空气"湍流"造成的飞机机翼"起泡"现象的方法，从而解决了航空、航海界数十年一直未曾攻克的技术难题。

3. 发散思维（求异思维）。假如在你面前放上铁锤、铁钉和木板等物品，问你这些物品有什么功能，你也许只能想道：铁锤可以把钉子钉在木板上，至于许多其他功能可能就不会去想了。所以，为了提高创造力，必须善于学习，必须具备广泛的知识结构，必须多利用发散思维，对问题思考深入。思维的触角涉及面愈广，对问题的各种可能性估计得愈宽，解决问题的效率就愈高。

4. 克服定势。创造者在解决问题时，最怕的就是心理定式。比如，给一个人3只量杯，容量分别为21毫升、127毫升、3毫升。要求以最佳的方法、最快的速度量得100毫升水。显然，答案为127−21−2×3=100。如果再给容量为15毫升、39毫升、3毫升的3个量杯，要求量出18毫升的水。倘若再沿用第一题的思路，采用121−21−3×2的方法，则说明解决思路是舍近求远了。因为第二题只要用15+3就可以解决了。由此可见，如果人们用一种思路并使之固定下来形成定式，那么创造的思维就被堵塞了。

5. 自力控制。有些人是属于自力控制型，他们往往将自己的佳遇或挫折归于个人的努力或不足，并在感情上表现出心胸开朗、乐观稳健。有些人属于外力控制型，他们往往将自己的佳遇或挫折归于命运或机遇，并在感情上表现出或喜或悲的特征。有人曾经做过这样一个实验，即把外力控制型和自力控制型的学生分为两组，要求他们背诵两份音节单，并事先告诉他们，如果背诵第二份音节单时出现错误，便会受到装在他们头顶的电击的惩罚。也就是说要让这些学生相信，"电击"是可以通过他们自身的主观努力避免的。实际上，在这个实验中，根本没有人会遭到电击，因为第二份音节单的背诵根本没有进行。实验的目的是检验不同类型的学生对电击的顾虑是否会影响他们第一份音节单的背诵。结果表明，自力控制者精神良好，背诵效果很理想。而那些外力型控制者，当他们觉得必须依靠自己的努力才能避免电击时，就会产生一种"我能行吗？""我能做到吗？"的思想干扰，侥幸心理暴露明显，结果犯错也较多。可见，只有自信才能更好地创造。

6. 忘我。当问题研究初见端倪时，心理上常常能体验到一种"几乎有了"的感觉。这时萦绕在头脑中的问题总是是挥之不去，拒之不散，头脑处于高度集中的思维状态，甚至在听音乐、赏花、散步、钓鱼或与人交谈时，仍然想着这个问题，大有万念归一之势。此时，往往在出其不意的一刹那，或由于某一原型的启发，或由于某种下意识的联想，或由于别人的某个提示，就忽然把研究水平提高到一个新的高度。如，德国著名科学家凯库勒长期试图列出苯分子的结构式，然而却百思不得其解。可在某天晚上，他梦见了一条蛇咬着自己的尾巴在旋转。刹那间他受到启发，终于研究出一个六角形的环状结构来。

7. 集思广益。大家也许都会有这样的体会：当一个人研究问题时，他可能会思考二十次，但这二十次的思考都是沿着同一个思维轨迹进行的。而在集体研究中，当一个人发表意见时，听者就可以借此与自己的比较，从而能在大脑中唤起新的联想。

（七）创新的三大基础知识支柱

当代科学技术在分科日益精细的基础上又不断走向一体化、综合化。为了与此相适应，在知识结构上，科技人才必须既"专"又"博"，尤其是需要创造性的人才兼备广博的知识结构，而这样的结构一般需要三个方面的基础知识作为支撑：

第一是哲学的指导。这里讲的哲学是指掌握辩证唯物主义的世界观和方法论，具有哲理性的头脑。哲学居于统帅地位，对人的各种活动都具有指导作用。科学家之所以能取得巨大的成绩，是因为他们的世界观、方法论是正确的，能够正确认识事物的本质。牛顿的成就主要是在五十岁以前取得的，因为那段时间他的指导思想是正确的，不论其是否自觉。但五十岁以后，他就彻底跌入神学的泥潭，尽管仍积极从事科研，却无所收获了。

第二是语言的修养。这里说的语言包括母语和外语。语言是信息传播的重要工具，它能增强人的理解力，帮助人获取信息。语言修养好，就获得了向顶尖学科领域深入的自由。外语修养好，掌握的外语多，也就获得了及时、准确、迅速、大量掌握世界信息的自由。语言是传递信息、表达思想的重要工具。外语和母语是相通的，但学习外语要以母语为前提和基础。例如，有的译著准确流畅、文字优美；有的则仅能表达清楚意思；有的甚至语言晦涩难懂。造成这种差别的主要原因就是译者母语水平高低不同，因此要想在科学上有所成就，或向多学科深入，就必须打好语言基础，提高语言素养。

第三是数学的能力。现代科学技术，要求创造性人才必须具有数学功底。今天有许多学科已经开始运用比较深的数学工具，由定性描述向定量描述发展。几十年前，数学主要集中在物理学等学科中发挥作用，数学基础差的年轻人只要避开数学、物理学等学科即能施展自己的才能。而如今，数学不仅较深地介入到几乎每个自然科学领域，也渗透到了社会科学的众多学科中。许多年长学者的语言修养很好，但却因为不懂数学语言，导致无法进入多个领域。数学训练可以使人的思维具有逻辑性和严谨性——由已知量解出未知量，由已知条件推出新的结论，这种推理的方式也适用于其他工作。数学训练还可以使人的思维具有高度的简明性和抽象性——用简要精确的数学语言把客观事物的量化关系表达出来。同时，也可使人的思维具有辩证性——客观事物相互矛盾的对立面，在一定条件下可以互相转化。这种辩证的特点可以帮助我们正确理解不同事物之间的关系、界线和变化。

青年人在求学阶段，如果能围绕以上三大方面，通过各种途径打下比较坚实的基础，就能获得向各分支学科深入的自由。基础越深厚、越扎实，自由度也就越大，就越可能发展成为现代社会需要的创造型人才。

三、创新的心理品质

世界万物都有"灵"，都有"（精）神"。这个世界从来不会亏待几十年如一日专注干一件事的人。这种心理品质足以动天地，泣鬼神。

诺贝尔奖获得者丁肇中的启示：

丁肇中1936年出生于美国，刚满两个月就随母亲回到中国。丁肇中的幼年是在残酷的战火中度过的，他随父母过着动荡不安的流亡生活。他们先是到了南方，不久又流亡到合肥，后来又辗转到芜湖、徐州、郑州、武汉、万县，最后到达当时的陪都重庆。

上学是人生新的开始，但对丁肇中来说却好景不长，他只上了几天学就去不成了。日本飞机的轰炸和扫射，常使孩子们被炸死或被倒塌的房屋砸死。丁肇中的父母实在不放心，便决定不让孩子上学，在家由母亲教授。由于教学过程是在母子之间进行的，所以丁肇中可以随心所欲地提出问题，也可以从不同角度去回答问题。这对丁肇中的学习和思维方式产生了极大的影响。

丁肇中的父母都是高级知识分子，家里的来访者大都是有真才实学的学者。他们经常在一起讨论各种自然科学方面的问题，探讨治学的方法。就这样耳濡目染，丁肇中受益匪浅。他在获诺贝尔奖后的自传中写道："由于战争的原因，我直到12岁才接受传统教育。然而，我的父母都在大学任教，因此我有机会经常接触到许多来访的有真才实学的学者。也许因为这些早期影响，我一直有从事研究的愿望。"

1948年丁肇中全家搬到台湾。那时丁肇中已经12岁了，可还没有上过正规小学。许多课程他没有学过，只好留一级，再读小学六年级。

丁肇中在中学接受到了良好的教育。他起初对中国历史感兴趣，但很快就意识到，在历史中追求真理要比在自然科学中困难得多。所以他后来在物理和化学上花费了更多的精力。

丁肇中读书非常认真，任何外界干扰对他几乎都没有影响，即使是夏天的隆隆雷声，他都听不见。丁肇中十分珍惜时光，他总是把一天的时间安排得井井有条。他很少看电影，他觉得看电影是浪费时间和金钱，特别是时间更浪费不起。每到晚上，丁肇中便与几个要好的同学一起去附近的大学图书馆读书，直到图书馆闭馆才回家。就这样年复一年、日复一日地刻苦学习，丁肇中的学习成绩在班级遥遥领先。

丁肇中以优异的成绩从中学毕业后，被学校保送进台湾成功大学。但不久，一个非常偶然的机会让丁肇中可以赴美留学，来到底特律。那一年他刚20岁。

那时，丁肇中的家庭生活并不富裕。他去美国时家里只能拿出100美元支持他。丁肇中想，一要解决生活问题，二要在学术上有所成就，两全其美的办法只有一条——刻苦学习，全力拿到奖学金。

丁肇中言出必行，3年就完成了别人需要4年才能读完的大学课程，并且获得了数学和物理双学士学位。别人要用5年时间才能拿到博士学位，他两年就拿到了。丁肇中到美国仅仅5年，就走完了大学和研究生的道路，而在美国这通常需要10年。

凭借坚实的基础，丁肇中开始冲击新的高峰，他选择了实验物理学。他曾师从吴健雄和杨振宁，又到西欧核子研究中心工作过。为了获得更多的学习机会，丁肇中又从西西里大学回到了哥伦比亚大学。

此时他得知一条信息：几位很有名的物理学家用实验发现了有违量子电动力学的现象。丁肇中认为这个实验是错误的，他向当时著名的物理学家李昂德黎曼教授提出计划设计重新实验的要求。教授劝他不要纠结在这个问题上耗费年华，认为这个实验即使用3~4年的时间也难得出结果。丁肇中坚持己见，双方争执不下。最后，教授以20美元为赌注向丁肇中挑战：如果丁肇中能在短时间里完成实验，就输给丁肇中20美元。结果，仅用半年时间丁肇中就完成了自己设计的实验，纠正了那些物理学家的错误。自此他声名鹊起。人们开始关注这位年轻的物理学家。这时的丁肇中对未来信心满满，在给父亲的信中，他写道："未来的10年我将有希望获得诺贝尔奖。"

丁肇中在不断努力地追求着。1974年他开始寻找一种新的粒子。在美国东海岸著名的布鲁克海文国家实验室里，丁肇中展开艰苦卓绝的工作，丁肇中在比喻其难度时称："一个像波士顿这样的大城市，在雨季的时候，一秒钟内要降下千千万万颗雨滴，如果其中有一滴是颜色不同的，我就必须找出那滴雨！"这无疑是大海捞针。但丁肇中下定决心要捞出这根针。经过四个月的努力钻研，奇迹出现了：他发现了一个比质子重3倍的新粒子，他将其命名为J粒子。J粒子的发现，打开了人们的视野，基本粒子家族的大门被打开了。丁肇中预定的10年期未到，他就走上了诺贝尔奖的领奖台，并坚持一定用中文发表获奖演说，其赤子之心，令人敬佩。

有一次上课时，苏格拉底布置了一道作业，让他的弟子们做一件事，每天甩手一百下，过了一个星期后，他问有多少人还在坚持做，百分之九十的人都坚持做了。一个月后，他又问了，此时只有一半人做了。一年后，他再问了，此时只有一个人坚持下来了，那个人就是柏拉图。

所以，成功的法则很简单，那就是执着。"成功"早已存在于我们周围，藏于人生的每个角落，只要保持顽强的信念，执着地去寻找，我们就一定能抓住"成功"的尾巴。

（一）创新与自信

翻看科学史，会发现有很多令人疑惑和惊讶的问题。为什么科学家的群体结构呈现令人费解的复杂性和多样性？为什么有些身居高位、知识渊博之辈一生平淡无奇，无所成就，而有些出身低微的"区区竖子"，如爱迪生、瓦特、勒维叶、亚当斯、法拉第，却最终成为科坛巨匠？为什么未经正规教育的学徒、报童、工人等"无名小辈"能与赫赫有名的权威、专家、教授、学者同载科学史册？这些发人深省的现象都说明了这样一个道理：科学是最需要创新的，而创新也正是科学人才最可贵的品质。

普朗克是近代物理学的先驱，当他极具创见地提出了与经典理论框架相悖的"能量子"理论之后，便开始徘徊犹豫，思想仍未能摆脱经典理论的圈子。反而是"初生牛犊不怕虎"，一批富有创新精神的年轻人——爱因斯坦、薛定谔、狄拉克等，以敏锐的发现力，勇敢接过踌躇不前的普朗克手中的火炬，创建了划时代的量子力学。而曾是英雄的普朗克，只因把思想囚禁在樊篱中，于是半路败下阵来，抱憾终生。

那么，什么是创新能力和创新意识呢？

所谓的创新能力，就是拥有在技术和各种实践活动领域中不断提供具有经济价值、社会价值、生态价值的新思想、新理论、新方法和新发明的能力。而创新意识是指人们根据社会和个体生活发展的需要，引起创造前所未有的事物或观念的动机，并在创造活动中表现出的意向、愿望和设想。它是人类意识活动中的一种积极的、富有成果性的表现形式，是人们进行创造活动的出发点和内在动力。是创造性思维和创造力的前提。没有激情荡漾的创新思想，何以有在探索中纵横驰骋的创新能力？纵观科学史，哪一项发明、发现不是首先突破思想的禁锢？哪一桩成就和功绩不闪烁着创新意识的光芒？著名物理学家狄拉克在总结物理学发展规律时称："……作为背景的稳定发展大都是逻辑性的……一旦有个大飞跃时，这就意味着必须引入某种全新的观念。"这话说得太好了！岂止是物理学，其他学科无不如此！甚至连大文豪高尔基也说："如果学习只是在模仿，那么我们就不会有科学，也不会有技术。"这就是说，如果探索者缺乏对创新的热切追求和强烈愿望，那么无论他如何刻苦勤奋，无论他如何谦虚好学，最终将只能在前人画的圈子里转圈——容他飞翔的天必是限定了的天，供他遨游的海也早已是划定了的海。他可以是名人，却难成开创性伟业；他可以是学问家，但却永远成不了创造者。

自然科学的成就，特别是重大的突破，有时是在为旧势力所不容的石缝里生根发芽的。幼苗破土之初的艰难和脆弱，往往成了对他们的洗礼。想一想在黑暗的中世纪，传统教会对哥白尼、布鲁诺、伽利略、塞尔维特等人的迫害和绞杀，想一想科学史上强大的保守势力对创新之辈的打压和非难，就可以想象得到，在艰难的环境下，没有坚定的自信和勇气，无异于丢掉了探索精神。

所谓自信，就是在科学上不能迷信——既不迷信前人，也不迷信所谓的权威。自信是相信自己能力的表现，是在科学探索中获得进步的重要心理因素。没有自信心的人，往往习惯于墨守成规，满足于抄袭模仿。只有具有强大自信心的人，才敢于坚信自己基于科学试验的发现，才敢于揭露旧体系的矛盾和漏洞，更敢于否定被权威和大多数人认为是正确的结论。谁都知道，如果在惧怕失败的心态下参加体育比赛，那注定是要输的，只有充满信心、敢于赢得胜利的选手，才能登上颁奖台。所以，没有自信心，就会失去思想上的自由，就会失去创造新事物的愿望，就必然会失去创新意识和能力。

在科学史上，由于迷信权威而使科学发展受阻的现象经常发生。牛顿的光"微粒说"，曾使光学发展停滞了100多年，直到不迷信的托马斯·杨挑战牛顿的权威，才在发展光的波动说方面取得了重大突破。托马斯·杨说，"牛顿也会弄错的，而他的权威有时甚至阻碍了科学的进步。"

由此看来，执着的创新意识和坚定的自信，应当是科学探索取得成功的必不可少的两个促进性因素。对于青年学生而言，在这些方面的修养，无疑是至关重要的。

诺贝尔奖获得者克里斯蒂安·伯默尔·安芬森的启示：

不为优势所喜，不为劣势所忧，这才是真正理性的人。

1916年，克里斯蒂安·伯默尔·安芬森出生于美国。他的父母都是自挪威移居到美国的宾夕法尼亚州的，他是家中的长子。安芬森的父亲是一名很有能力的工程师。在这样的家庭中，安芬森从小就受到了科学的熏陶，他从父亲身上懂得了知识的力量以及从事科研工作的乐趣。可以说，从小，科学的种子就在安芬森心里扎下了根。

安芬森年轻时英俊帅气，可他却不纵情于情场。他认为，人的青春就那么十几年，若是在情感缠绵和纠葛中虚度，那么留下的终将是悔恨的灰色岁月。他心里很清楚，在学校里应当做什么，所以他总是那么投入地学习知识，就像品尝大餐一样快乐。他的名言是"学得好，玩得好"，永不迷失自我。

安芬森对各类科技知识都感兴趣，但并没有特别偏爱哪一门。上高中时，两位非常优秀的老师给他的一生带来了十分重要的影响，直到他老年后仍念念不忘。第一位是化学老师，他的化学课就像魔术一样，为学生们演示出各种奇妙的化学反应，并引导他们去探索其中的奥秘。第二位是自然老师，他用生动的语言讲述各种生物的生活习性，并为同学们描绘大自然演变进化的鬼斧神工。这些使安芬森暗自下定决心，以后要从事生物和化学研究。

中学毕业后，安芬森报考了斯沃斯莫尔学院的化学专业。21岁时，安芬森大学毕业，接着又考入宾夕法尼亚大学研究生院。两年后，他获得硕士学位，并留校任教。但他很快就发现，教书并不是他所期望的生活。备课和教学的过程，基本上都是在前人已得出结论的现成知识圈里打转。他希望面对挑战，渴望去探索未知领域里的奥秘。于是，他争取到一笔奖学金，到丹麦的卡尔斯伯格实验室去留学。留学回国后，安芬森在著名的哈佛大学任教。可7年后，已升为副教授的他，再一次"蠢蠢欲动"。他放弃了在世界顶尖大学任教的机会，"跳槽"去了研究所，因为他希望把全部精力投入到科学研究中。他先后在瑞典卡罗琳医学院的诺贝尔医学研究所、美国国家卫生研究院工作了很长一段时间。正是在这一时期，他潜心于生物体内酶的深入研究，并且从理论上说明了化学合成酶的可能性，阐明了蛋白质的结构与功能之间的关系及其遗传学基础。这一研究成果，也使他荣获了1972年诺贝尔奖。

然而，获奖后的安芬森没有得意和迷失，依然在科研的道路上辛勤耕耘着。他谢绝担任国家卫生研究院负责人，依然像一名普通研究人员一样，埋头于实验室。从1973年起，他开始研究干扰素，并成功地分离出了干扰素，这为此后抗病毒、抗肿瘤药物的发展奠定了基础。安芬森认为，任何荣誉和职务都不如在科学研究中取得新发现更让他感到快乐和满足。

（二）创新与勤奋

2006年诺贝尔化学奖的获得者罗杰·科恩伯格的父亲是著名生物化学家阿瑟·科恩伯格；居里夫人的女儿也是科学家、诺贝尔奖获得者；苏轼、苏辙的父亲是大文学家苏洵；建筑学家梁思成、考古学家梁思永、火箭专家梁思礼都是著名思想家、政治家梁启超的儿子……有人把这种现象称为"世袭"。甚至还有人认为，只有出生在科学家的家庭，长大了才容易成名，而哀叹自己投错了胎。

科学能世袭吗？不，科学无世袭！

科学只承认"勤奋"，不承认世袭。不管出身尊贵还是普通，不论资历长短抑或学历高低，科学从来都是铁面无私的"包公"，永远公平正直。科学的本质是革命的，在科学面前人人平等。事实上，那些登上科学顶峰的巨匠们，出身卑贱者远多于高贵者。当然，出生在科学之家，从小便能了解科学、感受科学，耳濡目染，这的确是有利的一面。然而，科学家的子女攀登科学高峰，依然要靠他们自己的双脚，想靠坐父母的"直升机"不费吹灰之力登顶是不可能的。

以居里夫人的长女伊雷娜·约里奥·居里为例，虽然母女俩都是诺贝尔奖的获得者，但女儿的"诺贝尔奖"皇冠绝不是从母亲那里"世袭"得来的。伊雷娜·约里奥·居里的丈夫约里奥·居里只是法国一个普通工人的儿子。伊雷娜爱上约里奥，是因为他是一个热爱科学、刻苦钻研的青年。他们两人在1926年结婚之后，把实验室当成"公园"，把崎岖的登攀之路当成"林荫道"。经过上千次失败，终于在1934年发现人工放射性，因此小居里夫妇于1935年共同荣获诺贝尔化学奖。如果说，小居里从居里夫人那里继承了什么遗产的话，那就是为科学而献身的精神。

另一个感人的事例是亚·鲍耶。它的父亲法·鲍耶是数学教授，从小就精心教育儿子学习数学。亚·鲍耶的父亲试图证明欧几里得平行公理的热情感染了他，于是，他开始寻求一种证明。当老鲍耶知道了儿子的志趣后，坚决反对并写信责令其停止研究，称"它将剥夺你所有的闲暇、健康、思维的平衡以及一生的快乐，这个无底的黑暗将会吞吃掉一千个灯塔般的牛顿"。尽管如此，做儿子的仍然"执迷不悟"，1820年，他得出结论：证明也许是不可能的。于是他开始致力于发展一种不依赖欧几里得公理的几何学。1823年，他寄给父亲《绝对空间的科学》的草稿，这是一个完整的、无矛盾的非欧几何系统。但法·鲍耶却大发雷霆，认为儿子触犯"权威"，不愿发表儿子的论文。后来，父子俩由于学术上的分歧，导致情感上的破裂。亚·鲍耶被迫背井离乡，搬到僻远的农村，随后的生活贫病交加，连妻子也因此离开，最后孑然一身离开人世。直到他死后八年，他的学说才得到世界公认。从这件事可以看出，亚·鲍耶在科学上开创伟业，完全是他自己不懈奋斗、独树一帜的结果，甚至父亲都成了他前进路上的绊脚石。

科学最讲民主，最厌恶因循守旧。科学的勋章可以颁给任何一个人，不论你是富家儿女还是清贫子弟，不论你是七尺男儿还是纤弱女子，不论你是初生牛犊还是年迈苍苍，不论你是学历高深还是自学成才，只要你能发明新技术，创立新学说。

（三）创新与执着

据说，很久以前，有一位叫凡娜吉斯的女神。一天，有人来敲她的门。此时女神正在舒适地躺在椅子上，心想："让他再敲一会儿吧！"可是再也没有听到敲门声了。她觉得奇怪，跑到窗口一看，敲门的客人已经走了。女神说："噢！原来是位漫不经心的人，就让他空跑一趟吧！"过了不久，女神又听到敲门声，敲得十分坚决，耐心地一直敲到女神开门迎接他。后来，女神爱上了这位热心的客人。他们结合了，生下了一个儿子凡娜吉。

这个有趣的故事，不禁令人产生了这样的联想：如果把故事中的凡娜吉斯比喻成科学女神，那么凡娜吉就是科学与人类的结晶了。可见，只有不断地"敲门"，耐心地等待，科学女神才会向你露出迷人的笑容。

1820年，奥斯特发现电流的磁效应，受到科学界的关注。1821年，英国《哲学年鉴》的主编约请戴维撰写一篇文章，评述自奥斯特的发现以来电磁学实验的理论发展概况。戴维把这一工作交给了法拉第。法拉第在收集资料的过程中，对电磁现象产生了极大的热情，并开始转向电磁学的研究。他仔细地分析了电流的磁效应等现象，认为既然电能够产生磁，反过来，磁也应该能产生电。于是，他试图从静止的磁力对导线或线圈的作用中产生电流，但是努力失败了。经过近10年的不断实验，到1831年，法拉第终于发现，一个通电线圈的磁力虽然不能在另一个线圈中引起电流，但是当通电线圈的电流刚接通或中断的时候，另一个线圈中的电流计指针有微小偏转。法拉第心明眼亮，经过反复实验，都证实了当磁作用力发生变化时，另一个线圈中就有电流产生。他又设计了各种各样的实验，比如两个线圈发生相对运动，磁作用力的变化同样也能产生电流。这样，法拉第终于用实验揭开了电磁感应定律。法拉第的这个发现扫清了探索电磁本质道路上的拦路虎，开通了在电池之外大量产生电流的新道路。根据这个实验，1831年10月28日，法拉第发明了圆盘发电机，这是法拉第的第二项重大发明。这个圆盘发电机，结构虽然简单，但它却是人类创造出的第一台发电机。现代世界上产生电力的发电机就是从它开始的。

诺贝尔奖获得者格哈德·赫茨伯格的启示：

迷恋是一种优异的品质，它能使精力凝聚，能使事业升华。由于迷恋，安培才会因急着想把算式列出来而把马车的车厢当成了黑板，追着马车走；由于迷恋，牛顿才会一边干活一边煮鸡蛋，糊里糊涂地把一块怀表扔进了锅里，等水开揭盖后，才知道错把怀表当鸡蛋煮了；由于迷恋，比尔·盖茨能在读大学时为赶制一个程序连续工作36小时。迷恋真是一种奇妙而伟大的力量。赫茨伯格就是因为对科学的迷恋才成为科学的明星的。

格哈德·赫茨伯格1904年出生于德国。在他11岁的时候，父亲因心脏病去世了。为了抚养两个孩子，母亲与人合伙开办了一家点心店。但由于一战爆发，点心店经营不下去了。无奈下，母亲只好把孩子托付给一个朋友，只身去美国做女佣，每个月从工资中拿出10美元寄给孩子做生活费。

赫茨伯格从小就喜爱物理学和天文学。他曾与同伴按照说明，动手制作了一架小型望远镜。科学知识的奥秘使他产生了无尽的想象，带给他莫大的乐趣。他所迷恋的"科学"不仅伴他度过了童年那段艰难的日子，也抚慰了他那颗幼小而孤独的心灵。

赫茨伯格以优异的成绩中学毕业，并通过了大学入学考试。但因家境贫寒，筹不到学费。一位朋友建议他给某石油航运公司的经理写信，请求资助。这位经理看了赫茨伯格的申请，并与他进行了面谈，发现他虽然贫穷，但志向高远，于是慷慨地答应了他的请求。

两年后赞助人的公司破产了，赫茨伯格的学费又没有了来源。这时，达姆施塔特工业大学的汉斯·劳教授十分赏识这个颇具志向和才华的学生，不忍让他因交不起学费而中断学业。于是，这位教授向一家为科研提供资助的基金会推荐了赫茨伯格，这才使他得到了新的资助。身无分文的赫茨伯格就是这样靠他人的一次次资助读完了大学，并在汉斯·劳教授的指导下获得了工程学硕士和物理学博士学位。之后，他又得到了博士后基金的一笔资助，到著名的哥廷根大学从事博士后研究。

正当赫茨伯格在事业上不断上升的时候，1933年希特勒上台了，纳粹开始大举迫害犹太人。弗兰克、爱因斯坦、哥廷根大学物理学"掌门人"玻恩等犹太裔著名科学家先后被迫移居海外。就连娶犹太人为妻的赫茨伯格也未能幸免，被剥夺了在大学授课和研究的权利。为了所迷恋的科学，赫茨伯格不得不于1935年移民到加拿大从事物理学研究和教学工作。

不久，二战爆发。移居加拿大的赫茨伯格被视为敌对国的侨民，在教学、研究、学术交流乃至生活的方方面面都受到严格限制。不公正的待遇和大家的疏远使赫茨伯格陷入孤寂的困境。然而，又是他所迷恋的科学陪伴着他度过了这段更加艰难的岁月。他将所有精力都投入在理论研究和著书立说上。

二战结束后，赫茨伯格遭受的不公正待遇才被取消，又获得教学、研究和实验的权利。赫茨伯格积蓄多年的能量终于迸发出来了。他运用光谱学的方法在分子的电子结构和运动，特别是在自由基的研究中取得了开创性成果，被誉为"原子分子光谱之父"，并荣获1971年诺贝尔奖。

赫茨伯格在退休后的10多年里，仍然迷恋于科研工作，每周工作量竟达80多小时，这对一位老人来说，是多么难能可贵啊！

赫茨伯格一生迷恋科学，即使在最艰难的时期，陪伴他的依然是科学。"科学"从未因为钟爱它的人遭遇不公而离他远去，相反，它帮助钟爱它的人摆脱孤寂，带给他无尽的快乐，使他从一贫如洗的穷孩子成长为一个受人尊敬的科学家。

（四）创新与灵感

1820年4月的一天，丹麦科学家奥斯特在上课时，无意中让通电的导线靠近指南针，他突然发现了一个现象。这个现象并没有引起在场其他人的注意，而奥斯特却是个有心人，他非常兴奋，紧紧抓住这个现象，接连三个月深入地研究，反复做了几十次实验。1820年7月奥斯特通过试验首先发现，如果在直导线附近（导线需要南北放置）放置一枚小磁针，则当导线中有电流通过时，磁针将发生偏转。

德国化学家凯库勒在比利时的根特大学任教时，一天夜晚，他在书房中打起了瞌睡，眼前又出现了旋转的碳原子。碳原子的长链像蛇一样盘绕卷曲，忽见一蛇抓住了自己的尾巴，并旋转不停。他像触电般地猛醒过来，整理苯环结构的假说，又忙了一夜。对此，凯库勒说："我们应该会做梦！……那么我们就可以发现真理，……但不要在清醒的理智检验之前，就宣布我们的梦。"

这些事例证明，偶然的灵感大多是在长期紧张工作和思考之后的短暂松弛阶段得到的。俗话说："踏破铁鞋无觅处，得来全不费工夫。"事实上，工夫不但要花，而且花得很多，全花在"觅"字上，这正是"众里寻他千百度，蓦然回首，那人却在灯火阑珊处"。假如奥斯特和凯库勒等人不是用心在"觅"，即使奇迹之光闪于眼前，也会视而不见的。

1845年，德国化学家舒宾在助手们的协助下，正在做化学实验，他的贤妻严格规定他不准把难闻的化学品擅自带进厨房。有一天，他妻子外出购物，舒宾溜进厨房，不小心把一些化学混合物在厨房里洒了一地。惊慌之中，他随手抓起妻子的围裙，把乱七八糟的东西擦干净了。然后，他为了不被妻子发现，又把围裙拿到火炉上去烘干。天晓得！围裙让火一烘就一下子不见了。原来，硝酸混合剂和围裙上的纤维素结合在一起，就自然产生了一种新的物质——硝化纤维素，或称硝化棉。无独有偶，1879年的一天，当时正在美国约翰-霍普金斯大学实验室工作的伊拉·莱姆森和康斯坦丁·法赫伯格放下手头的工作去吃饭，吃着吃着，他们突然停了下来，因为法赫伯格饭前忘了洗手。化学家遇到这种情况，一些不走运的有可能中毒身亡，但是法赫伯格却吃到了某种特别甜的东西，于是他追溯到了自己手上沾到的某种化学成分（从煤焦油中提取的物质），意外地发现了人造甜味剂——糖精。

上述的偶然发现似乎不费工夫，也不神秘。但是，当人们对所接触的事物认识不足却又锲而不舍地追求时，就可能追寻到灵感的火花。可见天才出自勤奋，灵感源于实践。倘若没有超常的勤奋和大量的实践，连偶然的机会也不会降临。

诺贝尔奖获得者弗郎索瓦·雅各布的启示：

在你追求科学梦想的路上遭受命运的打击时，请不要沮丧，不要灰心，不要彷徨。条条大路通罗马，只要根据自身的环境和条件，对追求的目标及时做出相应的调整和正确的抉择，等待你的将是柳暗花明。

1920年，弗郎索瓦·雅各布出生于法国一个富裕的犹太人家庭。他长得眉清目秀，又聪明伶俐，所以从小集家里的宠爱于一身。

上学后，雅各布彬彬有礼，勤奋好学，很受老师们的欣赏。那时，部分法国人对犹太人非常歧视，甚至影响到一些孩子。一次课间休息，同学们准备玩"警察抓小偷"的游戏。一名同学对雅各布说："你这个肮脏的犹太佬就当'小偷'吧！"小雅各布立刻脸涨得通红。在游戏过程中，他这个"小偷"乘对方疏忽，反把那个辱骂他的"警察"抓住了。小雅各布平时很温和，这时却像一头暴怒的狮子，把那名同学拖进厕所，并将他的头按进便池里，狠狠地教训了他一顿。从这之后，没有哪个同学敢在小雅各布面前说侮辱犹太人的话了。但更多的时候，小雅各布并不是靠"武力"赢得同学们的尊重，而是用自己的努力证明犹太人的孩子并不比任何人差。所以他学习十分刻苦，成绩总是名列前茅。

雅各布18岁中学毕业后，以优异的成绩考入了向往中的巴黎大学医学院。他的生活、学习和事业都很顺利，但是第二次世界大战打破了他平静的生活，也改变了他的人生轨迹。

1940年5月，德国入侵法国，在几周内打败了法国军队。6月初，德军已兵临巴黎城下。20岁的雅各布已是医学院二年级学生了。他清楚地知道在纳粹统治下的犹太人将面临悲惨的厄运。他想离开，但此时他的母亲正患癌症，处于弥留之际，他无法离开母亲。不久，法军宣布投降，几乎同时，他母亲去世了。此时的雅各布还来不及擦干悲伤的眼泪，就匆忙跳上汽车，从巴黎赶往西部的港口，混入一艘波兰人的货船，逃往英国。在船舱里，他从收音机中得知，已到达英国的原法国国防部副部长戴高乐将军将组织法国抵抗运动。到达英国后，雅各布立即参加戴高乐将军领导的"自由法国"运动，这一天是雅各布20岁生日后的第二天。从此，他成为"自由法国军队"的一名军医，并参加了在北非消灭德国、意大利法西斯军队的战斗。在战斗中，他表现得十分英勇，经常冒着炮火在战场上救护伤员，曾多次负伤。

盟军在诺曼底登陆后，大批后续部队源源不断地跨过英吉利海峡开赴前线。一位年轻英俊的军医一踏上陆地，就情不自禁地喊道："法兰西，我又回来了！"他就是雅各布。不幸的是，有一次，在行军途中遇到敌机轰炸，雅各布用自己的身体护住了战友的头，可他自己多处负伤，在医院足足躺了7个月。出院时身上还残留着弹片，更糟糕的是他的右臂神经受到损伤，右手无法自由活动。这对于一个外科医生来说，真是一个致命的打击。不久，战争结束了，他佩戴着法国军队的最高荣誉勋章——解放十字勋章，离开了军队。

他再也无法去实现当一名外科医生的梦想了。他万分痛苦，失去了人生目标，他简直不知道该干什么了。他曾试着利用自己在表演和文学方面的才能，去当电影演员或从事文学创作。后来，他演过一个小角色，也发表过一篇短篇小说。但这与他的理想相去甚远，他对这种生活万分不满。他无论怎样也割舍不了对医学事业的那份眷恋之情。但他需要正视现实，必须根据自身情况及时调整努力的方向。他毅然决定：一是要完成因战争而中断的学业，二是虽不能当外科医生，但仍要从事与医学有关的科研事业。

恰在此时，英国在法国设立了一个青霉素研究中心。雅各布马上报名，并被聘为研究人员。雅各布一边从事科研工作，一边到巴黎大学医学院继续学习。27岁时，他获得了医学博士学位。他所参与的项目也取得了突破，首次在法国生产出青霉素。

出于对科学的热爱和身体的伤残，他把自己的目标由医学转到了与医学密切相关的微生物学。于是他进入了著名的巴斯德研究院。在这里，雅各布不仅获得了理学博士学位，更重要的是找到了理想的工作机构，找到了理想的老师和伙伴，找到了为之奋斗终生的研究课题。雅各布与他的老师雷沃夫一起在研究中获得了重要发现，为后来的科学家们破解遗传密码之谜奠定了基础。雅各布和莫诺合作的研究成果，揭示了细菌细胞内酶活性的遗传调节机制。雅各布等人的研究工作，为人类认识遗传机理、探索治疗疾病的新方法和发展生物技术，提供了重要的理论基础。为此，他在45岁时与莫诺、雷沃夫共同获得了1965年诺贝尔奖。

发挥你的才能就是你的天职。你能做什么？这是时代的质问。如果一个人不能认清自己的才能而做出了错误的选择，用他的短处而非长处去工作，就会不断在失意和卑微中沉沦。反之，如果利用长处来工作，就会发挥无限潜能，获得巨大的成功。

美国著名作家马克·吐温热衷于商业投资，一心想积累巨额财富，其在投资上的兴趣甚至超过写作。隔行如隔山，这个文学天才，在商界投资上却是一个十足的失败者。投资经历给他带来的是劳命伤财，债台高筑。最终马克·吐温还是靠写出畅销书才还清了债务。

电磁学说的奠基者法拉第从小时候起就被认为是文学上的白痴，文学智商几乎为零，而他并没有因此而沮丧堕落，文学上的失败使他发现自己对理科情有独钟。经过不懈的努力研究，最终发现了电磁原理，把人们带入了电的时代。

根据自身的情况，做出正确的抉择，就会成为永远的胜利者。

（五）创新与主见

1548年，在意大利那不勒斯附近一个小城镇的没落贵族家庭里，伟大的思想家和自然科学家布鲁诺诞生了。布鲁诺10岁的时候，贫穷的父亲不得不把他送到了多米尼克僧团的修道院，第二年转为正式僧侣。十年后，他获得了神学博士学位。

在此期间，布鲁诺阅读了不少"禁书"，其中对他影响最大的就是哥白尼的学说。作为神学博士和僧侣的布鲁诺为哥白尼的《天体运行论》所感动，被哥白尼的日心说所吸引，开始对自然科学发生了浓厚的兴趣，并且逐渐对宗教神学产生了怀疑。他还写了一些论文，严厉批判《圣经》中荒谬的地方。

布鲁诺的言行触怒了教廷，有人向罗马教廷控告布鲁诺是"异端"，由于受到教廷极端守旧人士的迫害，布鲁诺不得不离开自己的家乡，逃亡到国外去。他离开家乡后就被教廷革除了教籍，从此开始了逃亡的生涯。他到了罗马，又转到威尼斯，他越过高耸的阿尔卑斯山，到达瑞士。此后他又到过法国、德国和英国，一路上颠沛流离、风餐露宿、居无定所。但布鲁诺依然坚持自己的观点，一路写下了十来部批判教会的书，继续向人们宣传自然科学和新的宇宙观。

也正是在长时间的流亡岁月中，他逐渐形成了自己的关于宇宙的理论："星星，这不是嵌镶在天空上的金色的小灯，这是跟我们的太阳一样大、一样亮的，只不过因为它们离地球非常远，因而看上去就仿佛是小点点了。""无数的世界在无穷无尽的宇宙的广阔胸怀中产生、发展、灭亡，又重新产生……宇宙中有无数绕着自己的太阳运转的星球，就像那些绕着我们的太阳运转的行星一样。"

布鲁诺远远超出了自己的时代，他非常大胆地提出，在别的行星上，也有生物，甚至还有像人一样的智慧生命。

这些举动进一步引起了罗马教廷的不满和恐慌。几年后，罗马教徒利用阴谋将他诱骗回国，布鲁诺一回到意大利就遭到了教廷的逮捕和严酷迫害。

"不，我不反悔！"他轻轻地、坚定地向同狱的人说道，"哪怕像塞尔维特一样被他们烧死。我认为胜利是可以得到的，而且要勇敢地为它奋斗。"

教会向他许诺："只要你公开宣布放弃日心说，就免你一死，并且给你足够的生活费安度晚年。"

布鲁诺说："你们不要白费力气了，我是不会为了讨好罗马教皇而说谎的。"

此后，布鲁诺度过了长达8年的监禁生活，其间受尽折磨，但是这一切依然未能改变他那坚持真理的良心。最后，罗马教会恼羞成怒，宣布将布鲁诺判处火刑。

1600年2月17日凌晨，在高高的十字架上，从被火焰和浓烟包围着的布鲁诺口中，吐出的却是这样一句话："火并不能把我征服，未来的世纪会了解我，知道我的价值的。"到了这时，他仍然没有屈服。他向围观的人们庄严宣布："黑暗即将过去，黎明即将来临，真理终将战胜邪恶！"

随着科学的发展、思想的进步，科学，昂首阔步地在地球上前进。布鲁诺的天才的思想被证实了！布鲁诺，他的光辉名字也永远存活在了历史的记忆中。为纪念这位诚实勇敢的思想家，人们在布鲁诺殉难的鲜花广场上为他树起一尊铜像，永远缅怀他的功绩。

（六）创新与质疑

人们都很羡慕发现真理的人。其实，真理往往就在你身边，就看你有没有一双敏锐的眼睛，有没有一个善于思考的头脑，有没有敢于坚持真理的勇气。

纵观千百年来的科学发展史，那些定律、定理、学说的发现者、创立者，几乎都很善于从细微的、习以为常的自然现象中发现问题，继而追根溯源，把"？"拉直，变成"！"，从而找到真理。

有一天，牛顿正坐在苹果树下休息，忽然一个熟苹果掉下来，砸到他的头上。他摸了摸被砸痛的地方，这时，牛顿就想到一个问题：当把球抛向空中时，它为什么不一直向上升去，而总是要向下落呢？牛顿捡起苹果时，突然有一种奇怪的想法，是不是有一种看不见的力量在起作用，把苹果拉向地面呢？过了很久，牛顿终于解答了这个问题，并由此推算出一个公式，这就是"万有引力定律"。

人都要洗澡，洗完后把浴缸的塞子一拔，水就哗哗地流走了，谁也不会注意它。然而，有一天，阿基米德去洗澡，刚躺进盛满温水的浴缸时，水便漫溢出来，而他则感到自己的身体在微微上浮。于是他忽然想到，相同重量的物体，由于体积的不同，排出的水量也不同。由此，他发现了浮力原理，并在名著《论浮体》中记载了这个原理，人们今天称之为阿基米德原理。

无独有偶，一位叫密卡尔逊的生物学家，发现美国东海岸和欧洲西海岸同纬度的地区都有一种蚯蚓，而美国西海岸却没有这种蚯蚓。这是为什么？这个疑问，引起了当时正在研究大陆和海洋起源问题的德国地质学家魏格纳的注意。魏格纳认为，那小小的蚯蚓，活动能力有限，无法跨越大洋，它的这种分布情况，正好说明欧洲大陆和美洲大陆本来是联在一起的，后来裂开分成了两个洲。他把蚯蚓的地理分布，作为例证之一，写进了他的名著《大陆和海洋的起源》一书。魏格纳从蚯蚓的分布，推论地球上大陆和海洋的形成，也正说明他的成功在于从问号中寻求真理。

苹果的落下、洗澡时溢水、蚯蚓的分布，这些都是很平常的事情。然而善于打破砂锅问到底的人，能从中有所发现，有所发明，有所创造。

确实，问号的后面蕴藏着无穷无尽的真理啊！

第二章　你想学习更好吗

如何才能够打开知识宝库之门呢？获取知识很重要，但是相比而言，获取知识的方法更重要。

有一个大家熟知的故事，讲的是古时一位能点石成金的仙人。一次，这位仙人遇到一个穷汉。仙人怜悯他，就将路边的一块石头点成金子送给他。可他却不要，说："你给我的金子最终是要用完的，之后我怎么办呢？教给我你点石成金的方法吧！"

对于我们追求知识来说，这个故事很有启发意义：习得知识固然很重要，但更重要的是要掌握学习知识的方法。掌握了科学的学习方法，即"会学"了，就算是离开学校和老师，依然可以自己获得新知识。应该说，"未来的文盲不再是没有文化的人，而是不知道怎样学习的人。"我国古代曾流传很多学习方法，其中很多精神是很感人，但有一些已经不适应新的时代了，如"凿壁偷光""囊萤映雪""头悬梁、锥刺骨"等。只靠苦拼，不讲求科学的学习方法，只会事倍功半，效率大打折扣。那么什么才是科学的学习方法呢？最重要的一点就是会自学，也就是说努力培养自己的自学能力。握着这样一把金钥匙，你就能够在知识的海洋里乘风破浪、尽情遨游。

摆地摊的蔡伟一步登天的启事：

一步登天，这是多么神奇的境界啊！仅有高中学历，37岁的蔡伟凭着多年的坚持，从一名蹬"神牛"的三轮车夫，被"破格"录取为复旦大学的博士研究生。

蔡伟的父母都是工人，出于兴趣，从小就对古代典籍有种热爱。由于自幼喜爱书法，学生时代迷上了唐诗宋词。在高二时，偶尔在《文史》上看到裘锡圭先生的一篇论文，从此被传统"小学"吸引。蔡伟初中成绩还不错，到了高中，理科就学不进去了，只对古典诗词感兴趣。高考时失利，最终他进了一家橡胶厂当工人。1994年，厂里效益不好，蔡伟下岗了，随后摆了个小摊卖雪糕饮料。除了摆摊，他全部的业余时间都在埋头看书。

蔡伟说："锦州当地没有研究这方面的人，我只能到图书馆借书自己研究。但有些书当时只允许有一定学历或者专门研究的人员才能借阅，我连翻看的资格也没有。"抄！蔡伟想出一招。拿着笔记本，他抄下了《方言》和《尔雅》两本"小学"典籍，至今已能倒背如流。

2003年，蔡伟开始上网，在"国学网"论坛上，他终于找到了知音，并且时不时地和他们交流讨论。2007年，妻子生病了。为了挣更多的钱，蔡伟蹬起了"神牛"三轮车。"一天能挣上二三十块钱，够花了，只是看书的时间却越来越少"。身陷"没有书看的痛苦"的蔡伟，提笔给"国学网"论坛的版主董珊诉苦。董珊把这事告诉了自己的老师刘钊教授，恰好复旦出土文献与古文字研究中心要与中华书局、湖南省博物馆联合编纂《马王堆汉墓简帛集成》，在和裘锡圭先生商量后，中心决定临时聘请蔡伟。

就这样蔡伟走进了复旦大学出土文献与古文字研究中心。这里的工作他完成得很出色，令众多大家、学者刮目相看。

2008年12月，裘教授与北大李家浩教授、韶关学院徐宝贵教授联名上书教育部，请求特批蔡伟博士准考资格。

2009年3月，蔡伟参加了复旦大学出土文献与古文字研究中心的博士生考试。蔡伟不是学士、硕士，竟一举成为博士，这成为百年复旦校史第一人。蔡伟在极低的物质和极差的学习环境下，竟摘到一颗令世人仰慕的星辰。

平凡的经历，不平凡的人生。蔡伟的经历告诉我们，不管生活多么贫困，环境多么恶劣，执着追求，不断汲取和积累知识，最终一定能鱼跃龙门，翱翔九天。

中国首位盲人医学博士李雁雁的启事：

1986年，正在湖南大学读大三的李雁雁因患青光眼，双目失明，被迫退学回家。

李雁雁难过悲哀极了，但他想，他不应该就此消沉，他的眼睛虽然失明了，但心智没有失明。他该用双手去努力，使自己成为一个有用的人，赢回生命的尊严!

李雁雁没日没夜地学习盲文,之后又学习英语和日语。苦读十年后,于1995年获得日本国际视觉障碍者援助协会的奖学金,成为中国第一个获得全额奖学金赴日留学的盲人。

三年后,他以优异成绩毕业并顺利通过了日本国家执照考试,获得针灸、按摩、指压师3张执照。接着李雁雁又和正常人一起参加了在日本竞争最为激烈的"物理疗法"专业考试,成为通过日本"物理疗法"专业考试的第一位外国盲人学生。

可以说,此时的李雁雁已经是个成功者了,然而为了追求博士梦,1999年6月12日他放弃了优裕生活,用微薄的积蓄只身一人自费来到美国。用了3年时间,李雁雁克服了重重困难,补修完了所有学分,这才正式成为帕默正骨大学的学生。2002年10月4日,李雁雁参加了开学典礼,这才知道,他是全场40多位攻读博士学位的学生中,唯一的盲人。

在美国高校,老师和学生不会因为你是盲人而给你特别的照顾。李雁雁每天和正常学生坐在一起听课,用录音设备录音,放学回到住处后再听着录音慢慢整理自己的盲文笔记。别人1个小时就能搞定的课程,他通常需要一整天。

2006年3月,李雁雁克服了常人难以想象的困难,顺利通过了帕默大学的全部考试,获得全美脊椎神经矫正专业医师执照及物理疗法师执照,成为此项考试历史上第一个使用盲文应考的学生。由于成绩优秀,李雁雁的名字被选入了当年出版的《美国大学生世界名人录》。

毕业典礼上,穿着博士服、戴着墨镜的李雁雁被校方特别介绍:"这里有一位独一无二的学生,他会中、日、英三国语言,然而他没有一点视力,是全盲!可他所学的和大家一样,甚至放射学图像诊断比许多同学做得更好。李雁雁是个奇迹,我们学校从他身上得到了很多很多……"校长马丁博士说:"虽然外部世界对于李雁雁而言是无光无色的,但是,他的内心和人生的旅程却是如此的光彩夺目!"

是的,他的人生有很多种可能,一蹶不振,或是一个盲人按摩师,或者其他的什么?

然而,他凭借着自己的努力,成就了自己精彩的人生,完成了所有可能中最好的一种。

一、学会自主学习

（一）自学的可贵

人们常常这样认为，在学校学习知识主要靠老师讲。但其实，老师讲只是一小部分，而另外的绝大部分都要靠自己学。比如上课前，如果先自己预习，就会知道课本里哪儿已经会了，哪儿比较难懂，哪儿完全不懂。这样的话，听课时目的就会非常明确，更容易集中注意力，效果必然好得多。而且，学生最终是要走出校门的，那时没有老师的讲解，如何去掌握知识呢？所以在学校便要学会自学，学会自学是打开知识宝库大门的万能钥匙。自学能使头脑更聪明，使成绩更优秀。

苏联作家高尔基，大家想必十分熟悉。他出生在沙俄时代的一个木匠家庭，4岁丧父，寄养在外祖母家。因为家境贫寒，他只读过两年小学。10岁时就走入冷酷的人间。他当过学徒、搬运工人、守夜人、面包师。还两度到俄国南方流浪，受尽苦难生活的折磨。但他十分喜欢读书，在任何情况下，他都要利用一切机会，扑在书上如饥似渴地读着。他为了读书，受尽了屈辱。10岁时在鞋店当学徒，没有钱买书，就到处借书读。在劳累了一天之后，在自制的小灯下，坚持读书。因为读书，还挨过老板娘的毒打。就这样，他一天又一天，一年又一年地自学，终于成为伟大的文学家，写下了大量传世巨著：《海燕》《鹰之歌》《母亲》《童年》《在人间》《我的大学》。

有人会说，社会科学容易自学，自然科学很难自学。这么说对吗？

华罗庚在中国家喻户晓，可你能相信吗，这位大数学家竟只有一张初中毕业文凭。他没上过大学，也没进过研究所，所依靠的就是自学、自学、再自学。

1925年，初中毕业后，因为家中的贫困，华罗庚辍学回家，帮助父亲打理家中的那间小杂货铺。但不甘平凡的华罗庚没有就此放弃自己的人生追求，他走上了艰苦的自学之路。当时，每当有客人光临小杂货铺，华罗庚就帮助父亲打算盘、记账，客人一离开，华罗庚就继续演算起书中的数学题。有时算得入迷，华罗庚竟将自己演算的结果，当成客人应付的货款价格。时间一久，对这位呆头呆脑的少年，街坊邻居都笑称他为"罗呆子"。冬天寒冷的时候，华罗庚就在寒风中擦着鼻涕，苦苦学习，为此还患上了关节炎，留下了严重的伤寒症，落下了终身残疾。从1929年开始，华罗庚在上海的《科学》杂志上发表论文，并受聘为金坛中学庶务员。1930年，年仅二十岁的华罗庚在《科学》杂志上发表了名为《苏家驹之代数的五次方程式解法不能成立的理由》一文，这篇文章被清华大学数学系主任熊庆来教授看到，并得到了熊庆来的赏识。熊庆来了解到华罗庚的身世后，他破格录取华罗庚。在清华读书时，华罗庚用了两年时间完成了别人八年才能完成的学业，再一次体现了他非凡的自学能力。1933年，华罗庚被学校再一次破格提升为助教，1935年正式成为清华大学讲师。

后来，他曾意味深长地讲道："在人的一生中，在校学习是短暂的，自学是经常的；在学习中，总是没有老师的时候多，有老师的时候少；在工作中，书上能翻到的、直接用的东西比较少，而通过自己思考、自己想出来的、创造出来的东西比较多。"华罗庚是在用他自身的经历告诉我们：自学是多么重要，自学是多么必要！

在十分艰苦、没有老师的条件下，华罗庚能自学成才，而你有着优越的生活条件和老师的耐心指导，不是更应该好好自学吗？

自学有诸多好处，你不妨一试。当你在自学时，要把会的理出头绪，找出规律，接着把不会的问题列出来，向老师讨教。待弄明白之后再做练习，以加深对学过的新知识的印象。这样的自学是从吸收知识到消化知识，再到应用知识的过程，从根本上改变了被动学习的情况：不是老师给你什么，你就吃什么；而是自己找东西吃，缺什么吃什么。这可以使落后的学生结束越学越差的"恶性循环"，可以使学习优秀的学生百尺竿头，更进一步。

当通过自学学会知识时，你会有一种愉悦感和成功感，于是，你就会更加热爱学习，产生强烈的求知兴趣。关于自学，教育家赞可夫曾说过："如果一个人主动思考所读文章的内容，那么，虽然他没有努力去记什么材料，材料却很容易印入并牢固地保存在记忆里。"他的意思是，只要先自学，你没有刻意去记的东西也都能记住。世上有万千种学习方法，但又快又好的方法当属自学。当然，自学的路上不会一帆风顺，但你欲登峰顶，不走崎岖小径，是不可能的。然而，只要你不怕困难，不畏艰苦，知识殿堂的大门一定就在你前方，在你走过的崎岖不平的小径的尽头！

（二）自学与预习

自学与预习是一回事吗？不，"自学"与"预习"是两个不同的概念，它们的指导思想是不同的。预习是课前的一项预备工作，着眼于为教师"更好地教"，为自己"更好地学"；而自学却有明确的目标和计划，着眼于"独立提出问题，独立分析问题，独立解决问题"。但培养自学能力不是一蹴而就的，需要一个过程，我们可以先从预习入手。预习就是课前的自学，它的要求是——做好各种知识准备，初步理解新课内容。

1.预习可以提高课堂教学效率

（1）预习可以扫除知识障碍。通过预习能唤起对旧知识和旧概念的记忆，不仅能扫除新课内容中的知识障碍，给课堂学习带来便利，而且还有助于建立新旧知识之间的联系，促进知识系统化。

（2）预习可以提高听讲水平。预习后再听课，目的性和积极性往往比没有预习强得多。通过预习，对新知识就有了初步了解，再加上课上老师的启发与指导，就可以完全掌握新知识了。

2.预习可以提高自学能力

培养学生自学能力的一个重要方法就是预习。这是因为预习是首次独立接触新知识，它必然会运用到各种不同的思考方法。长期坚持预习，阅读速度必将加快，分析、归纳、综合、概括、抽象、比较、演绎、归类等思维能力必将增强，这样就能够更多地发现问题，更准确地抓住问题本质。

因此，对每一个人来说自学能力都十分重要。首先，自学能力的强弱会影响工作中再学习的效率。人总是要走出校门的，要想适应飞速发展的科学技术，仅仅靠校园里学的那点远远不够，要在工作中不断地自学。钱三强教授曾说过："自学是一生中最好的学习方法"。其次，自学能力直接影响中学的学习质量。通过老师的讲授高效地获得系统的知识，只是学习的一条途径，预习、复习、作业等环节终归还是要靠自学，自学能力的强弱直接影响着学习成绩的高低。第三，自学能力也决定着大学的学习质量。大学与中学的学习有很大差别，主要是：知识量大、难度高、理论性强、课程进度快、学生自学增多。学习的独立性和主动性明显加强，时间主要由自己安排。这些都要求大学生必须具备较强的自学能力。

3.预习可以化被动学习为主动学习

预习可以扫除知识障碍，提高听讲效率，使得学习的中心环节——课堂学习状况发生巨大变化，从而改变被动学习的情况：课上听不懂的时间更少了，课后复习和做作业的时间更少了，学习效率提高了，学习主动性加强了。

如何预习呢？ 一般来说，主要有以下几种方法：

（1）初步掌握本课的主要内容和思路；

（2）复习巩固有关旧知识和旧概念，并将之与新知识联系起来；

（3）找出新课内容的重点和自己不懂的问题；

（4）做预习笔记。

另外，预习时可在课本上画出重点，并适当批注。读后可以合上课本思考这些问题：下节课老师讲什么？ 与之有关的旧知识是什么？ 上课时重点要听什么？

预习从时间上和内容上可以分为三类：

课前预习：是指在课前先自学下一节的内容。

阶段预习：是指预习一章或几章的内容，这需要较长时间。

学期预习：是指开学前先自学一遍新教材，了解其知识体系，以便站在全局的高度学习。

这三种预习有着内在的联系。如果学期预习比较充分，那么阶段预习就可以节约点时间或不做了；如果阶段预习做得充分，那么课前预习就未必要天天做了。

（三）自学与生存

人所以能从动物中进化而来，主要靠学习。从钻木取火、刀耕火种到生物工程、纳米技术、卫星技术……就是人类追求生存和发展的不断学习的过程。试想，人类若不学习，不创造，哪能与虎狼争夺生活空间？ 哪能与天灾争夺生存权利？

社会正在迅猛发展，可能一个新创造刚出台，还没来得及充分展示它的迷人风采，另一件新产品就又接踵而来。比如电脑、手机的使用，十几年前还寥寥无几，而今种类与功能繁多的电子设备早已星罗棋布。要想在这种竞争激烈的时代有所发展，其首要条件就是掌握知识；而要想掌握知识，只能依靠不断学习，必须做到"活到老，学到老"的终身学习。

人类社会已进入知识经济时代，一切都已随之改变，不仅是经济结构在改变，人的生存观念也要改变。在农业经济时代，只要拥有一块土地，就能造一个安乐窝——"三亩地一头牛，老婆孩子热炕头"。在工业经济时代，只要拥有一些资本，就能获得一个生存空间——"有钱能使鬼推磨"。而在知识经济时代，情况完全改变了，世界著名未来学家托夫勒断言："知识正取代往日金钱至上的地位成为权力的主要特征。谁拥有大量知识，谁就能在未来的世纪中获胜。"知识经济的到来，已彻底打破人们所习惯的"日出而作，日落而息"的田园牧歌式生活。要想占有竞争的资本和优势，就必须不断学习、终身学习。只有这样，才能找到适合自己的位置，才能在职业生涯中拥有选择的资本。因此，知识量不仅影响着人类社会的发展，更决定着个人的命运。必须要明白，传统的一次性静态式学校教育就可以受用终身的时代已经过去；而社会动态式发展，就要求知识储备必须不断更新。仅仅从学校获取知识，已无法应对日新月异的现代挑战。国外专家统计表明，一个人在大学学到的知识，仅占他工作需要的10%，更多的90%要在社会的大课堂中去攫取。

你们应当清楚地认识到，在现代社会，生存的基本手段就是知识，人与人的竞争归根结底是知识的竞争。谁的知识陈旧落后，谁就可能遭到淘汰。要生存，就必须先学习；要学会学习，就必须要学会自学。自学是学习的基本方法。尤其要注意的是，不仅学校教育时期要会自学，在步入社会之后更要会自学。学会自学的目的，不仅仅是为了掌握知识，更重要的是为了能够不断更新知识，创造性地运用知识。只有学会自学，才能按需确定主攻方向，选择学习内容，才能更科学有效地统筹时间，才能因时空变化而采取不同的学习方式。学会自学是个宝，若你十几岁能懂得它的宝贵，就能成为大科学家；若你二十几岁能懂得它的宝贵，就能成为一位学者。学会自学是生存的需要，是历史的期望，是社会的翘盼，是命运的关注所在。我们面临的现实十分严峻：物竞天择、优胜劣汰、适者生存。我们每个人都跳不出这个自然规律。

诺贝尔奖获得者约翰·沃卡普·康福思的启示：

1917年，约翰·沃卡普·康福思出生于澳大利亚。10岁时，他被医生确诊为耳硬化症。这是一种耳朵软骨疾病，无法治愈，并且会不断加重。

对小康福思来说，生活尚未开始，却注定要面对一个无声的世界。他不甘接受，他要与命运抗争。他要趁还有10年的听力时间全力学习，更多地接受正常教育，掌握一门"谋生"的技能。为此，小康福思进了悉尼男子中学，与时间展开了激烈的赛跑。

悉尼男子中学的化学教师贝萨深沉而又科学地劝告康福思，"从事化学研究，耳聋会是一个无法逾越的障碍"，这使他决定了一生的奋斗方向。

听力一天天衰退，学习成绩却一天天提高，16岁，他考入了悉尼大学。

这时，康福思几乎听不见了。整个大学期间，他几乎是在图书馆里度过的。

20岁，康福思以优异的成绩毕业，可以这样说，他是通过自学完成学业的。为了从事科学研究事业，他又继续深造。22岁，在取得硕士学位的同时，也获得了非常难得的英国"1851奖学金"。

在牛津大学学习期间，康福思的才华和毅力打动了导师罗伯特·鲁滨孙，后来鲁滨孙把他留在自己身边，一直从事酶和蛋白质的研究。

29岁时，康福思进入伦敦国立医学研究院，在立体化学方面取得重要成果，对立体化学的发展做出突出贡献，因此于1975年获诺贝尔奖。康福思不懈自学的经历告诉我们：只要有心，就会有成。

（四）自学与勤奋

做什么事都不会似月下漫步那么轻松，更不会像吃糖果那样容易。

要学到更多的知识，掌握更高的技能，就要克服各种困难。怎样才能克服各种的困难呢？只有勤奋、勤奋、再勤奋！倘若心血来潮时，别人鼓励一下，就使劲拼命学；可一碰到难题或考试失利，就蔫了，就泄气了。别人劝慰一下，就又精神了；再遇到困难，就又泄气了。这就是所谓的"一曝十寒"——晒一天，冻十天；勤劳一天，懈怠十天。这样只能一事无成。

固然，每个人的情况，都有差别。别人聪明，一学就会；我不行，就百倍努力。别人学十遍就会了，我不行，就千倍用功。倘能如此，笨蛋也会变天才。

请看看中外名人对于这点是怎么说的：

业精于勤荒于嬉，行成于思毁于随。（韩愈）

天才就是无止境刻苦勤奋的能力。（卡莱尔）

形成天才的决定因素应该是勤奋。（郭沫若）

聪明出于勤奋，天才在于积累。（华罗庚）

在天才和勤奋两者之间，我毫不迟疑地选择勤奋，她是几乎世界上一切成就的催产婆。（爱因斯坦）

没有加倍的勤奋，就既没有才能，也没有天才。（门捷列夫）

我是个拙笨的学艺者，没有充分的天才，全凭苦学。（梅兰芳）

可见，他们之所以成为大科学家、大文学家、大艺术家，靠的无非是勤奋二字。

曾国藩是中国历史上最有影响的人物之一，然而，他小时候的天赋却不高。有一天在家读书，一篇文章重复不知道多少遍了，还在朗读，因为他还没有背下来。这时候他家来了一个贼，潜伏在他的屋檐下，希望等读书人睡觉之后捞点好处。可是等啊等，就是不见他睡觉，还是翻来覆去地读那篇文章。贼人大怒，跳出来说，"这种水平读什么书？"然后将那文章背诵一遍，扬长而去！贼人是很聪明，至少比曾先生要聪明，但是他只能成为贼，而曾先生却成为中国近代著名政治家、战略家、理学家、文学家。

司马光是个贪玩贪睡的孩子，为此他没少受先生的责罚和同伴的嘲笑，在先生的谆谆教诲下，他决心改掉贪睡的坏毛病，为了早早起床，他睡觉前喝了满满一肚子水，结果早上没有被憋醒，却尿了床。于是聪明的司马光用圆木头做了一个警枕，早上一翻身，头滑落在床板上，自然惊醒。从此他天天早早地起床读书，坚持不懈，终于成为了一个学识渊博的人，写出了传世的《资治通鉴》。

每个人通往成功的道路都是不同的，但在成功的众多因素中有一点是相同的，那就是勤奋。没有勤奋，条件再好，再聪明，也不能成才。有了勤奋，条件再恶劣，再愚笨，也总会成功的。请记住："书山有路勤为径，学海无涯苦作舟。"没有勤，怎能爬上高高书山？没有苦，怎能渡过茫茫学海？

诺贝尔奖获得者赫伯特·查尔斯·布朗的启示：

布朗1912年5月22日出生于英国伦敦，1914年后随父前往美国，在芝加哥的贫民区定居。为了谋生，他父亲开了一家小五金行。幼年时代的布朗生活极为贫困。他小学时的同学几乎全是黑人，他们彼此同情，关系融洽。14岁那年，他父亲因劳累过早地离开了人世。为了养活母亲和3个妹妹，担负起整个家庭的重担，布郎不得不中途停学，经营五金行，边工作边自修。他于1929年复学，由于认真刻苦，仅一年内就读完了高中。

布朗家里很穷，晚上一般不点灯。晚饭后到睡觉之前这段宝贵时光如不利用来看书学习，实在是太可惜了。布朗常常因晚上没灯无法学习而苦恼。有一天晚上，布朗躺在床上，翻来覆去，久久不能入睡。无意中他从窗口向外张望，远处的一盏路灯令他思路开朗：嘿！有了，明天我就到那盏路灯下看书去！打那之后，布朗每天晚上都要坐在那盏路灯下默默地看书学习。刮风下雨，从不间断。雨天，布朗撑着一把雨伞来到路灯下，借着昏暗的灯光，坚持不懈。

1933年2月，布朗进了一家市立短期学院的电机系学习，但为了维持生活，他在晚上及周末均得去当鞋店店员。后来，学院虽因经费无着而关闭，他却因读了《普通化学》课程而对化学产生了浓厚的兴趣。他选修了"定性分析化学"和"定量分析化学"两门课程。1935年春，布朗顺利地通过了芝加哥大学的奖学金考试，幸运地以插班生资格直接入化学系3年级就读。1936年6月，他毕业并获得硕士学位。之后他继续努力，获得博士学位，毕业后布朗留校任化学教师。布朗在长期的教学生涯中，发表了700余篇论文，写有四部著作，并培养了100余位博士生。1960年，他成为普渡大学第一位"卓越讲座教授"，直到1978年他66岁时退休，任名誉教授。他始终坚持研究，且不断有新的发现。

1967年起，布朗发现有机硼化物不但可以作为高选择性硼氢加成反应的试剂，还可用于合成多种有机化合物，且操作起来非常简单。由于他的杰出贡献，1979年他荣获诺贝尔化学奖。

布朗的成功经历是惊人的，它使人振奋，发人深省，催人奋进。逆境中摸爬滚打多年的布朗，深深地意识到任何事情只要你努力去做，就会有所收获。他学习的道路是坎坷的，他科研的过程是曲折的，但这些恶性环境都没有打垮他，相反，他战胜了重重困难，突破道道险阻，终于走上了科学的领奖台。

（五）自学与通才

大草原能让牛羊肥壮，自学能让人汲取到适于自己的丰富营养。就如人不能偏食一样，学习也要吃知识的五谷杂粮。只有这样，才能遨游于科学的海洋。新的时代需要"通才"，而自学就是通向通才的桥梁。

美国曾对1311位科学家的论文和成果等各方面作出详尽调查，结果发现：有成就的科学家很少是仅仅精通一门专业的"专才"，多是靠"博才取胜"的。专攻一门不及其余，往往到了一定的层次，就再也上不去了。

世界上卓有贡献的巨人，大多是遵循一定的专业目标，博收兼蓄，才会有重大突破的。

所谓通才，是指既精通一门专业，又学识广博，具有多种才能的人。通才教育的兴起，是适应现代科学技术飞速发展需要的。

在历史长河中，人们看到一个有趣的现象：古代的哲学家大都是通才。亚里士多德在生物、物理、天文等方面都有研究，在心理学、逻辑学、伦理学、历史学、美学等方面颇有见地。

进入20世纪后，科技的高度分化达到惊人的地步。基础科学已有500多门，技术科学也有400多门。学科的高度分化带来的是高度综合的趋势，大批的综合性学科（如生态科学、能源科学、环境科学等）、横向学科（如系统论、信息论、控制论等）、边缘学科破土而出，科学知识相互交叉，你中有我，我中有你，已经很难找到"世袭领地"和"世外桃源"了。在这种情况下，如果把自己的知识局限在一个狭小的空间里，没有宽广的科学视野，就很难有大的成就。

20世纪40年代，美国研制原子弹的"曼哈顿工程"选定物理学家奥本海默担任技术总指挥。当时爱因斯坦、费米、康普顿等的威望都比他高得多。之所以选择他，是因为他是个"通才"，知识渊博，对新事物非常敏感。在他的领导下，美国仅用三年时间就造出了原子弹，事实证明这个选择是对的。

通才不但是对科技工作者的要求，对情报人员、科研管理人员、企业高管和咨询专家同样如此。因此，国外许多企业常到有多年工作经验的技术人员中去物色目标，在"专才"中找"通才"，从专家中找"杂家"。

（六）自学与博览

现代科学的发展告诉我们：不仅要精通专业知识，还要了解些专业以外的知识。谈到氢弹的发明，大家想必会想到物理学家。可实际上氢弹的发明是缘于天文学家的发现。天文学家们发现太阳上的物质以氢为最多，之后是氦，氢在聚变的过程中会释放出巨大的能量——太阳能。天文学家的发现启发了物理学家，他们猜想着可否通过模拟太阳上的热核反应来获得巨大能量，于是有些物理学家开始研制氢弹，并最终研制成功。所以，有人认为是天文学家发明了氢弹。

核酸的秘密及DNA双螺旋结构的发现被视作达尔文学说之后生物学上

的第二个伟大的里程碑。可是取得这一成果的是物理学家，而不是生物学家。1944年，量子力学奠基人之一、物理学家薛定锷率先提出了生物遗传密码理论。1953年，青年物理学家克里克与两位生物化学家合作，将这一物理学的发现应用于生物学，于是发现了DNA双螺旋结构的秘密，这真是"他山之石，可以攻玉"。

正如控制论创立者维纳所言："在科学的发展上可以得到最大收获的领域，是各种已经建立起来的部门之间被人忽视的无人区"。维纳所说的"部门之间"就是指我们现在常谈到的"科学的边缘"。

有"科学的边缘"，就会有边缘科学。那么边缘科学是如何产生的呢？一是"移植"，即将一种学科的研究方法移植到另一种学科中去。比如，将激光技术用于化学、医学和生物学的研究中，便出现了激光化学、激光医学和激光生物学；将微波技术、光谱技术、电子技术等物理学应用于天文学的研究，于是产生了新学科——光谱天文学和射电天文学。二是"杂交"，将原来并列的两种学科融合为一种新学科，如量子化学、物理化学、生物化学等。这种杂交产生的新学科有重大意义，尤其是在基础科学研究方面。

在表现形式上，边缘学科可分为几种。如"多边缘复合式"，它突破了邻近两门学科结合的局限性，变为多学科的边缘学科。如生物化学与生物物理学就是物理、生物、化学相互结合的产物；还有"大边缘学科"，它横跨的学科幅度更大，它是自然科学、社会科学、技术科学等互相渗透所形成的，如环境科学、社会医学、技术经济学、宇航心理学等。

英国科学哲学家卡尔·波普和澳大利亚著名神经生理学家艾克尔斯合著的《自我及其大脑》一书，轰动全球。它标志着将会有更多的新成果诞生于科学的边缘。如，电脑被用于研究文学名著，美国人用计算机对《红楼梦》的前八十回和后四十回进行对比分析。自然科学的很多新概念被引入社会科学：如热力学中的"熵"的概念已进入经济学；控制论中的"信息""反馈"等，也成为自然科学和社会科学共同的术语，这些都告诉我们，科学不断走向综合化已是大势所趋。

科学的发展经历了由分到合、由合到分的过程，这反映出人们认识的不断深化。为了适应这种形势，就需要知识广博的"通才"，就要求必须以自学为手段不断丰富自己的知识。只有掌握较为系统全面的知识，才可能在科学的边缘上开辟出新的道路。诺贝尔说："为了解决某一科学领域的问题，应该借助于其他有关的科学知识。"

（七）自学与循序渐进

自学的确需要勤奋，但仅凭勤奋并不能保证成功，还要懂得并运用一些自学的科学方法。

大家是不是遇到过这样的现象：有的同学起初成绩很优秀，可却渐渐落后了；有的同学原来成绩不好，但一段时间过去，竟能名列前茅。这两类同学成绩的下降与上升，原因可能是多方面的，但最重要的就是学习方法是否科学。前者最初的优秀成绩，主要是靠勤奋。具体说，靠长时间学习，靠死记硬背，靠"笨鸟先飞"。但学习难度一加大，这种学习方法就不行了，所以成绩一天不如一天。而后者则是在刻苦勤奋的基础上，寻求一套适合自己的较科学的学习方法。久而久之，学习成绩自然步步高升。

可见，若自学方法不科学，出了很多力，学习效果却不好，这叫"事倍功半"。若自学方法比较科学，则费力少，收获大，能在有限时间内，学到更多知识，这叫"事半功倍"。

我们在这里先介绍一种科学的学习方法——循序渐进。那么，何谓"循序渐进"？"循"——依照、沿着。所以循序渐进的意思是：依照一定的次序渐渐地向前深入。任何一门学科的知识都具有严密的逻辑顺序，只要按照它一步一步地学，就能使知识系统化。在自学时你们就应当掌握这个方法，不能急，须知学习没有捷径。饭要一口一口吃，知识要一点一点学，妄图一口吃成个胖子，一夜学成个名家，是不可能的。

爱因斯坦在研究广义相对论时，连续研究了几年却进展不大，成果甚微。仔细查找原因，方才发现自己在大学读书时，忽视了对数学的学习和钻研，因此这门基础知识的底子较差。为了研究成功广义相对论，他只得搁置起眼下的研究工作，重返学校再次补习了三年的数学课程。

我国著名的数学家华罗庚在自学高中课程时，时常犯急躁病，一个劲地加速，结果所学的知识成了"夹生饭"。这个教训使他领悟到：片面求快不符合读书的辩证法，必须循序渐进。后来，他就宁肯比在学校里学得慢些，练习做得多些，用五六年时间才学完了高中课程。看起来高中课程学得慢了一些，但因为学得扎实，所以给后来学习大学课程带来了方便。到清华大学没多久，他就听起了研究生的课。

各门学科的知识都有一定的规律，即由浅入深，由近及远，由已知到未知，由简单到复杂。我们自学要符合这个规律，要做到稳扎稳打，一步一个脚印，万不可急于求成，好高骛远。前面的知识没学好，就不要学后面的。难的要认真学，容易的也要认真学；有趣味的要认真学，枯燥的也要认真学。你们都知道铁链，它是一环扣一环的。一环裂开，铁链就断成两段；两环裂开，铁链就断成三段……裂开多了，铁链就成了一堆废铁。同样，学科内容也是这样，一个单元也不能丢，丢多了，就什么都学不到了。

苏联著名生理学家巴甫洛夫教诲青少年说："要循序渐进。我一谈起有成效的科学工作这条最重要的条件时，就情不自禁。循序渐进，循序渐进，循序渐进。你们从一开始工作起，就要在积累知识方面养成严格循序渐进的习惯。"可见，循序渐进在学习、研究的过程中是多么重要啊！

（八）自学与温故知新

孔子指出："温故而知新，可以为师矣。"意思是，温习已学过的知识，就能得到新的知识、新的体会、新的理解。

"温故"与"知新"相互联系，相互依存。没有"温故"就难以"知新"；"温故"若不能"知新"，"温故"就失去了意义。

朱熹也强调科学的学习方法："举一反三，闻一知十"——从一件事类推，懂得其他许多事；从听到的一点知识类推，掌握许多其他知识。

清代史学家章学诚归纳一种学习方法叫"触类旁通"——从已知知识推知同一类的其他知识。

温故知新、举一反三、触类旁通，虽然叫法不一，但其实质相同，就是强调已获得的知识对学习新知识能起很好的促进作用，并有益于新知识的巩固。

把知识从一个地方运用到另外一个地方，我们称为知识迁移，这种能力叫迁移能力。例如，学会了"木"字再学"林""森"就更容易，因为它们都有"木"的意思；学会减法之后再学除法就比较容易，由于除法里包括减法的元素。

倘若我们学习任何知识都能运用这种科学的学习方法，不仅能学得快，学得轻松，学得有趣，而且能很快提高学习成绩。

鲁班是我国古代一位技艺高超的工匠和发明家，特别擅长木工方面的手艺。那么鲁班这些本事哪来的呢？ 是生活。鲁班为了造房子，经常到山里伐木。伐木原来都是用斧子砍的，不仅累得筋疲力尽，还效率很低。他常想，怎样才能更快些呢？ 一次，他的手指被茅草拉出一道口子。鲁班就想：茅草为什么这样厉害呢？他顾不上疼痛，仔细观察，原来茅草边有许多锋利的细齿。鲁班又看见蝗虫在吃草，而且吃得很快。他捉住蝗虫一看，蝗虫的牙齿也有很多细齿。这两件事使鲁班大受启发。回家后，他用竹片制成了一副竹锯。但竹锯太不耐用。于是，他又与铁匠一起制作了铁锯。

生活是最好的老师，生活教育着我们每个人。可为什么我们没能搞发明创造，鲁班就能呢？ 因为他善于思考，善于寻求科学的方法。他从最平常不过的生活现象里，发现了能改造生活的东西。从茅草到竹锯，再到铁锯，这是温故知新、举一反三、触类旁通的过程。我们要学会这种科学的学习方法，它将为我们带来好运气、好心情、好成绩。

（九）自学课本须精读

课本中知识集中，信息量大，相互之间逻辑性很强，所以学习课本不能走马观花，更不能一目十行，必须要精读，精读，再精读。

精读课本十分重要，十分必要。首先，它能培养我们的自学能力。要精读，就要思考，长此以往，思维就会越来越敏捷，就能更快地发现问题，抓住问题的本质。其次，它能提前克服听讲中的许多障碍，精读时，有些地方可以自己弄懂，有些地方自己难懂或不懂，听课时就有了明确目的，也就提高了听讲的效率。

精读要做到"细嚼慢咽"，莫求速度而求质量。要一页一页地读，要逐字逐句地读。因为课本上都是最基础的知识和最基本的概念，容不得半点马虎。要用温故知新的学习方法，边看，边想，反复看，反复想。精读时，可用笔把书上的重点内容、新概念、易忽略处画出来，把不理解、不掌握的地方重点标出。

精读要做到"开动脑筋"。要深刻领会文字和概念的含义，搞清上下文联系。要在读中生"疑"、生"思"，千万别不加思索地"瞎读"。精读时要多问几个"为什么"。问得多，思考就广而深，就离掌握知识、解决问题不远了。有些同学不愿通过思考寻求答案，只等老师讲，别人帮。有的同学"精读"时机械重复，每一遍在脑子里都没留下多少印象。数学家赵访熊一针见血地指出：有些同学学习效率所以不高，主要是由于缺乏思考。

课本精读后要努力做到：一是大部分懂，就是对书的主要内容能达到基本理解的水平；二是初步会，能较好地运用所理解的知识；三是比较熟，能较完整地将书本上的知识用自己的话表达出来。

古今中外的许多名人都是精读的楷模。美国作家杰克·伦敦经过苦难磨炼，十分珍视读书机会。他遇到一本书时，不是用小橇子偷偷撬开它的锁，然后盗取点滴内容，而是像一头饿狼，把牙齿没进书的咽喉，凶暴地吮尽它的血，吞掉它的肉，咬碎它的骨头！直到那本书的所有纤维和筋肉成为他的一部分。

顾炎武自幼勤学。他6岁启蒙，10岁开始读史书、文学名著。11岁那年，他的祖父要求他读完《资治通鉴》，并告诫说："现在有的人图省事，只浏览一下《纲目》之类的书便以为万事皆了了，我认为这是不足取的。"这番话使顾炎武领悟到，读书做学问是件老老实实的事，必须认真忠实地对待它。顾炎武勤奋治学，他采取了"自督读书"的措施：首先，他给自己规定每天必须读完的卷数；其次，他限定自己每天读完后把所读的书抄写一遍。他读完《资治通鉴》后，一部书就变成了两部书；再次，要求自己每读一本书都要做笔记，写下心得体会。他的一部分读书笔记，后来汇成了著名的《日知录》一书；最后，他在每年春秋两季，都要温习前半年读过的书籍，边默诵，边请人朗读，发现差异，立刻查对。他规定每天这样温书200页，温习不完，决不休息。

（十）自学要多问

发明家保尔·麦克克里德说："唯一愚蠢的问题是你不问问题"。青少年多有求胜、好奇的心理，凡事乐于追根溯源，这是极为优异的学习品质。这个品质不仅可以让你在学海里战胜惊涛骇浪，而且还能为你展现出极其壮观的创新前景。让我们看看下面两名同学的表现：

《落花生》一文中讲道："花生的好处很多，有一样最可贵：它的果实埋在地里，不像桃子、石榴、苹果那样，把鲜红嫩绿的果实高高地挂在枝头上……"有一个小同学于是问："花生确实好，但苹果、桃、石榴也好，难道因为它们是把果实挂在枝头上就不好了吗？"年龄虽小，问得多深多棒啊！在学《鸟虫鱼》时，另一个小学生问道："鸵鸟也是鸟，可为什么它不会飞呢？飞机也能飞，也有翅膀，可它为什么不叫'飞鸟'呢？"问得多沉多好啊！

伽利略是意大利伟大的物理学家、天文学家，他在力学上的贡献是建立了自由落体定律，发现了物体的惯性定律、摆振动的等时性、抛物运动规律，确定了伽利略原理。他在比萨大学读书时，就非常好奇，也经常提出一些问题，比如"行星为什么不沿着直线前进"一类的问题。有的老师嫌他问题太多了，可他从不在乎，该问还问。有一次，伽利略得知数学家利奇来比萨游历，他就准备了许多问题去请教利奇。这一次可好了，老师诲人不倦，学生就没完没了地问。伽利略很快就学会了关于平面几何、立体几何等方面的知识，并且深入地掌握阿基米德的关于杠杆、浮体比重等理论。

学习就是一个不断发现问题、提出问题和解决问题的过程。当你精读并发现问题时，要进行一番思考，思而不得的就要请教别人——问老师、问同学、问家长。可生活中却有这样的人，明明有不懂的，却不敢去问，生怕别人笑话。这就是虚荣心在作怪！这十分不利于学业的进步。事实上，敢于提问，勇于暴露自己的问题的人，才是学习上真的强者。

好问是开发脑力的重要手段。人们常说"我的脑子不好使"，可如何才能让它好使呢？多问！刀钝了，要磨；脑子钝了，要多问。

宋朝著名的理学家、思想家、哲学家、教育家朱熹就很重视多问，他认为："读书无疑须教有疑，有疑者却要无疑，到此方是长进。"意思是，读书时觉得没有问题，可通过思考就能发现问题。发现问题后解决，问题就没了，此时学问就长进了。可见，脑子里问题越多，学习效果越好。诺贝尔奖获得者李政道指出："学生最重要的是学会提问题，不然将来就做不了第一流工作。"好问是一种优异的心理品质。爱因斯坦说："我没有什么特别的才能，不过喜欢寻根刨底地追究问题罢了。"由此可见多问对于学习、未来、世界的重要性。

要多问，但要有个前提，须是在经过独立思考之后才问。不思而问，等于白问。要记住：学过的知识未经复习的，不问；教科书中没仔细看过的，不问；作业未曾反复思考过的，不问；倘若做到以上三条之后再发问，知识就会如源头活水不断地流进你的头脑，你的思维就会像春风吹拂下的小草一般神奇地钻出地面。

（十一）自学要多思

一个人用坛子给骆驼饮水。骆驼把头伸进去喝水，但喝完水，头却出不来了。这个人用力拽坛子，可没拽下来。这时，他一点都没认真思考，举起旁边的大刀，嗖地砍下骆驼的头。坛子是完好地保住了，可骆驼却死了。

还有一个人，不小心打破一只心爱的碗，便去找铜匠补碗。铜匠仔细地把碎碗一片一片地拼起来，最后发现少了一块。那个人匆忙回家又拿来一只同样的碗，"啪"地敲碎，自作聪明地对铜匠说："你看哪块适合就用哪块吧！"

这两则寓言告诉我们，遇事不动脑筋，不但不能成事，反而坏事。

自学时最需要思维。孔子说："学而不思则罔"，意思是，光学习，不思考，则毫无收获。什么是思维？ 就是平常我们说的"想一想""动动脑""思考"等。它是智力活动的核心，也是学习知识的必备品质。

一位老师教"辛"字时，与学生讨论怎样记住这个字。

甲同学说："'辛'字有七笔——点横点撇横横竖。"

乙同学说："'辛'字上面是个'点横'部，下面是'羊'字少一画。"

丙同学说："上面是'立'字，下面是'十'字。我的妈妈是名营业员，每天上班要站十几个小时，很辛苦。"

你认为哪个方法更好呢？ 三名同学都在思维，但思维水平有高有低，从而导致学习效果有好有坏。

思维就是依靠已学知识去努力认识那些未知知识。以数学为例，任何问题都得好好动脑筋，在未经反复思考之前，千万不要不求甚解地死记硬背解题步骤和答案。要仔细想想为什么要这样解，要弄清头绪。反之，如果只背一道题的解法，那遇到其他题不还是不会吗？ 所以一定要仔细分析，多多思考，从正反两面、多个角度去想，找出彼此之间的联系，懂得解题的原理。只要掌握了一道题的解法窍门，再遇到类似的题就会迎刃而解。可见，思维是打开知识大门的"先锋"，只要肯动脑，各科学业就不成问题。如果能想到，那么离做到也就不远了。

爱因斯坦在学校的时候，有位老师曾批评他说："你是个特别聪明的孩子。可你有一个毛病，就是什么事都不愿意让别人告诉你。"而老师指出的"毛病"恰恰正是爱因斯坦最可贵的优点——爱动脑，勤思考。正是这个优点帮助爱因斯坦取得了举世瞩目的伟大成就。

科学家需要思维，艺术家同样离不开思维。

唐代大书法家虞世南练字的时候，总是不断地思考着汉字的结构和布局，甚至睡梦中还用手在被子上画，久而久之被子都被划破了。明代作家高则诚在创作《琵琶记》时，紧闭房门，谢绝见客。他边写边吟，边写边用脚打节拍，乃至楼板都被打穿了。

画破被子，打穿楼板——这就是思维的劲头、思维的妙处、思维的力量。当一个人进入最佳思维状态时，大脑就会活跃起来，就仿佛一台大功率的"吸力器"，将知识源源不断地吸收进去。

（十二）自学要多练

知识是通过学习才了解的，而练习则是巩固知识、使用知识必不可少的一步，因此自学时多做练习十分必要。但"多做"也要有"度"，并非越多越好，只要能达到较熟练地掌握、使用所学知识的程度就可以了。"多做"亦要有"法"，倘若仅是机械模仿、套用模板，那么练习再多也没有用。

大书法家王羲之之子王献之曾向父亲求教写字的秘诀。父亲指着在院中摆的十八口大缸说："秘诀就在这些水缸里。你把这十八个缸中的水写完就知道了。"

王献之天天模仿父亲的字练横、竖、撇、捺、点，练了两年，拿给父亲看。王羲之笑而不言。王献之知道不行，就又不断练各种"钩"，整整又练了两年。送给父亲看，父亲还是一言不发。自第五年起，王献之才天天练完整的字，又练写了整整四年，再把字给父亲看。王羲之看后仍叹气摇头。羲之觉得"大"字的架势上紧下松，拿起笔来在下面点了一点，改成了"太"字。王献之把这些字拿给母亲看，母亲逐字逐句地端详，三天才看完，最后感叹道："我儿练字三千日，只有一点像羲之。"王献之呆若木鸡。原来母亲所指，正是父亲加在"大"字下面的那一点！

王献之恍然大悟，于是在父亲的指点下继续刻苦练字。最后，王献之写光了院中所有十八缸水，也成了享誉天下的大书法家。

这个故事说明了什么呢？

一要有明确练习的目的。明确了练习的目的，练习就有了动力，练习时就会更加自觉，否则就会感到枯燥无味。王献之的目标很简单，就是要超越父亲，并由此保持着惊人的毅力，迸发出不达目的决不罢休的劲头。

二要运用正确的练习方法。运用正确的练习方法，可避免盲目性，提高练习效率。正确的方法，一是来自自己摸索，二是来自老师指点，尤其是要注意听老师的思路和方法，这一点十分重要。王献之的练习方法就是按照父亲的教导——循序渐进地刻苦练习基本功。

三要评估练习的结果。练习后，如能及时了解练习结果，就能对能力水平做出正确的评价，便能聚焦困难，改正错误。王献之每段练习后都去看父亲的反应。不点头就证明还不行，就证明还有许多不足。于是，儿子继续练，父亲继续教。

王羲之的一"点"，苍劲凝重，写出了父亲的良苦用心；王献之的一"惊"，地动山摇，表达了儿子的必成决心。若想将所学知识灵活运用，就常做练习吧！"知识"如刀，"练习"似磨，刀只有常在磨上磨，才能越来越锋利。

（十三）自学要记好笔记

马克思一生中读了数不尽的书，他能记住吗？"好记性，不如烂笔头"，马克思的方法就是记笔记。第二国际创始人之一威廉·李卜克内西回忆起马克思时说："只要有一点可能，他无论何时总要工作的。就是散步也要带着笔记本，并不时在上面写点什么。"马克思为了写《资本论》，仅从1850年8月至1853年6月，就摘录了70多个作者的著作，写了24本政治经济笔记。整个写《资本论》的过程，他摘录了1500多本书，写了100多本笔记，何其惊人的数字啊！

很多事业有成的人，都有写读书笔记的习惯。鲁迅写《中国小说史略》时，摘抄的纸片就有5000多张。著名学者吴晗年少时就随手写读书笔记，遇到有价值的东西就记在本上，后来资料太多，觉得有些混乱，就改用卡片。一张卡片记一段话、一件事……，积累了好几万张卡片。莫要小看读书笔记，它虽来自百家，但经过我们的消化吸收，去粗取精，去伪存真，最终很可能超过百家。

所以，不管是伟大的科学家，还是作家、学者，都十分重视读书笔记，因为记笔记真的优点多多：

①有助于加深理解，巩固记忆。做笔记的过程，就是深化理解和记

忆的过程。眼看千遍，不如手抄一遍。记笔记会使你自然而然地用心去读，专心去读，精心去读，从而找到重点要点、疑点难点，书的灵魂也就抓到了。

②有利于积累资料，储存知识。经过长期阅读和做笔记，就能积累起符合自己需要的大量资料，弥补头脑记忆的不足。一些新事物、新概念、新方法会在你阅读时突然闯入脑海，这就是所谓的"灵感"。如果不把灵感当即笔录下来，过后或会忘得一干二净了。

③有利于随时复习，随处取用。笔记是阅读成果所在，也可以说是书中最符合你需要的精华所在。一旦需要可以随时取用，加以复习，就如同又见到书一样。千万不要轻信自己的记忆力，懒于动笔，否则真到用时，连文章的出处都想不起来，岂不遗憾？

若能从小学就开始学会阅读和做笔记，整理和积累资料，长此以往，不仅可以用丰富的知识促进课内学习，而且由于掌握了阅读和积累资料的方法，必将为日后的自学和工作带来巨大好处。

二、学会观察

攻打科学堡垒有众多武器，而"认真""观察"爆发的威力却是无与伦比的。

诺贝尔奖获得者唐纳德·阿瑟·格拉泽的启示：

以"认真""观察"取胜的唐纳德·阿瑟·格拉泽1926年出生于美国俄亥俄州。他幼时学习成绩极差，甚至跟不上同学们的进度。上课时总是心不在焉，经常茫然地看着窗外，答不出老师的提问。而且，格拉泽还沉默寡言，很少与同学们交流。老师甚至怀疑他智力上有毛病。

四年级时，老师出了一道多位数乘除的算术题。因为格拉泽不认真听讲，没有掌握除法的基本要领，所以他怎样也算不出来。这件事使他明白，上课不好好听讲是要吃苦头的。格拉泽开始以认真的态度对待学习了，成绩也有了起色，之后还超过了班上的其他同学，并因此跳了一级。从此，尝到"认真"甜头的格拉泽把"认真"二字牢记于心，并贯穿于一生的学习和工作中。

高中时，一次物理实验课，格拉泽无意把马达上的一根导线碰断了，但马达却没有停转，反而转得更快了。格拉泽的认真劲上来了。他反反复复地把导线接上，然后再断开，他非要弄出个究竟不可。从此，他对物理学产生了浓厚的兴趣。

16岁时，格拉泽考入了美国凯西里工学院学习物理学和数学。4年后他大学毕业，又考入加利福尼亚大学攻读研究生。

26岁时，格拉泽为研制气泡室，向政府申请2500美元经费，但被拒绝了。他毫不气馁，没有经费也要研究，他的认真劲又上来了。格拉泽开动脑筋，因陋就简。他从家里拿来啤酒瓶、姜汁酒和苏打水，在实验室里用酒精灯将它们加热。当达到适宜温度时，再迅速打开瓶塞，观察在瓶子附近放置或不放置放射源，会发生哪些不同的现象。这个实验看似简单，却具有极大的创造性，它证实格拉泽的设想是科学可行的。于是，他开始制造气泡室，其中主要的元件竟是取自6岁时父母给他买的一台老式收音机。经过反复研究和试验，格拉泽终于发明出世界上第一台气泡室。1960年，34岁的格拉泽获得了诺贝尔奖。

多年以后，在谈到成功的原因时，格拉泽说："几乎所有人都想干一番有创造性的事业，可创造性的才能是与生俱来还是后天培养的呢？我坚信，只要认真，任何人都能发挥自己的创造性。"

"认真""观察"可以创造奇迹，它成就了一代又一代伟人。

（一）观察的重要性

观察是人类认识世界的基础，是构成人类智慧的重要组成部分。苏联生理学家巴甫洛夫，谈到观察的重要性时说："应当先学会观察，不学会观察，你就永远当不了科学家。"历史上无数人物的成功经验，都证明了这句话的正确性。人类社会的发现和创造大多都是观察孕育出的硕果。达尔文创立进化论离不开观察，哈雷发现哈雷彗星离不开观察，α射线的发现也离不开观察……大千世界十分美丽和神奇，要揭开它的面纱，必须不间断地、耐心地观察。观察不愧是认识世界、研究世界、改造世界的最佳工具。

在实验性学科中，观察的重要性表现得尤为重要。物理学家丁肇中说："自然科学不能离开实验的基础，特别是物理学，它是从实验中产生的。"作为一名学生，要想继承自然科学的成果，要想真正掌握它们，同样要通过大量的实验观察。因此，实验观察在教学中占有重要地位：中学物理有253个演示实验，由学生动手的就有49个；中学化学有194个演示实验，由学生动手的就有35个。物理和化学的许多结论，都是在实验观察后经思考产生的。正如伯特罗所说："真理存在于我们之外，并且只有通过观察才能认识。"可见学好实验学科的基础，就是重视实验，重视实验中的观察。

1. 观察可以帮助我们认识世界，获取知识。

我们的知识主要源于观察。通过观察，可以看到许许多多的现象，获得千真万确的事实，这些都为思维活动提供了感性材料，从而形成知识。明代著名地理学家徐霞客的一生几乎是在旅途中度过的，他的足迹遍布大江南北、黄河两岸。他的游记不是史料的堆积，而是通过艰苦的观察写下的实录。为了获得第一手资料，徐霞客以惊人的毅力进行实地考察。登山无路，就踏草而行；渡河无船，就蹚河而过。越是险峰，越要登顶；越是深洞，越要探究。途中有时会粮食断绝，有时得死里逃生。徐霞客历经30多年的艰难险阻，为我们留下了一份宝贵的文献——《徐霞客游记》，直到今天，它仍然有重要的科学价值。

科学家可以进行观察，你们一样可以用双眼进行观察。通过观察不断获得知识，你们就也可能成为科学家。自然界中有着数之不尽的趣闻，每一个趣闻都是一部未完成的书。只要你用心观察，定会有所发现，有所创新。通向成功的阶梯就是这样一层一层搭起来的。

2. 观察可以帮助我们发明创造。

观察不仅可以认识世界，增长知识，还能启发人们的想象力，进行发明创造，造福人类。大家都看见过蜂窝，但有谁能像法国科学家马拉尔琪那样细心呢？他曾对不起眼的蜂窝进行了一次又一次的精细观察。当他研究蜂窝的每一个孔洞的形状时，发现蜂窝菱形面组成的角度大小都是一样的。他还发现那钝角平均是109度38分，锐角平均是72度32分。别人没注意到的，他注意到了；别人没发现的，他发现了。马拉尔琪的这一发现，给建筑学增加了一笔更绚丽的色彩。

蜘蛛结网是最常见的现象，有谁没见过？但法国自然学家卜翁却没有放过这一现象。他反反复复、细致入微地观察蜘蛛是如何抽丝的，直到弄清蜘蛛吐丝的全部原理。后来，他根据这些观察得来的知识，把许多蜘蛛的胶囊割破，挤出胶液，抽出细丝，制成了第一副人造丝手套，由此揭开了人造纤维的历史。

伟大的发现常隐藏于最平凡的事物之中。牛顿受到苹果落地的启示，创造出改变世界历史的"万有引力定律"；瓦特受到被沸水掀起的壶盖的启示，改良出推动历史前进的蒸汽机。为什么他们成了伟人？就是因为他们能在人们司空见惯的现象中，发现神奇的新东西。

3. 观察能够积累材料，有利创新。

你们每天都在观察——观察自然，观察社会，观察人生。可你们把观察到的万千现象进行加工分析了吗？若能将这些积累下来的丰富的感性材料传给大脑，用"思维"的熔炉反复炼制，无疑将会诞生一件新的宝贝。

明代大医学家李时珍，有一股钻劲，遇到问题非要弄个水落石出不可。他发现很多药书不完全可靠，甚至出现按书开药吃死人的事件。于是，李时珍下定决心，一定要把古代的本草书修改补充好。为了完成这项艰巨的工作，李时珍用了10年的时间读古代医书、药书及其他有关书籍80多种，仅是摘录的笔记，就装满好几个柜子。他不仅刻苦读书，还勤于实践。他跑遍全国，向农民、渔夫、猎人、樵夫等各行各业的人学，并冒着生命危险尝遍百草。就这样，李时珍花了30年的时间，读万卷书，行万里路，进行观察研究。最后，在他的上千万字的笔记的基础上，写成了我国医药史上一部划时代的巨著——《本草纲目》。

科学中那些有价值的创造，都是在通过长期艰苦的观察之后，再经过思考而诞生的。

4. 观察能促使大脑变得更聪明。

翻开历史，可以发现，科学离不开观察，文艺同样也离不开观察。观察与思维是互为依存、相辅相成的。越观察，思维就越敏锐；思维越敏锐，观察就能越深刻。

元末有个叫王冕的人，是个有名的诗人，又是个有名的画家。他画得一手好梅，风格独特，盛名远扬。他为什么能画得这么好呢？靠的就是日复一日、天长日久的观察。观察得多了，脑子里就有了灵性，于是笔下的画也就有了灵性。

王冕小时候有一次在湖边放牛，忽然乌云密布，下了一阵大雨。雨过天晴，阳光照得满湖通红，湖里的荷花也显得格外鲜艳。王冕看得入神，被美景陶醉了。他下定决心要把美景画下来。他观察着，琢磨着；琢磨着，观察着。一天又一天，一年又一年，画了扔，扔了画。画呀画呀，画中的荷花有了灵气，仿佛刚从湖里采出的一样。

观察是获得知识的重要方法，也是成就事业的重要手段。一旦观察与思维结伴，无论是浩瀚莫测的海洋，还是深邃神秘的天空；无论是一夫当关，万夫莫开的科学殿堂，还是可望而不可即的艺术之宫，都将为你所开。掌握知识的人是不可战胜的！

（二）观察要细心、全面、客观

观察很有用，但并非所有的观察都会有效果。现代化学方程式的创始人柏济力阿斯曾在一节化学课上责备学生，说他们缺乏化学家卓越的观察力，成不了化学家。学生们不服气，认为老师是贬低他们。柏济力阿斯心平气和地说："我们还是做实验吧！至于我责备你们的根据，等实验结束再告诉你们。"他从实验台上拿了一个装有煤油、沥青和糖的混合液的玻璃瓶，然后伸进一个手指，再抽出来放进嘴里，用舌头品尝液体的味道。然后，他把瓶子递给学生，要求他们都来鉴别一下这是什么溶液。每个学生都老老实实地按要求去品尝，但表情难看，看来他们尝到的绝非什么美味。半个小时过去了，没有人能回答老师的问题。柏济力阿斯忍俊不禁："你们上当了！我伸进去的是中指，而放进嘴里的却是食指。而你们都真的去尝了。我的责备是有道理的，你们中间没有一个人擅于观察。"柏济力阿斯说得学生们个个面红耳赤。

不细心观察，在学习上就要走很多弯路。只有细心观察的人才会有所收获。身体碰伤会化脓，这是很普通的现象，一般人不会注意，但科学家却要刨根问底。荷兰科学家列文虎克业余时间喜欢磨制玻璃透镜，并用透镜观察世界。一次，他观察干草浸剂时，发现了一些未曾见过的"小虫子"在不停活动。他称这些"小虫子"为微生物，即细菌。但细菌分好坏：馒头能发酵，就是酵母菌在起作用；而伤口发炎，就是葡萄球菌导致的。怎样能杀死有害细菌呢？英国科学家弗莱明把葡萄球菌分别装在几个封闭容器中培养。一次，弗莱明忘记给其中一个器皿加盖。第二天他发现有其他细菌进到器皿的边缘，这是一种青灰色的霉菌。在显微镜下仔细观察发现，凡是有青灰色霉菌的地方，葡萄球菌都消失了。青霉素就这样诞生了。没有列文虎克的细心观察，就不会发现细菌；没有弗莱明的细心观察，就不会诞生青霉素。

为什么列文虎克和弗莱明能如此细心呢？因为他们有执着热诚的事业心、全神贯注的专注心和反复观察的责任心。

　　事物是复杂多变的，要想全面了解，就必须不被局部现象所迷惑，在观察时做到全面。苏轼的《题西林壁》以观庐山为例，形象地告诉我们要全面观察的道理。庐山风景美不胜收，但站在不同的角度去欣赏，其风光会各尽其妙。从正面看是道道峻岭，气势磅礴，连绵不断；从侧面看是座座奇峰，嶙峋峭拔，蔚为壮观（横看成岭侧成峰）。远处眺望一个样，近处欣赏又一个样；仰头来看一个样，俯下身看又一个样（远近高低各不同）。为什么人们认不清庐山的真实面目（不识庐山真面目）呢？就因为他身处在庐山之中（只缘身在此山中）。那么，怎样才能看清庐山的真面目呢？苏轼告诉我们，只有跳出庐山，用不同角度——横看，侧看，远看，近看，俯瞰，仰看，做到全面观察，一个完整的真正的庐山就会呈现在你的眼前了。

　　观察一座山，要全面；观察一个人，也要全面。莫泊桑是19世纪后半叶法国著名作家，世界三大短篇小说巨匠之一。当他还寂寂无名时，曾求教于著名作家福楼拜。福楼拜是怎么教莫泊桑的呢？福楼拜让他多观察，并留给他一道"考题"，让莫泊桑去观察杂货商人和看门人，要把他们的外貌、姿态写得传神，达到不将他们与任何其他杂货商人、看门人混同的境界。莫泊桑不停地观察、分析、练习，终于在1880年交出了轰动文坛的"答卷"——中篇小说《羊脂球》。

　　观察最怕受到偏见的影响，那样就做不到全面和客观。只有客观地观察，才能得到正确的结论。清朝有一位杰出的医学家叫王清任，他冲破传统的迷信落后观念的束缚，冒着被传染的巨大风险，在病源地实地观察。1797年，河北滦州小儿传染病肆虐，病死好多孩子。孩子的尸体大都用草席卷着埋在乱葬岗。可因为埋得浅，再加上风吹雨淋，尸体都暴露在外。野狗把尸体扒出来撕着吃。于是到处都是残缺的尸体，可怕极了。王清任不管这些，利用这个机会，一连十几天仔细观察了一百多具小儿尸体，获得了大量人体解剖学知识。他经过40多年的苦心观察和研究，终于在62岁时写出了一部重要的医学著作《医林改错》，书中改正了过去医书上因观察不周不细而出现的许多错误。王清任为科学、为真理所表现出来的大无畏精神和客观观察的态度，可敬可佩。

　　（三）观察要思考

　　观察不是消极地被动地观看和注视，不能只停留在事物的表面和孤立的特征上，而是要有针对性地观察，养成边观察边思考的习惯，注意寻求细节，透过外在看到本质，发现似乎互不相干的事物间的割不断的联系。

观察也可称为"思维的知觉"。只有在观察前、观察中和观察后，始终动脑分析思考的人，观察能力才能迅速提高。利用观察来发现问题，利用思维来解决问题。没有思维的观察，其认知只能停留在感性的初级阶段。

当观察到钠保存在煤油中，如果积极思考，就可能会做出如下科学解释：（1）金属沉在瓶底，说明钠比煤油密度大；（2）钠浸在煤油中，是为了使钠不接触氧气和水，避免发生反应；（3）钠与煤油不反应，在煤油中也不溶解。

当你看到那朵朵芳香四溢的鲜花时，你应该问问，它为什么这么鲜香？原来是为了吸引蜜蜂等昆虫帮它传粉结籽，繁殖后代。当你到了南方，你可能要问：为什么南方的树木叶子宽阔，北方的树木叶子狭窄？原来是南方雨水多，叶阔有利于树木的生长和水分的蒸发：北方雨水少，树窄可以减少水分蒸发，维持树木生长。多么奇妙的大自然啊！

为什么老鼠不断打洞并咬毁庄稼？原来老鼠的门牙无时无刻不在生长，若不磨掉，就会张不开嘴吃食了。为什么猫咪长着长长的胡须？原来是用来测量洞口的大小，看看能不能进去。世上万物都有自己与众不同的生存本领。大自然有许多奇特的现象已被人们所知，但更多的还是未知数，历史就把它们交给了后人。

1834年8月的一天，英国物理学家斯科特·罗素骑着马在河边散步。忽然，有两匹马拉着一只小木船，以每小时十三千米左右的速度从他身边经过。罗素发现一股激浪从小船的船头上卷起来，接着又一下子离开船头向前流去。他觉得很奇怪，这种波浪不似他见过的那些波浪，怎么只有波峰没有波谷呢？为了弄清这个问题，罗素催马紧追小船。小船船头掀起的一尺多高三尺来长的激浪，使罗素兴奋不已。不久，在这次观察的基础上，罗素反复思考，提出了令世人赞叹的著名的"孤立波"理论。

法国昆虫学家法布尔，从小喜欢观察小昆虫。他常常为了观察一种昆虫，顶着炎炎烈日，一晒就是几个小时。他全神贯注地观察，非要找到这些昆虫的奥秘不可。为了方便观察，他竟耗费巨资买下一大片田来养花种草，以招引各种各样的昆虫来这里安家。一天又一天，一年又一年，法布尔孜孜不倦地观察着，思考着，终于写出了一本巨著——《昆虫记》。这本书向人们展现了一个奥妙无穷的小昆虫的大世界。

在大河里，在小溪边，你是不是也看见过许多形状各异的波浪？在田野里，在房间后，你是不是也见过许多昆虫？可你都发现过什么呢？多么平凡的生活啊，可又蕴藏着无穷无尽的真理。可见，真理离我们并不遥远，它可能就在字里行间，在不起眼的标点符号里，在你不能解释的现象里，在你向老师提出的疑问里，甚至在你额头的皱纹里。有生活的地方就有真理，去叩开真理之门吧，只要你多动脑，多问几个为什么。

（四）观察要有丰富的知识

强大的观察能力可以促进知识的获得，而丰富的知识又可以提高观察能力，使观察不停留在初级的感性认识阶段。宋代科学家沈括一次经过太行山看到许多蚌壳、海螺、大鹅卵石等，感到很惊讶，因为这些东西应该只有在海洋才存在。据此他判断高高的太行山远古时代曾是大海，提出华北平原是冲积平原的学说，建立了海陆变迁的理论。正因为沈括有丰富的海洋学知识，才能通过观察到的现象产生科学的联想。青霉素发现者弗莱明曾说："我的唯一功劳是没有忽视观察。"其实，还有一条重要的原因就是弗莱明具有丰富的生物学知识。否则，就算观察到了，也不会有更多的结果。

没有以丰富知识为基础的观察是原始的、初级的、肤浅的，这就是为什么许许多多有价值的现象从人们眼前溜走的原因了。

一次，贝尔医生默默地看了一位门诊病人一会儿，就问道："先生，您一定在苏格兰步兵团当过兵，不久前才退伍。""是的，大夫。"病人答道。"那么您一定是一位中士，在巴巴多斯服过役。""是的，大夫。"然后，贝尔医生转身对学生讲道："诸位，你们注意到没有，这位病人很有修养，是个受过教育的人。可是他进屋却没有脱帽，为什么呢？因为军队里没有这个习惯，说明他是一名退役不久的军人，仍然保持着军队的老传统。另外，从外貌判断，他是苏格兰人。他样子看起来很庄重，说明他起码是个中士。他说自己得了橡皮病，这说明他在西印度群岛服过役，因为只有在那里才会得这种地方病。"贝尔医生根据观察能迅速进行演绎推理，得出正确的结论，其中一个重要原因，就是在他的头脑中储存着丰富的知识。

（五）观察要掌握科学的方法

1. 全面观察与重点观察。

对事物要从不同的角度来观察，观察事物的各个方面、各种特点，然后再观察事物之间的联系，从而建立起对事物的全面认识。例如，要学习家兔的解剖学知识，就要先观察家兔的各大系统以及组成这些系统的主要器官，然后再观察各系统、各器官之间的位置关系，从而对家兔构造建立起全面和整体的认识。

每次观察都会有一定的目的，应按照观察目的确定观察的重点。例如，学习牛顿第三定律时，需要进行一系列实验观察：弹簧秤的实验、磁铁和铁块相互作用的实验、磁铁和铁条相互作用的实验、带电纸球的实验等。这些实验的观察重点主要应放在物体间的相互作用上，其他现象就不重点观察了。

2. 对比观察。

开展对比观察，有利于迅速抓住事物的个性和共性，从而抓住事物的本质。例如，为了证明光在光合作用中的作用，先把叶子放在光下照射，按步骤进行实验，最后用碘酒染色，叶子会变成蓝色，这是由于光合作用的产物——淀粉遇到碘酒发生的变化。如果有人提出"叶子不照光，也可以制造淀粉，加碘酒后也可以变蓝"时，就需要通过对照实验来进行对比观察，即让一部分叶子见到光，另一部分遮住光，光照实验的结果表明：只有见光部分会生成淀粉，遇碘酒变蓝。通过这种对比观察可得出结论：光是进行光合作用不可缺少的条件。可见，对比观察实质上是比较思维方法在观察中的运用，它可以大大加快对事物本质的认识。

3. 重复观察和长期观察。

为什么要重复观察呢？首先，很多现象发生得非常迅速，稍纵即逝，观察的速度常常跟不上，所以需要进行重复观察。比如，有时化学实验要重复做多次，才能得到满意的结论。其次，有时次要现象可能更引人注意，甚至因此忽视对主要现象的观察，必须再重复一次。例如，做氯氢化合反应实验，点燃镁条，会引起氢气和氯气的激烈反应发生"爆炸"，使瓶口的塑料片弹起。可是有些人只注意看镁条燃烧，就只好重做再观察。最后，对一些事物的认识未必一次就能完成，需要反复多次；或由于事物自身发展的周期性，也决定了观察的重复性。

为什么要长期观察呢？这是因为所观察的事物有其自身发展过程或周期，这就要求观察保持长期性。例如，生物学家孟德尔做了8年的豌豆杂交试验，终于发现了著名的分离规律和自由组合规律。为什么需要这么久？因为杂交后代会呈现什么状态，是高还是矮，都要等到种子在第二年种下去长成植株之后才能知晓。这一点与理化实验不同，一次不行可以再来一次。能否耐心地重复观察，能否长期地坚持观察，都是观察能力强弱的一种表现。

（六）要写好观察笔记

正所谓，"好记性不如烂笔头"。观察一定要写记录，才不会因遗忘和记不清使观察材料受损。人在某个时刻的知识和能力是有限的。通过观察所得，有时很快就能望穿，说个清楚。但是更多的时候还不能马上分析出来，总结为理论。因此，必须把观察到的材料记录下来，以方便自己或后人进一步研究，从而得出正确的结论。

近代天文学创始人第谷临终时对他的学生开普勒说："我的一生在观测星辰，我的唯一目标是做出一个准确的星表。我原计划搞一千颗星，可惜至今只观察了750颗。希望你能继承我的事业。我把所有的观察资料和底稿交给你，请把我的观察成果整理出来，题目就叫《路德福天文表》。"开普勒不负期望，除了发表了老师的《路德福天文表》外，还根据老师的大量资料和自己的研究，发现了行星沿着椭圆形轨道运行的规律，提出了地球行星三定律——开普勒定律。如果第谷不将花费大量时间和汗水获得的观察结果记录下来，留给后人，那么开普勒定律的发现就会延迟，第谷一生的辛苦都将付之东流。

所以，观察记录好似一个记忆的宝库，在现在乃至将来它都会帮助你寻求真理，发现真理。观察记录仿佛储存起来的一块块矿石，一旦送入思维的熔炉，炼出来的将是点亮世界的一颗颗明珠。

三、学会思维

人类历史上取得的每一项进步，都是在战胜各种艰难险阻的基础上取得的，都与思想先驱者、伟大的发现者、爱国者以及各行业的伟大人物密不可分。

诺贝尔奖获得者沃纳·海森堡的启示：

思维很奇妙，仿佛变化无常的天气，有时万里无云，有时又大雨倾盆，有时"山重水复疑无路"，有时又"柳暗花明又一村"。

大科学家海森堡就是在"我行我素""一意孤行"中建立起自己的学说的。

沃纳·海森堡1901年出生于德国。大学毕业之后，20岁的海森堡来到丹麦的哥本哈根大学，参加由著名物理学家玻尔做的一系列关于原子模型的报告会。在第二次报告会上，海森堡有一个重大发现——玻尔的见解并不完全源于精确的计算，其中含有很大的直觉成分。海森堡突然向玻尔提出疑问："玻尔教授，您刚才说的，我不能同意。"

别人觉得海森堡狂妄，可玻尔却暗自欣赏这个年轻人，因为他报告中的一个小"破绽"竟被海森堡给抓住了。玻尔在会后邀请海森堡和他一起散步。海森堡后来充满感情地写道："这一次我与玻尔的谈话，是我记忆中关于原子物理学的第一次深入交谈。可以说，它决定性地确定了我今后的生涯。"

海森堡的性格十分顽固，对待学习和研究也是一样——他绝不轻易肯定现成的知识，他只相信自己的严格判断。海森堡曾说："科学家总是不断遇到哥伦布的处境。哥伦布大胆地将所有可以住人的大陆都抛在后面，而怀着近乎疯狂的希望，到大洋彼岸去寻找新大陆。"海森堡要做的正是像哥伦布那样去发现科学的新大陆。海森堡的这种坚定不移的批判和开拓精神，使他成为20世纪最富有创新精神的科学家之一。

24岁那年，海森堡感染了花粉热。养病期间，他原来关于量子力学的模糊想法逐渐清晰起来。他解决了如何求解非谐振荡器的稳定状态这个重要的物理问题。为此，海森堡欣喜万分，他明白自己离"新大陆"已经不远了。

回到哥廷根大学后，海森堡写了开创量子力学的第一篇论文——《从量子理论来重新解释运动学和力学关系》。玻尔对年轻的海森堡在论文中所表现出来的天才般的直觉与独创性大为惊讶。接着《关于量子力学》《关于量子力学Ⅱ》相继发表。这三篇论文奠定了量子力学的基础。

26岁时，海森堡又提出了著名的测不准原理。他指出：一个人不可能同时精确地测到一个粒子的位置和速度；对其中一个测得越精确，则另一个就越不确定。为此，玻尔与海森堡展开了激烈的辩论。面对玻尔咄咄逼人的攻势，海森堡还是守住了自己的阵地，并在辩论中加固了"工事"。

而玻尔也终于明白了海森堡的测不准原理与他的互补性原理并不矛盾。而爱因斯坦对海森堡的测不准原理反对得最凶。爱因斯坦不肯接受宇宙是不确定的，认为"上帝绝不掷骰子"。测不准原理像徘徊在宏观世界之上的幽灵，让爱因斯坦寝食难安，让他一直与之奋战至死。但他已经永远不可能知道他的确错了。海森堡的智慧与成就完全可以与爱因斯坦相媲美。海森堡因创立量子力学获得1932年诺贝尔奖，这一年他才31岁。

海森堡从来不是一个随波逐流的人，他坚持自己的主见。海森堡是爱因斯坦学说坚定不移的支持者。这引起1919年诺贝尔奖得主、反爱因斯坦"相对论"的斯塔克的不满。他竟借助纳粹的力量，向海森堡发起猛烈的攻击，称海森堡是"白种犹太人"，是"爱因斯坦幽灵的幽灵"。但海森堡相信科学就是科学，他毫不畏惧，也不退却，为爱因斯坦及其相对论进行坚定的辩护。

二战期间，许多科学家离开德国，但因对祖国的爱，海森堡没有离开。为此，很多人甚至至今还不肯原谅他，认为他在二战时为希特勒效力。据说美国情报机构曾专门针对海森堡制定了一个所谓的"摘脑手术"行动计划，目的是要除掉最有能力为德国制造出原子弹的海森堡。幸亏执行任务的伯格少校发现海森堡只不过是一个纯粹的科学家，才停止暗杀行动。

海森堡的道德勇气造就了他的英雄气概。这种道德勇气就是探究和坚持真理的勇气，就是恪守正义的勇气，就是诚实无欺的勇气，就是抵抗诱惑的勇气，就是恪尽职守的勇气。

海森堡是科学的殉道者。

（一）思维的内涵和特点

1. 什么是思维。

恩格斯曾经说过："思维是地球上最美丽的花朵。"人类的一切发明创造都离不开它。那么什么是思维呢？下面讲一个小故事，大家听后就可能理解思维的含义了。

宋朝宋仁宗在位时，端州城郊有一个十多岁的小男孩，名叫张小友，他父亲靠炸糍粑卖来维持生活。有一天，张小友帮助父亲提糍粑上街叫卖。这一天生意特好，晌午刚过就卖完了。小友在回家路上，看见路旁的大树下面有一块长方形的大石头，就坐下来休息。哪知他一坐下来，竟不由自主地打起了盹。等他醒来时，一摸篮子里的钱，发现被偷去了，小友忍不住大哭起来。正当他哭得伤心时，包公恰好路过此地。小友哭着对包公说："大老爷，我卖油炸糍粑的铜钱被偷去了。"包公听后，沉吟了一下，忽然有了主意，便叫王朝、马汉把石头抬到一间祠堂里面说是要审它。霎时间，包公审石头的消息，一传十，十传百，人人皆知，百姓们争先恐后地涌进祠堂，都想亲眼看看包大人审石奇案。包青天威风凛凛地坐在临时摆高的公堂上，把惊堂木一拍，大声喝道："你这块石头，小张坐在你身上打盹，弄得他卖糍粑的钱不见了，定是你偷了，快从实招来，以免受刑。"

包公一连问了三声，石头却沉默不言。包公看见石头不作声，顿时怒目一睁喝道："这块顽石死不开口，打它三十大板。"石头挨打后，仍旧没有作声。包公又喝道："再打三十大板，看它招也不招。"这时，看的人挤了一祠堂。包公笑着开口说："列位乡亲父老，这顽石偷了钱，死不承认，我看这小张真可怜，大家就伸出仁慈的手，每人送他一枚钱，好不好？"大家听后都异口同声地说："好！我们听包青天的话。"包公叫人在大门口放了一只装了水的木桶。包公走到木桶前，带头投了一枚铜钱下去，然后坐在椅子上，目不转睛地看老百姓，一个个地投钱于水桶中。一人、两人、三人……当有一个汉子将铜钱投入水中时，包公大喝一声："把这偷钱的贼抓起来，带上公堂！"

请你想一想，为什么包公知道是这个汉子偷了钱？其实，道理很简单。小友把钱放进篮子里，钱就沾上了油。当小偷把沾上了油的钱放进装了水的桶里，油就会浮上水面，而其他村民的钱都没沾上油。所以，包公就断定是那个汉子偷了钱。这判定结果就是通过思维得到的。这里的"判定"就是思维。

思维是人脑对客观事物的间接的和概括的反映。思维是借助语言和言语来实现的、能揭示事物本质特征及内部规律的理性认识活动。在日常生活中，你经常会听到这样的话，"让我考虑考虑""想个办法"等。这里的"考虑""想办法"就是思维活动。

2. 思维的特点。

（1）思维的间接性。例如，如果你早上发现外面的地面和屋顶都湿了，就判断昨天夜里下过雨。这就是思维的间接性，即思维依靠知识经验对客观事物进行间接的反映。思维的间接性非常重要，它可揭示出抽象的、难以感知的事物的本质和内在规律。

（2）思维的概括性。可以说，思维是大脑对客观现实概括的反映。所谓概括的反映是指反映某类事物共同的本质属性，反映事物运动的内在规律。例如，石头砸木板，断的是木板；铁锤敲石块，碎的是石块。通过观察和分析，可以得出结论：当两个软硬不同的物体发生碰撞时，其中较硬的一般会擦伤较软的。这就是思维的概括性，即对一类事物进行分析、比较、综合，从中抽象出本质的、共同的属性或特征。

（3）思维必须借助语言和言语来实现。语言和言语既有联系而又有区别。语言指的是普遍存在于人类头脑中的社会心理现象，每个人都具有，是一个整体和系统；而言语指的是我们平时日常生活中对语言的运用，体现为具体的语词、句子等。简单地讲，要将思维的结果告诉他人，就必须以言语形式表达出来，别人才能懂。

诺贝尔奖获得者芭芭拉·麦克林托克的启示：

在近代遗传学的发展史上，有两项研究成果被公认为是20世纪的最重要发现：一项是著名的"DNA双螺旋结构"，另一项则是公众并不熟知的"跳跃基因"。

与"DNA双螺旋结构"很快为其发现者詹姆斯·沃特森和弗朗西斯·克里克两位科学"大腕"带来诺奖殊荣不同，"跳跃基因"的发现者、美国女科学家芭芭拉·麦克林托克的命运却异常坎坷。

麦克林托克的研究获得科学界认可，足足经历了三十余年的漫长等待。在此期间，这位被誉为"玉米夫人"的女中豪杰，几乎是不可思议地完成了"一个人的战斗"。

1902年出生的麦克林托克，是美国著名植物学家、遗传免疫学家，1927年在康奈尔大学农学院获得植物学博士学位后，终生从事玉米细胞遗传学方面的研究。她的"跳跃基因"学说指出：基因可以从染色体的一个位置跳跃到另一个位置，甚至从一条染色体跳跃到另一条染色体。

尽管"跳跃基因"的概念早在1938年就被麦克林托克提出，但是这一调控系统却是她自1944年起整整花了6年时间才完全弄清楚的。通过1950年发表的《玉米易突变位点的由来与行为》和1951年发表的《染色体结构和基因表达》两篇论文，她向世界科学界介绍了自己的研究。

然而，同行在了解麦克林托克的这项研究工作之后，却认为这个女人也许是发疯了。

根据她的理论，基因在染色体上能够移动位置，进行"转座"或"跳跃"，这在当时的遗传学家看来与已有研究完全"背道而驰"。

按照传统观念，基因在染色体上是固定不变的，它们有一定的位置、距离和顺序，它们只可以通过交换重组改变自己的相对位置，通过突变改变自己的相对性质；但是，要从染色体的一个位置"跳"到另一个位置，甚至"跳"到别的染色体上，那是科学家们从来没有想过的。

六年的心血，同行竟是不屑一顾，这让麦克林托克非常失望。而在此之前，她在当时妇女并不受重视的美国科学界，被公认为是仅有的几个出类拔萃的女性科学家之一。她42岁成为美国国家科学院院士，43岁当选为"美国遗传学会"首位女性主席，她的周围曾是一片赞扬之声。

因为"跳跃基因"的研究，人们开始用怀疑的目光看待这位一度享有盛誉的女科学家。朋友和同事大都渐渐疏远，麦克林托克几乎成了孤家寡人，经受了一生中最长时间的孤寂和苦闷。

20世纪60年代初，法国科学家雅各布和莫诺用大肠杆菌做试验，提出了乳糖操纵子模型，揭示了生物体内基因调控的机制。这对麦克林托克是一个很大的鼓舞。她认为乳糖操纵子模型与她的调控系统实在是太相似了，并为此专门写了一篇论文《玉米和细菌基因控制体系的比较》，以期引起科学界对她的重视。

然而，科学界很快接受了雅各布和莫诺的学说，他们两人也因此于1965年获得诺奖，但科学界仍然无视麦克林托克的"跳跃基因"，依旧把她和她的理论视为另类和异端。

麦克林托克开始保持克制和沉默，不再谈论自己的发现，也很少发表相关文章，只是默默埋头于自己的玉米遗传学研究。

科学的美好在于真理终将得以揭示。随着分子生物学和分子遗传学的进一步发展，科学家们在细菌、真菌乃至其他高等动植物中都逐渐发现了许多与麦克林托克"跳跃基因"相同或相似的现象。

在研究大肠杆菌时，生物学家发现了具有特殊"插入序列"的DNA片段会插入别的基因之中，而这些具有"插入序列"的DNA片段并非外来物，都是源于细菌染色体的其他部位。紧接着，有人发现在沙门氏杆菌中竟然也有类似的单位，可以自由地在质体、染色体与噬菌体之间移动，并且能传递抗药性。

一系列的发现，迫使人们不得不重新回头审视麦克林托克在玉米中的研究，并且开始惊讶于她超越时代的科学发现，以及她超越常人的意志力。

1976年，在美国冷泉港实验室召开的"DNA插入因子、质粒和游离基因"专题讨论会上，科学界明确承认可用麦克林托克的术语"跳跃基因"来说明所有能够插入基因组的DNA片段。

1983年，瑞典皇家科学院诺贝尔奖奖金评定委员会终于把该年度的生理学或医学奖授予这位已是81岁高龄的科学家。由此，她也成为遗传学研究领域内第一位独立获得诺贝尔奖的女科学家。

获奖后，终生未婚、早已习惯在科学中安享孤寂生活的麦克林托克迎来了最为热闹的一年——到处都邀请她去演讲、座谈，人们等待着她的接见，向她索取研究用的玉米种子……

孤军奋战数十年的麦克林托克终于看到了自己的胜利，然而在周围人的赞许和仰慕之情纷至沓来之时，她却依旧淡然："倘若你认为自己迈开的步伐是正确的，并且已经掌握了专门的知识，那么，任何人都阻挠不了你。不必理会人们的非难和品头论足。"

科学史表明，先行者往往都是孤独的，因此，先行者的理论也不可避免地受到冷遇。然而，在遭受冷遇的几十年里，麦克林托克并未怨天尤人。她虽孤独却十分坚定地走自己的路，终于迎来了明媚的一天。

（二）思维的类型和一般形式

1.思维的主要类型。

人的思维活动十分复杂而奇妙，有形象思维，也有抽象思维；有经验思维，也有理论思维；有逻辑思维，也有非逻辑思维；有精确思维，也有模糊思维……因为各种思维活动的形式往往相互交叉、混合在一起，我们很难把思维活动分门别类。但一般地讲，思维主要有以下几种类型：

（1）动作思维、形象思维和抽象思维。

按照思维过程的形态，将思维分为动作思维、形象思维和抽象思维。

修理发生故障的汽车，要检查机器和部件，通过思考发现故障的原因并找到修理方法，于是动手修理。这是动作思维，即用实际动作去解决问题的思维活动。

怎样将一个西瓜切三刀分成八块？这时，头脑中便会出现一把刀和一个西瓜。这就叫形象思维，即运用已有的具体形象的思维活动。

有这样一道题：3台拖拉机3天耕地90公顷，照这样计算，5台拖拉机6天耕地多少公顷？要解答这道题，就要先算出1台拖拉机1天耕地多少公顷：$90 \div 3 \div 3 = 10$（公顷）。再算出5台拖拉机6天耕地多少公顷：$10 \times 5 \times 6 = 300$（公顷）。解这道题用的就是抽象思维，即运用概念和理论进行的抽象思维活动。

（2）集中思维和发散思维。

按照思维目标的指向性，可以将思维分为集中思维和发散思维。

集中思维又叫聚合思维或求同思维，是一种异中求同的思考方式，即学生根据一定的规则解决问题或利用已知的信息，产生某一逻辑结论。它是一种有方向、有范围、有条理的思维形式。集中思维紧随发散思维之后，面对一个新问题，经过发散思维，提出各种各样的解决问题的思想，为了在众多的解决办法中寻找切实可行的最佳方案，就要用已有的知识经验，经过推理论证，得出结论，这就使思维具有集中性了。例如中国近现代不同政治力量在不同时期谋求的治国之道，通过聚合形成系列：先有开明地主阶级知识分子的以夷治夷，再有农民阶级的平均方案，然后是洋务派的自强求富之路，接下来是资产阶级的共和政体和实业救国，最后是军阀割据、抗日救国等。由此得出结论：只有中国共产党才能救中国。

发散性思维又叫扩散思维或求异思维，就是从一基本史实出发，让学生来个"公说公有理，婆说婆有理"，以打破思维定式，突破陈腐观念的束缚，鼓励学生发表自己的见解，激发学习的兴趣，培养学生求异、扩散的创造性思维能力。通俗地说："如果在解决问题中思维以一种不依常规，寻求变异，从多方面寻求答案的方式进行，那就是思维具有了发散性。"这样的思维不受传统知识的束缚，也不受现有知识的局限，结果可能由已知导致未知，能发现新事物、新理论。例如讲《戊戌变法》时，可让学生讨论这样一个问题："有人说，戊戌变法是一次自上而下的资产阶级性质的改良运动；也有人认为它是一次失败的不彻底的资产阶级革命。你同意哪一种观点？为什么？"认为是一次自上而下的资产阶级改良运动的学生，从运动领导者康有为、梁启超等人是资产阶级维新派的代表谈起，虽然传播了资产阶级文化，提出了挽救民族危亡，发展资本主义的主张，但是这个运动脱离了广大人民群众，缺乏反帝反封建的斗争勇气，采取改良的办法，把希望寄托在没有任何实权的光绪皇帝身上。认为是一次失败的不彻底的资产阶级革命的学生，则抓住康、梁在变法中提出了发展资本主义的主张，如果变法成功，中国将走上资本主义道路，所以"戊戌变法"名为变法，实为改变社会性质的资产阶级革命，但是变法没有发动群众，仅仅依靠没有实权的光绪皇帝，因而是不彻底的，最后"戊戌变法"被以慈禧太后为首的保守派镇压而失败，因此"戊戌变法"是一次失败了的不彻底的资产阶级革命。这种在不违背历史真实性与历史规律性的前提下，让学生众说纷纭，结论观点无定论的发展思维训练，有利于学生多角度、多层次审视历史事件。

（3）正向思维与逆向思维。

正向思维是指围绕需解决的问题，从正面去寻找解决问题的方法和途径的思维方法。这是一种常规方法，往往运用这种方法能解决一些常见的、简单的问题。但正向思维有时不能解决问题，容易钻"牛角尖"，形成"思维定式"。这时候就需要逆向思维了，逆向思维与正向思维相反，是从问题的反面去思考解决问题的方法和途径。逆向思维常常能达到"山重水复疑无路，柳暗花明又一村"的境界。

洗衣机的脱水缸，它的转轴是软的，用手轻轻一推，脱水缸就东倒西歪。可是脱水缸在高速旋转时，却非常平稳，脱水效果很好。当初设计时，为了解决脱水缸的颤抖和由此产生的噪声问题，工程技术人员想了许多办法，先加粗转轴，无效，后加硬转轴，仍然无效。最后，他们来了个逆向思维，弃硬就软，用软轴代替了硬轴，成功地解决了颤抖和噪声两大问题。这是一个由逆向思维而诞生的创造发明的典型例子。

某时装店的经理不小心将一条高档呢裙烧了一个洞，其市价一落千丈。如果用织补法补救，也只是蒙混过关，欺骗顾客。这位经理突发奇想，干脆在小洞的周围又挖了许多小洞，并巧妙修饰，将其命名为"凤尾裙"。一下子，"凤尾裙"销路顿开，该时装商店也出了名。逆向思维带来了可观的经济效益。无跟袜的诞生与"凤尾裙"异曲同工。因为袜跟容易破，一破就毁了一双袜子，商家运用逆向思维，试制成功无跟袜，创造了非常良好的商机。

由此可见，遇到问题时，如果不能正面解决，不妨"反其道而行之"，从反面考虑，或能成功。

2.逻辑思维的一般形式。

思维是一种复杂的心理过程。它表现为分析、综合、比较、概括、抽象、具体化、系统化等程序。

（1）分析与综合。

分析是将复杂的话题或事物逐渐拆分的过程，以此来达到对话题更好的理解。例如，在头脑中将植物分解为根、茎、叶、花、果实、种子等部分；将文字分解为音、形、义等要素，就是分析过程。分析能使我们深入、具体地认识客观事物。综合是指将不同部分、不同事物的属性合并成为一个整体来对待的思维过程。例如，在头脑中将某植物的根、茎、叶、花、果实、种子等部分联合起来，从而确定它的名称和种属，将某字的音、形、义等要素联合起来，从而确定它的语种和表达的意义，就是综合的过程。综合能帮助我们认识事物的整体以及事物之间的联系。

（2）比较和分类。

比较是头脑中对比事物之间的异同、高下的思维过程。例如，"顽固"和"顽强"两词都有"不易改变和不易动摇"的意思，它们的差别是修辞色彩不同。"顽强"可褒可贬，褒义时表示"不怕艰难，坚持到底"，贬义时则表示"生硬不化"；而"顽固"则完全是贬义词，专指"反对进步，死硬不化"。我们通过比较，可以获得清晰的概念和准确的知识。

有比较才能有鉴别。通过比较，才能使目标事物的本质特征更明晰，继而更确切地认识它们彼此之间的区别与联系，防止混淆和割裂知识。

比较有四种基本方法，即纵向比较、横向比较、双向比较、理论与事实比较。

①纵向比较法是将同一或同类事物在不同历史条件下的具体形态加以比较的方法，具有历史性、时间顺序性以及纵深感的特点，故又名历史比较法。例如，学习历史时经常运用到这种方法："隋唐文化与秦汉文化相比较""辛亥革命与戊戌变法相比较""工业革命前和工业革命后，英国经济状况比较"等。

②横向比较法是将同一水平横断面上的不同事物，按照某个同一性的标准进行比较的方法。例如，将同是第三世界国家，同是亚洲国家，同是大国的中国与印度做政治、经济、科学文化上的比较，就是横向的比较。

③双向比较法是将纵向比较和横向比较结合起来进行的方法。通过双

向比较，既可以了解参加比较事物在历史发展中的相似与相异，又可以了解它们在横断面上的相同与不同。因而，对于参加比较的事物可以获得更加全面的认识。如"将19世纪江南社会与20世纪30年代江南社会比较"，看似是纵向比较，但实际上还包括复杂的多维的比较角度，因而是双向的。

④理论与事实比较的方法，是将理论研究的结果与观察实验获得的数据进行比较的方法。通过这种比较，可以确定研究所得的结论是否与观察所得的数据相一致，也可以反证数据是否真实，这对科学发现有重要意义，如将光合作用的理论与实验结果进行比较，等等。

分类又叫归类，它是根据对象的异同点，按一定标准将其区分为不同的类。例如，将自然界分为无机界和有机界两类后，有助于认识它们各自的特点以及无机物与有机物不同的变化发展规律。

（3）抽象与概括。

从具体事物抽象、概括出它们共同的方面、本质属性与关系等，而将个别的、非本质的方面、属性与关系舍弃，这种思维过程，称为抽象。概括是形成概念的一种思维过程和方法。即从思想中把由某些具有一些相同属性的事物中抽取出来的本质属性，推广到具有这些属性的一切事物，从而形成关于这类事物的普遍概念。

任何事物都具有多种属性。这些属性有本质的，也有非本质的。如，"正方形"的属性有："四边形""四条边""四个角""四条边相等"和"四个角都是直角"等。当我们把最后两个属性从中抽取出来加以考虑（同时舍弃了非本质属性），认识到"正方形是四边相等，四个角都是直角的图形"的时候，这个思维过程就叫抽象；当我们把这两个本质属性结合起来加以考虑并推广到一切正方形，认识到"凡是四条边相等和四个角是直角的图形都叫正方形"的时候，所发生的思维过程便是概括。

概括的形式有两种：初级的经验概括与高级的科学概括。前者概括的是事物的外部特征，如小学生对"鸟"的概括——"鸟是会飞的动物"，这是知觉和表象水平的概括。后者概括的是事物的本质属性，如初中生学了"动物学"之后对"鱼类"所做的概括——"鱼类是用鳃呼吸的脊椎动物"，这是思维水平的概括。

抽象与概括是密切联系的。一切概念、规律、公式、原理以及人类的各种科学知识都是抽象和概括的产物。

（4）具体化与系统化。

具体化是抽象和概括出来的一般知识运用到具体对象上去的过程。

例如，我们在学《几何》时，学了一系列定义、公理和定理等知识，然后利用这些定义、公理、定理进行解题或证题，就是一个具体化过程。

已知：△ABC中，AB=AC，∠1=∠2

求证：AD⊥BC，BD=DC

证明：在△ABD和△ADC中

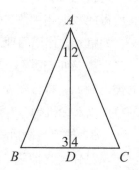

AB=AC（已知）

∠1=∠2（已知）

AD=AD（公共边）

∴△ABD≌△ADC（SAS）

∴BD=DC（全等三角形的对应边相等），

∴∠3=∠4（全等三角形的对应角相等），

又∠3+∠4=180°（平角定义）

∴∠3=90°（等式性质）

∴∠4=90°（等式性质）

∴AD⊥BC（垂直定义）

系统化就是把本质属性相同的事物分成一定的类别，并归纳到一定的类别系统中去的过程。通过这种"分类"和"归纳"，使我们更清楚有关知识间的联系。

例如，在数学中学习实数时，可以把各种数进行系统地分类：

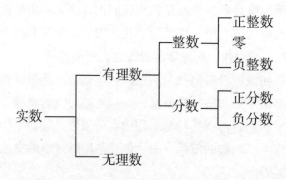

在词的学习中，可以建立词的类别系统：

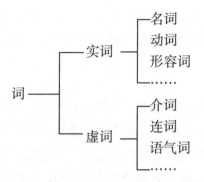

　　系统化有助于我们对知识的理解和巩固，有助于对知识的提取和运用，是学习系统的科学知识时必须经历的一种思维过程。

　　3. 非逻辑思维的一般形式。

　　（1）想象。想象是一种特殊的思维形式，是人在头脑里对已储存的表象进行加工改造形成新形象的心理过程。爱因斯坦说："想象力比知识更重要，因为知识是有限的，而想象力囊括着世界上的一切，推动着社会进步，并且是知识进化的源泉。"爱因斯坦伟大的"相对论"的提出，就离不开想象。当时爱因斯坦研究中的主要思路是"假如我乘坐在超光速的飞行器中，我将看到什么时间与空间的变化。"可到底有没有超光速飞行器呢？当时没有，现在没有，未来也未必会有。既然没有这样的飞行器，"如果我乘坐在超光速飞行器中"是什么呢？是非逻辑的想象。若是没有这样的想象，相对论就难以问世了。

　　在文学作品中，科幻小说的想象力是最为丰富的。19世纪法国著名的科幻小说家凡尔纳一生中写过很多著名的科幻小说，如《海底两万里》《气球上的七星期》《格兰特船长的儿女》《神秘岛》等。凡尔纳生活的年代，科技并不发达，刚能用上电，然而在他的小说里，直升机、坦克、电报、电话、潜艇等，什么都有。当时有吗？没有，这些都是想象出来的。可是这些东西现在都有了，所以凡尔纳这样说："科学幻想的东西，只要有人想得到，早晚有人做得出。"

　　（2）联想。联想是由于某人或某种事物而想起其他相关的人或事物，是由于某一概念而引起其他相关的概念。它能够克服两个概念在意义上的差距，把它们结合起来。日本发明家田熊常就运用联想发明了新的田熊式锅炉。他在改造锅炉中的"水流和蒸汽循环"时，联想到学生时代学到的人体"血液循环",于是把血液循环系统的原理运用到锅炉的水和蒸汽的循环中去,使锅炉增效10%。因此,联想是一种极其重要的心理活动过程。

（3）直觉。直觉思维,是指对一个问题未经逐步分析,仅依据内因的感知迅速地对问题答案做出判断、猜想、设想,或者在对疑难百思不得其解之中,突然对问题有"灵感"和"顿悟",甚至对未来事物的结果有"预感"和"预言"等。达尔文看到向日葵总是朝着太阳的现象后,即直觉地判断向日葵的花盘背面必定有一种害怕太阳的物质。然而,当时人们并未能证实这种物质的存在。在达尔文逝世几十年后,终于证实的确有这种害怕太阳的物质,在直觉引导下的发现成功了。非逻辑思维随着人类认知水平的提高也会逐步转化为逻辑思维。

第一届诺贝尔物理学奖获得者、科学家伦琴发现X射线,也是源于直觉。起初,伦琴发现放在实验装置旁的一包照相底片被感光了,即判断该实验物质中存在一种肉眼看不到的射线,辐射出来使底片感光。然而,这种射线看不见又摸不着,更不了解其性质特征,只好以未知数X来命名为"X射线"。后来,该射线被完全研究透了,实现了直觉思维演变为逻辑思维。如果当初没有这宝贵的直觉,那么X射线的发现也必将推迟。

（4）灵感指在文学、艺术、科学、技术等活动中,由于艰苦学习、长期实践,不断累积经验和知识而突然出现的富有创造力的思路,是思维发展到高级阶段的产物,是人的认识的一种质的飞跃。杨振宁认为:"灵感是一种顿悟。"钱学森说:"灵感是存在的,但你首先要去追求它,你不追求它,它绝不会主动找上门来。"这里,钱学森讲出了灵感思维的产生条件:须先有"踏破铁鞋无觅处",才后有"得来全不费工夫"。

风力灭火机是谁发明的?是一位伊春林区姓郭的老师傅。常识认为,火仗风势,风越大火越大,灭火还用风?一般人不易有此妙想。那么,郭师傅是怎么发明的呢?他长期生活在林区,熟知森林火灾的特点与现有灭火工具的不足,一直想发明一种新的更有效的灭火工具。然而也是踏破铁鞋无觅处,百思不得其解。一天睡前他吹灭蜡烛时突发灵感:吹灭蜡烛是风力灭火,只要局部的风大,不也能森林灭火吗!最后,在集体努力下,用便携式内燃机带动小型离心风机、吹出压缩空气的风力灭火机做成了。我们每个人都曾不止一次地吹灭蜡烛,可为什么郭师傅有灵感,我们却没有呢？ 主要原因是我们缺乏森林灭火的经验，更没有主动去追求研发新的灭火工具的愿望，没有踏破铁鞋无觅处，自然也就不会有得来全不费工夫了。

（三）培养良好的思维品质

现在，你对思维已有所了解，也知道思维在学习和生活中的重要地位。可如何培养强大的思维能力呢？不同的人，有不同的思维特点，有的敏捷，有的全面，有的深刻……想提高自己的思维能力，就要按照思维的特点来重点培养自己的思维品质。

1. 思维要有主动性。要主动思考问题，不能老师问什么，你才想什么。如果吃东西不去品味，岂不如猪八戒吃人参果般食而无味？学习亦是如此，倘若学习知识囫囵吞枣，不思前因后果，就会一无所获。一位老师讲课文《谈〈水浒〉的人物和结构》时，一名学生却没有完全接受书上的观点，认为茅盾的观点"善于从阶级意识去描写人物，是《水浒》人物描写的最大一个特点"是错误的。这名学生认为，从施耐庵所处的时代来看，"善于从阶级意识去描写"这句话本身就不对，因为五六百年前的施耐庵不可能有意识地以阶级的不同去分析人物，他只不过是实事求是地反映现实罢了。一个普通中学生否定了大家颇有影响的观点，就是靠思维的主动性。

2. 思维要有独立性。要善于根据客观事实冷静地发现问题、思考问题、解决问题，不因偶然的暗示或影响就犹豫或动摇。思维的独立性就是不求助于别人，自己去解决问题。18世纪许多地方流行一种可怕的疾病——天花。天花是由病毒传染的，死亡率很高。英国乡村医生琴纳经过研究，产生了大胆的设想：用人工接种牛痘，预防天花。但遭到亲朋好友和教会的反对。为了追求真理，1796年5月17日，琴纳在一位八岁的孩子身上进行了实验，他先将牛痘的脓液接种到男孩身上。2个月后，又将天花的脓液接种给男孩，结果发现那名男孩竟没有得天花的症状。后来又经过几次试验，发现了牛痘果然有抵抗天花的预防能力。他的成功就在于：当他认定自己的思维是科学的，就决不受任何干扰地坚持下去。

3. 思维要有科学性。所谓的"扒了皮能认出你的骨头"，就是透过现象看到本质，这就是思维的科学性。1705年，英国天文学家哈雷从大量的资料中发现了1531年、1607年和1682年出现的3颗彗星的轨道是相似的，而且都是以扁椭圆的轨道围绕太阳运行。这3颗彗星的出现都间隔75年到76年。由此他判断这3颗彗星实际上是1颗彗星，并预言它将在1758年前后将再次出现。到了这一年年底，也就是哈雷死后16年，这颗彗星果然如期回来了。后来又在1835年、1910年和1986年回来过3次。为了纪念他，人们将那颗彗星命名为"哈雷"彗星。

我们在学习中要秉持着一丝不苟的科学态度，通过观察、调查、实验，从纷繁复杂的现象中找出事物的一般规律。

4. 思维要有逻辑性。逻辑性是指正确、合理思考的能力，即采用科学的逻辑方法，准确而有条理地表达自己思维过程的能力。大家都知道"自相矛盾"的故事。很久以前，有一个人炫耀自己的兵器。他说："我的矛是世上最锐利的，什么样的盾都能刺透。"他又拿起盾来说："我的盾是世上最坚固的盾，什么样的矛也刺不透。"这时，有人问道："用你的矛来刺你的盾，会怎样呢？"他哑口无言。这就是犯了相互矛盾、前后不一的逻辑错误。

有一个故事：桌子上的一碟盐被偷吃了！犯人是毛虫、壁虎和猫中的一个。它们被带到法庭上受审。毛虫说："壁虎偷吃了盐。"壁虎说："是我偷的。"猫说："我根本不吃盐。"已知它们中至少有一个讲了假话，至少有一个说了真话。试问：究竟是谁偷吃了盐？假定猫吃了盐，那么三个都说了假话，与题不符。假定壁虎吃了盐，那么三个都说了真话，也与题不符。所以只能是毛虫偷吃了盐。在这种条件下，毛虫和壁虎都说了假话，而猫说了真话，与题意相符。这是通过假设排除不符合题意的选项，从而确定出正确的答案。由此可见，学会逻辑思维对我们来说多么重要。

5. 思维要有敏捷性。敏捷性是指思维活动的速度，它反映了智力的敏锐程度。有了思维敏捷性，在处理问题和解决问题的过程中，能够适应变化的情况来积极地思维，周密地考虑，正确地判断和迅速地做出结论。京剧《智取威虎山》中，杨子荣亲手捉到的惯匪"小炉匠"意外地跑上了威虎山，在大厅中出现了一场对质。杨子荣做出了敏捷、机智的判断与答复，他没等小炉匠把话说完，就做了十分从容自若的回答。请看下面的对话：

小炉匠："你不是（胡彪）！"

杨子荣："是我的不是，还是你的不是？"杨子荣不等他说完，就打断他，用敏捷灵活的思维把话茬接过来，变被动为主动。接着说："我当初劝你投奔三爷（指匪首座山雕），你却非要投奔许专员（指许大马棒），快说许专员给了你什么官？"

正是由于杨子荣的敏捷把置敌于死地的主动权牢牢地掌握在自己手中，才使得匪首充分信任了杨子荣，避免了因"小炉匠"的突然出现，而使之前的努力前功尽弃，为小分队在除夕夜全歼这股土匪奠定了坚实的基础。

6. 思维要有概括性。思维的概括性是指在大量感性材料的基础上，把一类事物共同的特征和规律抽取出来，加以概括。表现在两个方面，第一，思维反映的是一类事物所共同的、本质的属性；第二，思维还可以反映事物的内部联系和规律。这就好像，为了避免混乱，我们把各种各样的物品整理好，分门别类地放在一个一个的小盒子里，然后贴上标签。方便、干净、省事。我们在一个个的坐标系里找到属于自己的盒子和标签，对自己进行定位，然后明确我们自己是谁，找到自己归属于哪个群体。

7. 思维要有广阔性。思维的广阔性是指善于全面地考察问题，从事物的各种联系中去认识事物。在那些伟大人物身上，这种品质得到了高度的体现。古代希腊学者亚里士多德的思维广度惊人，他全面地掌握了那个时代的科学知识，在哲学、心理学、伦理学、政治学、历史学、美学和物理学等多个领域都做出了重要贡献。思维的广阔性表现在学习上，就是善于发现事物之间的多方面的联系，开放性、灵活性、多变性地分析问题、解决问题，并能将其推广到类似的问题中去。

例如，学生在解"过抛物线的焦点 F。任意作一直线，交抛物线于 A，B 两点。设 P 为抛物线的焦点参数，且 $|AF| = m$，$|BF| = n$，求证 $\frac{1}{m} + \frac{1}{n} = \frac{2}{p}$"这道题时，能用多种方法来证明，包括从抛物线的定义出发，可利用平面几何知识来证；引入参数，可由两点距离来证；可借助于直线的参数方程来证；可利用抛物线的极坐标方程来证……并且结论能推广到椭圆的情形，且做出证明。这表明学生的思路广阔，思维不仅不停留在解析几何中的某一种方法上，还能利用平面几何的证法，也没有在证完该题后止步，还思考着对椭圆、双曲线会有怎样的结论。

另外，思维的广阔性还表现在：有一种很好的方法或理论，就能从多方面设想、探求这种方法或理论适用的各种问题，扩大它的应用范围。数学中的换元法、判别式法、对称法等在各类问题中的应用都是如此。

8. 思维要有深刻性。思维深刻性是指洞察所研究的每一事实的实质，及这些事实之间的相互关系的能力；从所研究的材料（已知条件、解法及结果）中揭示被掩盖住的某些个别特殊性的能力。伟大的思想家无不具备这一特性。马克思是善于透过现象抓住本质的典范。列宁说："马克思在《资本论》中首先分析资产阶级社会（商品社会）里最简单、最普通、最基本、最常见、最平凡的关系——商品交换。从这个最简单的现象中（在资产阶级社会的这个'细胞'中）揭示出现代社会的一切矛盾（或一切矛盾的胚芽）。"在学习方面，思维的深刻性表现在能深入地钻研和思考问题，善于从复杂的事物中把握住它的本质，而不被一些表面现象所迷惑，特别是能在学习中克服思维的表面性、绝对化与不求甚解的毛病。如在定理、公式、法则的学习中，要完整地掌握它们（包括条件、结论和适用范围），领会其精神实质，切忌形式主义、表面化和一知半解、不求甚解。

9. 思维要有灵活性。灵活性指思维活动的灵活程度，指善于根据事物的发展变化，及时地用新的观点看待已经变化了的事物，并提出符合实际的解决问题的新设想、新方案和新方法。

爱因斯坦将思维的灵活性看作创造性的典型特点。在学习中，思维的灵活性表现在能对具体问题做具体分析，善于根据情况的变化，及时调整原有的思维过程与方法，灵活地运用所学知识，并且不局限于固定的程式或模式，具有较强的应变能力。

要培养思维的灵活性，传统提倡的"一题多解"是一个好办法，"一题多变"也是值得注意的。例如：

①甲、乙、丙三人经常比赛跑100米，每次赛后均记录名次。经过多次比赛后发现：多数情况下甲的名次在乙前，乙的名次在丙前，丙的名次又在甲前。这可能吗？

②在$\triangle ABC$中，若$\sin A > \sin B$，能否断定$A > B$？

③每个三角形有六个基本元素——三条边与三个内角。如果一个三角形的五个基本元素与另一个三角形的五个基本元素分别相等，这两个三角形是否一定全等？为什么？

④试求$4 \cdot 6^{n+1}+5^{n+1}$被20除后的余数（n为任意自然数）。

10. 思维要有批判性。批判性思维就是通过一定的标准评价思维，进而改善思维，是合理的、反思性的思维，既是思维技能，也是思维倾向。在学习中，批判性表现在有主见地评价事物，能严格地评判自己提出的假设或解题的方法是否正确或优良；喜欢独立思考，善于提出问题和发表不同的看法，既不人云亦云，也不自以为是。

要培养思维的批判性，就要训练"质疑"，多问几个"能行吗""为什么"。现在，数学课外读物和参考资料很多，仔细看看，有的书上的一些题目（包括测验题）不尽完美，甚至是错的。例如，有这样一道填空题："已知三角形的面积为18，周长为12，则内切圆的半径为_____。"如果形式地套用公式$r = \dfrac{A}{P}$，其中r为内切圆半径，A为三角形面积，P为三角形周长之半，就有$r = 3$。然而，周长为定值的三角形中，以等边三角形面积最大，因此容易算出周长为12的三角形的最大面积为$4\sqrt{3}$，明显地小于18。这样看来，原题是错的。

11. 思维要有创造性。创造性思维能力指思维活动的创造意识和创新精神，不墨守成规，奇异、求变，表现为创造性地提出问题和创造性地解决问题。例如，大数学家高斯10岁时就能摆脱常规算法，采用新的算法，立刻算出$1+2+3+\cdots\cdots100 = 5050$，是具有创造性的。西班牙的伟大航海家哥伦布横渡大西洋，发现了美洲新大陆。回来后在海边受到国王的热烈欢迎，可有人不服气。哥伦布拿起一个鸡蛋，问大家谁能把鸡蛋竖立在礁石尖上？结果谁也没有办法。只见哥伦布把鸡蛋一磕，插在礁石尖上。有人说："若知道这样，谁不会？"哥伦布说："那是在别人做过之后你才会的。"敢于做别人没做过的事，这就叫创造性思维。

思维就像一张大网，只有敞开才能捕获更多的东西。科学发明史上有这样一个故事：有一年，德国专利局批准了一项啤酒装瓶法的发明。传统的啤酒装瓶法是把消毒后的啤酒先装进桶里冷却，然后再灌入瓶内；而那位发明者却是将消毒后的啤酒不经冷却直接装入瓶内。当时有人认为，这根本谈不上是什么发明，并状告到法院。法院审理了这个案件，最后判定那位发明者胜诉，法院确认其获得专利权当之无愧。理由是：发明者不束缚于当时的传统，敢于破除陈旧观念，简化瓶装工艺，缩短了生产周期，降低了啤酒成本。

这则轶事启示我们：

①见人之所不见，想人之所不想，能人之所不能。

②从传统中解脱出来，不管别人怎么想、怎么评，自己想自己的，才有可能产生创造性。从人尽皆知的事物中发现新现象和新真理，不仅需要才识，更需要勇气。正是如此，多少被人看不起的小人物能崭露头角，多少"乳臭未干"的毛孩子能脱颖而出。

③传统观念是一代人、几代人甚至几十代人长期思维的结果，但很多时候，它却成为创新的一种巨大的阻力和惰力。人云亦云者，休想跨过传统观念和势力的门槛；亦步亦趋者，即使真理碰到鼻尖也会视而不见。

④在驾轻就熟的旧路上徘徊，往往陷入"山重水复"的困境；而另辟蹊径，则有可能发现"柳暗花明"的"又一村"。伽利略说得好："科学是在不断改变思维角度的探索中前进的。"

⑤创造之路是宽广的，任何有志者皆可踏上。然而这条路又是狭隘的，容不下许多人并行，而创新的奇景恰恰就在这小路的尽头。

诺贝尔奖获得者路易·维克多·德布罗意的启示：

唯有依靠自己，才能赢得世界。靠天靠地，靠有权的父亲，靠有钱的母亲，统统都不行，因为那些都不属于你自己，迟早要烟消云散。只有靠自己，才是最有分量的，哪怕是一枚硬币，也会掷地有声。请看德布罗意的奋斗史。

1892年，德布罗意出生于法国的一个古老而显赫的贵族世家。德布罗意家族自17世纪以来在法国军队、政治、外交方面颇具盛名，数百年来在战场上和外交场合为法国各朝国王服务，家族高官显贵层出不穷。

德布罗意虽出生显贵，却没有染上纨绔恶习。从小就酷爱读书。中学时代显示出文学才华，从18岁开始在巴黎索邦大学学习，并且于1910年获巴黎索邦大学文学学士学位。

1911年，他听到作为第一届索尔维物理讨论会秘书的莫里斯谈到关于光、辐射、量子性质等问题的讨论后，激起了对物理学的强烈兴趣，特别是他读了庞加莱的《科学的价值》等书，他转向研究理论物理学。1913年又获理学学士学位。

正当德布罗意准备自己的研究课题时，第一次世界大战爆发了。他应征入伍，分管埃菲尔铁塔上的军用无线电台6年，熟悉了有关无线电波的知识。

战后，德布罗意到巴黎大学拜法国著名物理学家郎之万为师。当时，在实验和理论上都已经解释出光不仅具有波的特性，也具有粒子的特性。那么能不能把光的这种特性推及至其他的物质粒子呢？能不能说所有运动着的物体都具有波动的性质呢？根据德布罗意的计算，地球也是具有波动性的，波长为3.6×10^{-61}厘米。可是，这样的波长太小了，无法探测。1924年，32岁的德布罗意用这个超前的新奇理论去申请巴黎大学博士学位。因为这个观点太离奇了，甚至他的导师郎之万都没有把握。论文评审委员会也因前所未闻，难以表态。可诺贝尔奖获得者洛伦兹却持相反态度，下了"德布罗意误入歧途"的结论。可当爱因斯坦得知此事后，写信给郎之万说："德布罗意的工作给我留下深刻的印象，仿佛是一幅巨幕的一角已经卷了起来。"由于爱因斯坦的肯定，德布罗意获得了博士学位。

德布罗意获得博士学位的第二年，美国的戴维森、苏格兰的汤姆孙都在实验中发现了电子的波动性，说明德布罗意的计算是正确的，证实德布罗意的大胆假设是正确的。因此，1929年他在37岁时荣获诺贝尔奖。

可见，科学前进的每一步都是艰难的。新的理论刚一出现，常常因为它太新、太超前，人们要么是不理解，要么是一口否定，甚至有的还肆意打压，但是真理的光辉是永远挡不住的。

爱因斯坦以诗人般的想象力勾勒出了新的宇宙图景，可初出茅庐的德布罗意以超前思维做出大胆预测时，又有几人能理解？然而，20世纪的科学星空却正因有了他的学说才如此灿烂。

（四）如何科学有效地思维

思维能力并不都是天生的，更主要是在后天通过学习、训练、培养形成的。你想科学有效地思维吗？

1.要有强烈的好奇心。

好奇心是个体遇到新奇事物或处在新的外界条件下所产生的注意、操作、提问的心理倾向。好奇心是个体学习的内在动机之一。如果经常对周围的事物多问几个"为什么"，促使自己去思考，久而久之，就能在不知不觉中提高思维能力。例如，为什么会下雨？鸟为什么会飞？刮风是怎么回事？……在生活中，有太多的事情值得我们思考。弄懂这些问题对我们有着巨大好处。牛顿看到苹果从树上落下来，于是问为什么会这样？由此受到启发，发现了"万有引力定律"。瓦特看见炉上的水壶水开了，蒸汽把壶盖掀起来，于是想为什么会这样呢？由此他发明了蒸汽机。伽利略看到挂灯摇摆的距离不等，但用时相等，于是想是不是有一定的规律？由此他发现了摇摆的等时性定律。凡事爱问个为什么，你的思维能力就会不断得到提高，成功就会在前方向你招手。

2. 思考问题要入迷。

据说，罗马军队忽然闯入古希腊数学家阿基米德家中。75岁的阿基米德正蹲在地上，研究着地上的几何图形。直到罗马士兵的刀碰到阿基米德的鼻尖时，他才明白发生了什么。他镇定地对士兵说："请让我把这条几何定理证完再杀我，不能给后人留下一条没有证完的定理啊！"阿基米德思考问题多入迷啊！入迷地思考问题，终能找到正确答案。

3. 不要盲从权威。

社会要发展，就要不断创新。要创新，就要冲破前人的桎梏，敢于向权威挑战。意大利著名的物理学家和天文学家伽利略在比萨大学当教师时，做了一件震惊科学界的事，他否定了古希腊哲学巨人亚里士多德的理论——物体降落的速度和物体重量成正比。当时大多数人都相信亚里士多德。在这种情况下，25岁的伽利略选择比萨斜塔作为实验场地，请来了很多教授观看他的实验。他带来了两个铁球，一个重1磅，另一个重10磅。他站在斜塔上告诉观众："一松手这两个铁球会同时落地。"下面的人纷纷嘲笑和谩骂起来。但真理就是真理，伽利略一松手，两个不同大小的铁球同时落地。实验成功了，确立了自由落体定律。可见，怀疑是通向真理的阶梯，不要迷信老师，不要迷信课本，不要迷信权威。

4. 要运用科学方法进行思考

（1）要学会转换问题。你知道曹冲称象的故事吧？7岁的曹冲把大象的重量转换为石头的重量，称象问题就简化为称石头的问题。学会转换问题有助于解决学习和生活中的许多难题。据说，有一次爱迪生想知道一个灯泡的容积，他请一位数学家来计算。数学家发现灯泡是梨形的，计算起来非常麻烦。爱迪生等不及了，拿起灯泡想了一会儿。然后他向灯泡里灌满水，将水倒入量筒。量出水的体积也就算出灯泡的容积。爱迪生真厉害！如果你也学会转换问题，你的头脑也会像爱迪生一样灵活，一样聪明！

（2）要学会巧妙地提问。我们在学习中常会提出问题，但提得是否巧妙呢？古巴比伦有个叫汉谟拉比的国王。他在解决缺水的问题时，不问怎样才能得到水，而是问怎样才能让水来到人们身边，结果人们按照他的思路开凿了沟通基什和波斯湾的运河。问题提得巧妙，就带来了历史上的重大创造。巧妙地提问题是多么重要啊！

（3）要学会利用相似性。美国人想从中国引进良种柑橘，但不知道该把它引种到哪个地方。美国科学家想，柑橘生长最重要的因素是温度，温度主要由纬度决定，加利福尼亚的纬度与福建相近。所以，它们应该能够在那里正常生长。后来，果真如此。尽管世上的事物千差万别，但有很多事物之间有较大的相似性，思考问题时可利用这些相似性进行思维。

（4）要学会分析比较。比较就是指出两者之间的相同点和不同点。就拿这两道题来说：①一匹布长50米，用去四分之一，还剩多少米？②一匹布长50米，用去四分之一米，还剩多少米？ 分析比较可知：两题仅有一字之差，①题中的"四分之一"表示比较量与标准量的关系，②题中的"四分之一米"是一个具体量，因而两题的解法完全不同。

（5）要学会逆向思维。逆向思维也叫求异思维，它是对司空见惯的似乎已成定论的事物或观点反过来思考的一种思维方式。我们常说的"反过来想想""唱唱反调"都是逆向思维。

一个自助餐厅因顾客浪费严重而效益不好。因此，餐厅规定：凡是浪费食物者罚款十元！结果生意一落千丈！后经人提点将食物的售价提高十元，将规定改为：凡没有浪费食物者奖励十元！结果生意火爆且杜绝了浪费行为！

一头驴子不慎掉进了枯井，众人设法救他，都没有成功，就决定埋了它。驴子悲声鸣叫，可是当泥土落下的时候，它却出乎意料地安静了。它努力抖落背上的泥土，把它们踩在脚下，让自己登高一点，就这样，它随着泥土的抖落不断登高，最后竟在众人的惊奇声中跳出了枯井。

（6）要学会运用侧向思维。侧向思维又称"旁通思维"，是发散思维的又一种形式，这种思维的思路、方向不同于正向思维、多向思维或逆向思维，它是在正向思维旁侧开拓出新思路的一种创造性思维。侧向思维的特点是：思路活泼多变，善于联想推导，随机应变。

（7）要学会立体思维。立体思维也称"多元思维""全方位思维""整体思维""空间思维"或"多维型思维"，是指跳出点、线、面的限制，能从上下左右，四面八方去思考问题的思维方式，也就是要"立起来思考"。 在微电子技术领域，科学家们正是依靠这种从平面思维到立体思维的突破，使得微电子技术在短短的20多年中就走过了大规模、超大规模、特大规模集成时代，20世纪90年代末已经进入了大规模集成时代，能够在一张普通邮票大小（350平方毫米）的硅片上，集成几亿个元件，而且还在不断向前发展和突破。这一次次的划时代飞跃表明，从平面思维到立体思维的突破具有非凡的创新威力。

（8）要学会创造性思维。创造性思维也称创新思维，是一种具有开创意义的思维活动，即开拓人类认识新领域，开创人类认识新成果的思维活动。某县有一个丹波村，交通很不方便，村子很穷，没什么特产。为使村子富起来，村里人请了很有经验的洪先生来做顾问。洪先生考虑：要使这个村子富起来，就得想办法使之"商品化"，可是这里有什么东西可卖呢？洪先生绞尽脑汁，突然灵机一动：如今在物质文明中生活的现代人，厌倦了城市的烦嚣，对"原始"生活有尝试的兴趣，因而说服村里人在树上筑屋而居。很快，新闻传开了。不少城市人争相涌入这个小村，为的是体会另一种生活方式。随着观光人数的增加，丹波人的收入大大增加。

5. 要学会急中生智

人越到需要紧急做出决定的时候，思维越容易混乱，甚至思考能力干脆停止了，即常说的"惊呆了""急懵了"等。在这时，要有冷静的情绪，清醒的头脑，才能处理好紧急情况。诸葛亮摆空城计及司马光砸缸等，都是急中生智的生动例子。

天才幽默大师卓别林曾被歹徒用枪指着头打劫。卓别林知道自己处于劣势，所以不做无谓抵抗，乖乖地奉上钱包。他对劫匪说："这些钱不是我的，是我老板的。现在这些钱被你拿走了，老板一定认为我私吞公款。兄弟，我想和你商量一下，拜托你在我帽子上开两枪，证明我被打劫了。"歹徒心想，有了这笔钱，这个小小要求当然可以满足了，于是便对着帽子开了两枪。卓别林再次恳求："兄弟，可否在我衣服和裤子上再各补一枪，让我老板更深信不疑。"劫匪统统照做，6发子弹全部打光了。这时，卓别林一拳挥去，打昏了劫匪，取回钱包喜笑颜开地离开了。

通常当我们急需尽快回忆起一些事情时，会"想不起来"，会习惯于在记忆中无序搜索，但往往耗时越长成功率越低。此时，我们应该及时地转向有意识的联想。比如，遇到一个字想不起怎么写，可以从这个字组成的词、这个字的谐音字和形近字去想。

当遇到一个紧急问题，按传统思路左冲右突却无法解决时，要学会及时刹车，看看问题的前提是否正确。比如，有这样一道智力题：3个人在酒店里吃饭，接到一张30元的账单。于是每人付10元。后来一算，只要25元，侍者便欲找回5元。但觉得3人分5元不好分，于是自己拿去2元，再还给每人1元。这样每个客人付了9元，3个人共付了27元，加上侍者的2元，共29元。请问：还有1元到哪去了？这道题实际上就是用错误的提问混淆解题思路。

有时还可以从问题的前提里直接找到答案。如，问你拿一个生鸡蛋站在水泥地上，如何才能让它掉落三尺而不碎？你只要抓住鸡蛋不碎的前提是"掉落三尺"，答案就出来了：将手抬得比三尺高些再放手，鸡蛋掉落三尺时并未碰地，自然不会碎。

很多问题是在一定的"前提"条件下才成立的，而解决问题的方法就在于打破或改变"前提"。有这样一个故事：有个公司招聘员工，门外排着长长的应聘队伍。每进去一个人，主考官不由分说，就扇来一个耳光，问："这是什么滋味？"几乎所有的人都捂着自己的脸出来了，而这些人都落聘了。后来，有个年轻人走了进去，主考官同样扇来一个耳光，问："这是什么滋味？"年轻人昂起头颅，以同样的速度、同样的力量，在同样的位置，给了主考官同样的一个耳光，说："就是这个滋味。"因此，这位年轻人被录取了。

当遇到紧急问题时，尤其要注意开阔思路，及时"一转念"，甚至要大胆地向"没想过、不敢想、想不到"的方面去试一下。如问：一位老人上了公共汽车，可是车上却没人让座，这是为什么？如果你广开思路，就会发现"因为车上有空位"。有些问题，"换个角度"去想，往往能收到奇效。

急中生智是智商与情商碰撞的火花，它集观察力、理解力、判断力、创造力、想象力等于一体。我们只有平时能从各方面加以锻炼，紧急情况下方能显出英雄本色。

6. 怎样捕捉灵感。

灵感时而如闷罐里跳出的一只蛐蛐，鸣奏着动人的序曲；时而似花间纷飞的彩蝶，闪烁着诱人的荧光。迷恋于创造的人们，哪个不想将它捕捉？

捕捉灵感有三种基本方法：

（1）记录在案——防止"稍纵即逝"。

灵感的迸发如电光火石，稍纵即逝。这就要求我们须不失时机地将其快速记录下来。大文学家契诃夫、大园艺家米丘林等人都非常注重捕捉灵感，他们的笔记本从来不离身。托尔斯泰曾幽默地说，他有一个"贮藏万物的'百宝囊'，其中价值最高的瑰宝，就是创作灵感的记录。"

列宁读书的灵感闪现时，就将它记在书页的空白处；爱因斯坦在雨中等人时，忽然灵感涌出，急忙用纸片记下；寻觅佳句的诗人，有时干脆将绝妙好词写在手心里。他们若不这样做，灵感可能就溜走了。

记录不仅可以抓住思想的火花，重要的是，可以为日后的灵感迸发准备一条导线。有一次诺贝尔在本子上记下了这样一句话："硝化甘油从容器里一滴一滴地掉在沙地上，随即就凝结起来。"后来他研制炸药时，遇到运输液体硝化甘油容易发生爆炸的难题。他翻读笔记，看到了上面那句话，不由产生灵感："运输困难的易爆硝化甘油，如果注入沙中，是不是就不易爆炸了呢？"由此，他成功地解决了硝化甘油的运输问题。

（2）紧急追捕——保持思维热线。

"作诗火急追亡逋，清景一失后难摹"，这是苏轼作诗的经验之谈，是他对创作时出现的灵感采取的即时追捕战术。

追捕，就是不仅将灵感的火花及时记录下来，还要趁热打铁，使思维向纵深推进，扩大战果。其作用或能促使灵感火花继续闪现，或可将忽明忽暗的零散火花连成一片，从而形成新的科学理论或艺术思想。

臧克家认为，诗人进入创作情景时，诗情澎湃，如钱塘怒潮，头中似有一条"热线"。如果把这条"热线"打断，就不容易接起来了。不少文学家、思想家、科学家都非常珍惜自己的思维"热线"。鲁迅写作兴起，废寝忘食，呼之不应。阿基米德甚至在敌人的利剑逼到眼前时，还大喊："让我解完这道题再杀我吧！"，至死不肯"断线"。

（3）欲擒故纵——略施"缓兵之计"。

长时间思考会使大脑一直处于兴奋状态而疲劳，因而一无所获。这时不如暂且抛开"剪不断、理还乱"的思绪，让"热线"下潜。过度紧张的大脑，反而会压抑灵感的出现；若稍加松弛，反而有利于对知识的再吸收、再消化，并填补之前没有联系起来的知识链条间的空隙，这样往往能收到接通思路、闪现灵感的奇效。法国科学家拉普拉斯遇到难题时，总是先搁置数日，再重新考虑，所以他攀登科研高峰如履平地。美国科学家布朗尼科夫斯提醒人们："问题的答案往往在你把注意力转移到别处之后才偶然出现。"

"缓兵之计"之所以有助于捕捉灵感，还在于它可使人跳出原来的思维惯性，从新的角度以"陌生人"的眼光重新审视原来的思考对象。"另眼相看"常常可以发现前所未见之奇观。鲁迅写完一篇文章，喜欢放置几天之后再来修改一遍，使之掷地有声。德国物理学家、诺贝尔奖获得者波特告诫青年学者："实验报告写完之后，放置一段较短的时间，然后从读者的角度，用怀疑的眼光再看一遍，这才能最后润色定稿。"这可真是金玉良言。

世上之事，相辅相成。本来是要"捕"的，却要"放放"。但是千万不要忘了，这是"欲擒故纵"。倘若真放了，那就"金鲤摆脱金钩去，摇头摆尾再不回"了。

诺贝尔奖获得者弗朗西斯·哈里·康普顿·克里克的启示：

有一位68岁的老人来报名学日语。前台告诉他："要达到交流程度，至少也要学两年。那时你就70岁了。"老人笑吟吟地答道："如果我不学，两年以后就66了吗？"

情况往往如此：我们总以为开始得太晚，因此就放弃了。殊不知只要开始，就永不为晚。每年大家都要增长一岁，可有人得到收获，有人两手空空——差别只在于是否开始。有了开始，就有成功的希望；没有开始，就永远是一片渺茫。

法国有个著名作家叫司汤达。他从16岁起就开始漂泊。他当过兵，出征过意大利，远征过俄罗斯，干过各种各样的职业，可他竟然在年近半百时把他的人生经历和社会百态全倾诸笔端，写成名著《红与黑》。

文学家如此，科学家也如此。

1916年，弗朗西斯·哈里·康普顿·克里克出生于英格兰。幼年时的克里克对外部世界充满好奇。一天，他忧心忡忡地问母亲，如果当他长大之后，世上的重要发现已被挖干，他是否会无事可做？母亲告诉他：科学的"秘密"是无穷无尽的，长大以后是可以大有作为的。

幼年的克里克十分喜爱做各种手工和实验。父母也为孩子提供了较好的环境，这使他在家里就获得了走向成功的"第一推动力"。有一次，他想用电的方法引爆瓶子里放的一些爆炸混合物。父母怕他受伤，试图劝阻他，最后他们三人达成了折中方法：把瓶子放在水池里再引爆。

克里克上大学的时候，二战爆发。战争迫使克里克不得不中断他的学业。入伍后，他进入海军部门研究鱼雷。战争结束后，克里克已经到了而立之年。他真是一朵迟开的花，直到31岁才进入剑桥大学开始科学研究。

研究什么呢？克里克对自己进行了客观的分析：从学位成绩来看并不太好，过去所做过的工作不是没有多少兴趣，就是无足轻重。然而他有自己的优势，即有较好的物理和数学基础，以及对新事物的执着追求。他认为，这些优势能把他引入一个全新的科学领域。

在选择研究方向时，他颇费心思。克里克决定主攻两个领域——分子生物学和神经生物学，前者是研究生命和无生命的界限，后者是研究脑的活动方式。有了研究方向，克里克在知识的崇山峻岭中找到了一条路。但他已经年纪不小了，事业起步又晚，为了有所突破，必须破釜沉舟，奋斗到底。他清楚面前的路是艰难崎岖的。

道路一经确定，就要坚定不移地走下去。虽然他深信自己的物理学知识有助于研究生物学，但是，他对有机化学、X射线衍射技术等基础知识还知之甚少，所以他不得不又花了几年的时间来学习陌生的知识。36岁时他再一次成为研究生，开始探索生物的重要物质——蛋白质结构。40岁时他以论文《X射线衍射——多肽和蛋白质》，获得了生物学博士学位。克里克不停地工作着、研究着，终于在DNA分子双螺旋结构的发现及生物遗传信息秘密方面做出巨大贡献，因而被授予1962年诺贝尔奖。克里克能在起步晚的情况下，迅速达到事业巅峰的重要原因在于，他有着十分清醒的分析头脑以及不自惭形秽、不望洋兴叹的优秀品质。

很多人把伟人、巨人获得成功的原因归结于他们有着"与众不同"的脑袋，总觉得他们的大脑与常人的大脑不同。事实上却并非如此。马克思早就指出："搬运工与哲学家之间的原始差别，要比家犬与猎犬之间的差别小得多。"今天，科研机构已经证明了这一点。俄罗斯的莫斯科智力研究所，在进行多年绝密研究之后，得出一个结论：迄今为止，透视伟人、天才大脑的结果，所发现的最大秘密就是毫无秘密。任何一个正常人的大脑都不比任何一位伟人的大脑逊色，我们与伟人的天赋潜能几乎没有差别。

不要自己灭自己的威风，不要自己否定自己，只要开始，就永远不晚。

（五）如何在学习中学会思维

在学习活动中思维具有非常重要的意义。当你遇到这样或那样的问题时，就要动脑思考。可以这样说，离开了思维，你就无法学习，勤于动脑思考才能使一个人成才。思维是成功最基本的心理品质。牛顿说："思考，继续不断地思考，以待天曙，渐渐见到光明。"爱因斯坦说："学习知识要善于思考、思考、再思考。我就是靠这个方法成为科学家的。"我们知道，各学科的基础理论系统是由概念和原理组成的。概念集中反映事物的本质，是某一类事物共同的，不可缺少的，区别于其他事物的特征。例如，哺乳动物这个概念，指出哺乳动物区别于其他动物的本质特征是体表被毛、哺乳、胎生（单孔类除外）。理解了这个概念就可以不一一去认识同类的动物，从而加快了学习的过程。

原理集中反映了事物的规律，即事物和事物之间存在内在的必然联系。例如，"质量守恒定律"——参加化学反应的各物质的质量总和，等于反应生成的各物质的质量总和。该原理揭示了化学反应前后反应物和生成物质量之间的必然联系——相等，这是写化学方程式和进行化学计算必须遵守的规律。又如，"阿基米德定律"——浸在液体里的物体受到向上的浮力，浮力的大小等于物体排开液体的重量。该定律揭示了浮力与物体所排开液体重量之间的必然联系，成为研究物体浮力必须遵循的规律。

要想掌握事物的本质和规律，仅靠感觉、知觉、表象是不行的，必须在这些的基础上借助思维才能完成。

1869年，科学家们已经掌握了63种元素的物理和化学性质，但这些元素的性质究竟与什么有关系？这些元素之间又有什么内在联系？俄国化学家门捷列夫在这方面的工作是杰出的。他做了63个方形卡片，卡片上记录着元素的名称、性质和原子量。经过反复的思考后他发现：元素的性质随着原子量的递增而呈周期性的变化，这就是元素周期律。根据这个规律，他把已知的63种元素排列在一张表里，这就是元素周期表。他还在表中留了一些空位，预言某些未知元素的性质，并指出已测定过的元素原子量的错误。后来，事实证实了门捷列夫的预言。门捷列夫的成功在于，他没有停留在对个别元素的认识上，而是以一类事物的整体（63种元素）为研究对象，抓住了这一类事物的本质特征，发现了它们之间的内在联系。

因此，在学习和研究活动中不可能离开思维活动，否则就无法掌握事物的本质和规律，概念和原理也就无法建立起来。可以说，数学中的正数、负数、虚数、实数、微分、积分等，物理学中的质量、重量、速度、加速度、沸点、熔点等，化学中的化合、分解、氧化、还原、化合价、原子量等，生物学中的同化、异化、光合作用、呼吸作用、遗传、变异等，这些概念的确立都要经历从个别到一般、从具体到抽象、从个性到共性、从感性认识到理性认识的飞跃过程，而这个过程的实现必须依靠思维活动。

那么，怎样在学习过程中学会思维呢？

1. 置身于问题之中

（1）善于发现问题。善于发现问题很重要。1978年发表的一份科研报告指出：美国论文的数量占全世界的41.91％。形成这个结果的一个重要原因就是美国学校鼓励学生独立提出问题，这对思维能力的提升起了很好的促进作用。在中国，家长往往这样问孩子，"你今天得了几个A？"而在美国，家长往往问："你今天向老师提了几个有意义的问题？"

在学习过程中，自然会遇到很多问题。例如，因旧知识没有掌握好而出现的问题；因突然出现一些新概念或原理而产生的问题；因相近概念混淆不清而出现的问题；因知识不足而出现的问题；书上写的或老师讲的与自己掌握的出现矛盾而产生的问题……但不管出现多少问题，首先应当先自己主动去探索。例如，每学一个结论就应想一想：该结论依据的事实是什么？该结论是怎么得出的？得出结论时的思路是什么？采用了哪些思维方法？如外部条件发生变化，该结论会发生怎样的变化？应当如何修正？还要进一步研究概念之间、定理之间、规律之间有什么异同，并要找到它们之间的联系和区别，直到知识从局部上升为整体时，方可告一段落。

总之，通过思维去发现问题、解决问题，这才是富有创造性的、高级的学习活动。学习是否进入高级阶段的一个重要标志就是会不会给自己提出问题。学习上提不出问题，意味着学习的停滞；科学上提不出问题，意味着科学的止步。

（2）敢提问，会提问。发现问题之后，经过独立思考依然得不到解决时，就要向别人请教——老师、同学、家长。常常有些人明明有问题，却不愿问人，不敢问人。这种虚荣心不知耽误了多少人的学业和前程。虚荣一时，只会贻害终生。只有敢于提出问题，敢于暴露问题，能虚心求教的人，才能成为学习上真正的强者。

什么叫会提问呢？

提问前：要在独立钻研的基础上发问。推荐给大家"五不问"：已学过的基础知识未经复习的不问；没有看过课本或有关参考书的不问；问题未经深入思考的不问；找不到问题关键所在的不问；提不出自己思路和看法的不问。可以说，未经独立思考是没有资格提问的。

提问中：在提问过程中，也要坚持独立思考。提问时只是要求他人稍加启发或点拨即可。物理化学家卢嘉锡说："请教时不要把问题问透，请人在关键的地方点一下，然后自己去思考，这样费力些，但收获会大得多。"

提问后：不仅要认真分析问题产生的原因不能独自解决的原因，还要研究别人解决问题的高明之处。这样，以后提出的问题就会越来越深刻，越来越有价值。

以上是从提问前、提问中、提问后三个阶段说明了该如何提问，如果能坚持这么做，那么对思维能力的提高一定会大有裨益。

2. 要坚持独立思考

在校期间，要特别注意克服依赖性，坚持独立思考。只有独立思考，自己付出脑力劳动，才能获得真知；也只有在独立思考的过程中，思维能力才能迅速发展起来。如果总是依靠别人，只会使自己的思维能力不断退化。

独立思考的表现应当是：善于独立发现问题，独立分析问题，独立解决问题，还能独立检查、判断学习结果的正误。独立思考在学习中的另一表现是不轻信、不盲从，凡事都要问个为什么，都要经大脑思考弄明白后再接受。在未曾独立思考之前，决不轻易去死记硬背现成的结果。

孔子曰："学而不思则罔"。看书时要养成边看书边思考的习惯，甚至用来想的时间要比看的时间还要多。例如，书上常常是先出定理，然后再从头推演。我们看的时候就应当倒过来想一想：为得出这个定理，需要先解决哪个问题，再解决哪个问题？以此类推，步步追根，最后推出证明这个定理的方法。这样可以更好地理解定理的关键所在。

3. 要学点思维科学

在长期的实践中，人类通过总结成功的经验和失败的教训，已经对思维形式、规律和方法进行了深刻的科学归纳。只要将思维并入科学的轨道，我们的学习就会发生质的飞跃，并进入一个更高的层次。世界上没有两个人的思维过程是完全相同的，但就全人类的思维形态而言，可以归纳为以下四种：

（1）自然思考。自然思考也称原始思考。顾名思义，它是人们看到某种东西或遇到某件事后自然而然产生的一种判断或想法。

自然思考完全是依靠直觉来产生印象。例如，当看到一位穿着入时、打扮讲究的姑娘时，人们自然会想：这是一个爱打扮、讲穿着、赶时髦的姑娘。至于她的品德、学习、工作等情况，自然思考是无法做出有效判断的。

由此可见，自然思考只是外界事物在头脑中直观反映后简单概括出来的印象。它像镜子一样，只反映出人或事的表象，所以很容易使人们犯这样那样的错误。常有人在做错事后懊悔道："假使我当初认真想一想就好了。"这是因为事前只进行了自然思考。

（2）理论思考。理论思考是对自然思考的升级，它支配着自然思考，使之达到更好的效果。具体点说，理论思考能控制自然思考的路径。正如河水流到分叉口，只要我们堵住其中一条河道，那河水就会向另一条河道流去一样。当思考可能向两个方向自然发展时，就要开动脑筋在这两个发展方向中找出一个正确的，并沿着它走下去。可见，理论思考是对自然思考进行整理与优化，找出其合理部分，然后按自然思考发展。

理论思考不善于了解事物的本质，只有选择的能力，只能在几种方案中找到最佳的途径。例如，用发动机、车轮、车身等零部件装配一辆汽车时，若按不同的次序，可有多种装配途径，但是必然有一种是最合理的。然而，却不能发现这些零部件质量的优劣等问题。这就说明，理论思考只是少走弯路或避免犯错的第一个"关卡"。一个人要少犯错误，首先应当学会理论思考。

（3）数学思考。数学思考是向纵深发展的一种思考。它是利用已有材料，按指定规则进行思考的一种方法，比起理论思考，它能够挖掘出埋藏得更深的东西。例如，当拿到一道数学题后，你很快就想出了一种解法。但思考后发现还有更好、更简便的解法，而且还发现了原有解法的不合理之处。但所有这些，都只是在已有知识系统上的加深，并没有超出现有数学定理或公式的范畴，即不能摆脱这些定理或公式的限制。这就如同电子计算机一样，它能按照人们给定的数据和指定的程序进行极其复杂的计算，却不能自己创造一个程序。因而，数学思考只能了解事物的本质，但在创造性上却受到了一定限制。

（4）立体思考。立体思考是一种创造性的思考，它是在事物发展的不同层次向纵、横两个方向延伸的思考。它能将头脑中看起来互不相关的各种知识在某种事物的突然启发下，如同打开电钮一样，瞬间大放光芒。

立体思考的最大特点是可以"想入非非"，而暂时不去考虑成功率。许多创造发明，或是在奔放的想象中发生顿悟，或是在偶尔迸发出的思想火花中产生灵感。例如，发明家哈格里沃斯，他天天在琢磨，如何提高只能拉出一根线的纺车的效率。有一次，他与妻子谈话时不小心把纺车绊倒了，但轮子却还带动那根竖着的锭子飞快地转动着。他瞬间得到了把锭子竖直安装的启发。后来终于发明了效率提高8倍的八个竖锭的纺车。

应当指出，决不能把立体思考与胡思乱想等同起来。立体思考是以头脑中积累的大量知识为基础，对探索的问题同时向深度和广度方向进行交叉思考，并且努力与原有的某些知识有机地联系起来，组成一个新的知识系统。

综上，自然思考是把头脑中有深刻印象的东西完全接受下来；理论思考的优势是可以避免错误；数学思考是能最大限度地利用头脑中的系统化知识；而要有所发明和创造，就必须进行立体思考。

4.丰富知识，拓宽思路

知识与思路密不可分。爱因斯坦认为，知识贫乏将成为思路开拓的桎梏。因为随着思路的延伸，就需要从大脑的仓库里提取相应的知识，但如果这些知识还是"空档"，思维之线就会因此而中断。例如，魏格纳能够萌生"大陆漂移"的想法，与其说是凭借灵感，不如说是由于他长期治学所形成的厚实的知识基础。起初，他只熟悉大地测量学，后来涉足古生物学，正是在他不断扩大知识面的过程中，"大陆漂移"的新思路应运而生了。魏格纳在《海陆变迁》第三版中提到，1910年的一天，"我在阅读世界地图时，曾被大西洋两岸的相似性所吸引，但是当时我随手丢开，并不认为具有什么重大意义"。次年，魏格纳阅读了许多有关地质考查方面的论文，根据地质学所提供的古生物的论据，他确信巴西和非洲曾经有过陆地连接。正由于他把大地测量学与古生物学中的某些知识联系起来思考，才建立了"大陆漂移"学说。

当然，不能简单地把知识的广博与思路的广阔画上等号。事实上，"学富五车"的人在分析和解决问题时思路闭塞、踌躇不前的也不在少数，这就要求我们在重视知识积累的同时，还要不断优化知识结构。

一是知识的"序"化。要经常整理、加工、浓缩头脑中储存的知识，提高概括水平。心理学认为，概括水平越高，在运用知识的过程中就更少受到具体情境的束缚，就更有利于思路的纵横伸展，左右逢源。

二是知识的"活"化。要做到活化，除了不能简单片面地学习知识外，还要注意知识的实际运用。做馒头的面越揉越"活"，知识的使用也是如此。

三是知识的"深"化。知识掌握得精深，拓展思路时才能越过各种阻碍。爱因斯坦在这方面的经验教训很值得我们警醒。爱因斯坦由狭义相对论向广义相对论拓展时，碰到了"非欧几何"这个"钉子"，他不得不回头再学，钻研了7年之后，才建立起完整的相对论体系。他总结道："我天真地认为，对一个物理学家来说，只要掌握好基本的数学概念就够了，其余的部分对于认识自然并不是重要的奢侈品，我很痛心地承认犯了这个错误。"

5. 重视"啊哈"反应，发展洞察能力

我们经常遇到这种情况，当出现一个难题要求立即作答时，有的人束手无策，甚至连一个权宜之计也想不出来，而有的人却正好相反。美国当代趣味数学家马丁·加德纳曾写过这样一个饶有风趣的故事：

很多年前，在一个部落里，首领养了一头河马。当地的习俗是，交给首领的金币必须与这头河马的重量相等。在税房旁有一台大天平——一端可以载上河马，另一端则以金币来平衡。河马越长越肥壮，有一天竟将天平的悬梁压断了，需要好几天才能修好。首领大怒，命令收税官："今天一定要把金币如数收上来，如果日落前还做不到，我就砍了你的头。"可怜的收税官被吓坏了，坐在小河边冥思苦想。几个小时以后，他突然"啊哈"一声，想出了一个妙招：他先把河马领到一条木船上，并在船的外侧标上记号。河马下船后，再向船里装金币，直到水位到达刚才做标记处，这样船上装的金币重量就等于河马的体重了。

人们在生活中会遇到各种问题，这些问题看似很难，百思不得其解。但有时一旦放开思路，打破框框，多角度考虑，就会豁然开朗，不禁发出一声"啊哈"。这突如其来的灵感，使头脑发生创造性的飞跃，能在闪念间找到较好甚至是最佳的方法或答案。

近年来，很多人对"啊哈"反应进行研究，认为它与洞察力有关。研究表明：洞察力高的人，智商未必很高，即洞察力与智商之间并没有什么必然联系。有的人智商很高，但缺乏灵感，洞察力也不高；有的人智商不算很高，却有卓越的洞察力。这究竟是为什么呢？原因有待于后人研究。但有一点是我们可以肯定的，那就是洞察力的重要性。

在工作和生活中，若能经常探讨那些实际疑难问题，不时刺激自己的灵感，则可以大大增强洞察力。解决问题不外乎三种方式：有些问题只需运用所掌握的知识就能直接解决；有些问题则需运用知识和技巧间接解决；有些问题却未必用到掌握的知识，必须用一种前所未有的独创性思考方法来解决。而独创性思考方法是离不开洞察力的。洞察力与科学、文化、艺术、商业、生产等各种活动的发明创造息息相关。大自然有许多有趣的杰作，它向科学家提出挑战，要他们揭开谜底，这需要洞察力；工程技术上的难题，需要科技人员去解决，这也需要洞察力。很多时候，解决问题时并非都像爱迪生一样，为寻找一种合适的灯丝材料采取试验、失败、再试验的百折不挠的方法，也不是使用利用某些知识进行推导的方法，而是必须依靠一种洞察力，并由这种洞察力引发出独特的创造性方法。因此，我们必须锻炼洞察力，它会使我们摆脱许多窘境。例如有这样一个问题：有101名乒乓球运动员参加比赛，如果按淘汰制进行，一共需进行多少场比赛才能最终产生冠军？常规计算法是：第一轮共有50场比赛，一人轮空；第二轮共有25场比赛，一人轮空；第三轮共有13场比赛，无人轮空……按此方式推理下去，便得到50+25+13+6+3+2+1=100，即共需举行100场比赛。但有一位中学生却提出了一种与众不同的独特方法。他注意到，每场比赛必有一名失败者，因此，失败者人数与比赛场数之间可以建立一一对应关系。既然有101名运动员参加比赛，并最终要决出一名冠军，可见，前后的失败者共有100人，因此，他立即判断出：共需进行100场比赛，这样就避免了烦琐的推理计算。一位教授十分欣赏这名学生的算法，称赞说："青年人正是要培养这种洞察力"。

怎样才能有助于灵机一动呢？当你遇到某个问题时，不妨先这样考虑：

（1）可否把问题变得简单些？

（2）可否把问题变成易解决的同构问题？

（3）可否直接或间接应用已知知识？

（4）可否用合适的例子或反例来检验结果？

（5）可否用旁敲侧击、迂回突破的思维方式找到答案？

（6）可否发明一个既简单又独特的秘诀？

（7）可否换个角度，或反过来想一想？

（8）已知条件是否与所求问题实际上并不相关？哪些叙述会把思维引入歧途？

当然，在考虑实际问题时，我们的思路应该更宽些、更活些。爱迪生一语破的："任何问题都有解决办法，无法可想的事是不存在的。若你果真弄到了无法可想的地步，那也只能怪自己是笨蛋，是懒汉。"

诺贝尔奖获得者朱棣文的启示：

朱棣文的家族是博士的家族，只有他自己是个学士，但朱棣文却没有被家族的压力压垮，反而从一只"黑羊"一跃成为一匹"黑马"，驰骋于美国科学界。朱棣文不太重视分数的高低，他重视的是掌握科学的学习方法和充分发挥逻辑思维的威力，所以才登上一座又一座的科学高峰。

1948年，朱棣文出生于美国，祖籍是中国江苏省太仓市。尽管教育在家庭中占有重要的地位，但是朱棣文的生活重心并未完全集中在学业上。从幼儿园时起，他就是一个兴趣广泛的孩子。在他的卧室里，经常散放着数以百计的金属"梁"和小螺母、螺杆……稍大时，他的兴趣又扩展到化学游戏：自制火箭和火药。其实验经费大部分来自父母给他的午餐费。接着他又迷上了测量土壤酸度及其所缺少的营养物质等方面。

在中学，朱棣文把物理和微积分放在重要的位置上。学习时，他不是去死记硬背，而是以一种清晰的合乎逻辑的步骤去思考。从少数几个符合直觉的假定开始，推导出非同一般的结论。

高中毕业时，由于朱棣文学习成绩不是很好而没有进入名校。相比之下，他的哥哥进入了普林斯顿大学，两个堂兄在哈佛大学，他简直成了家里的一只"黑羊"（败家子之意）。

朱棣文真的是学习不好吗？不是，朱棣文的特点是爱钻研某些学科，并且非常投入，但这样不能使各科都取得好成绩。朱棣文对此并不后悔，他后来回忆说："吃透细节和把注意力'聚焦'到课程要点的能力，使我获益匪浅。"

来到不出名的罗彻斯特大学时，他暗下决心，一定要干出一番事业，从卓越家庭的阴影里走出来。头两年的课程，物理学占比很大，并采用费曼物理讲义做教材。费曼将物理学描述得如此美丽，致使朱棣文觉得费曼就是一个神奇的魔术师。到了大学二年级，他对数学越来越感兴趣，并宣布要主修数学和物理，这为他日后的发展奠定了基础。那时候朱棣文心中的英雄就是牛顿、麦克斯韦、爱因斯坦，以及当代的费曼、盖尔曼、杨振宁和李政道。

30岁时，朱棣文与其他20个青年科学家被选入著名的贝尔实验室。一年后的业绩审查会上，朱棣文却受到上司皮特的批评，斥责他道："除非你开创一个新领域"，否则永远不要满足。这样的批评反而令朱棣文很高兴，因为这正是他的心愿——寻找新领域。35岁那年，他终于把目光转向激光冷却和捕获原子方面的研究。经过几年的艰苦奋斗，充分发挥科学学习方法和逻辑思维的强大威力，朱棣文成功了，并在1997年获得诺贝尔奖。

朱棣文说："我在美国出生、长大，当然是美国人。但我的祖籍在中国江苏太仓，我是完完全全的中国人。所以，有许多基本的价值观，我想我是中国的。按照科学术语的说法，我身上百分之百的基因是中国的。"

四、学会记忆

人的知识是否丰富，与记忆力的强弱有密切相关。唐朝时有个名叫常敬忠的举人，记忆力极强，知识渊博，十五岁就已科举及第。英国诗人拜伦、哲学家培根等人，自己写的书，多年以后仍能背诵。

为什么他们有如此惊人的记忆力呢？很多人认为是他们天资聪明。天资虽然是一方面，但更重要的是他们善于用脑、勤于思考。托尼·布赞这样说："如果你想记住什么，你要做的就是将其与已记住或已知道的东西联系起来。"

在生活中经常发生这样的现象：有些人学习很努力，孜孜不倦，可记住的东西不多；有些人博览群书，却记不下多少东西。那么，怎样才能有效增强记忆呢？实践表明，兴趣是记忆的重要动力。有兴趣的东西通常一记就牢，长久不忘。努力学习但记忆力差的原因，一是与兴趣不大、方法不当有关，更重要的是不懂得科学用脑。

一些人只知道啃书本，尤其是在期末，为复习不顾休息，通宵达旦，打疲劳战、消耗战。吃饭、如厕在看书，走路时也在想问题，甚至机械效仿古人"头悬梁、锥刺股"的方法用冷水浇头提神。这样只能导致整天无精打采，昏昏沉沉，食欲不振，体质下降。记忆力也会越来越差，最终事倍而功半。因此，科学用脑是十分重要的。

科学用脑没有固定的规范，但有规律可循。合理安排学习和休息时间，保证足够的睡眠，可使大脑神经兴奋与抑制正常协调运动。晨跑、体操、散步等都可以有效缓解大脑疲劳。紧张之余，看看美术作品、听听音乐、去郊外踏青，都可以调节神经系统，振奋精神，对增强记忆力很有好处。

积蓄科学知识必须要学会记忆。"心"与"力"是决定成功的最基本的两大要素。所谓"心"即观念、意志，所谓力即能量、潜能。"心有余而力不足"者，不能成功；"力有余而心不足"者，亦无法成功。能量的积蓄与潜能的开发，观念的更新与意志的强弱，是能否获取成功的关键所在。

诺贝尔奖获得者利昂·诺什·库珀的启示：

1930年，利昂·诺什·库珀出生于美国。他的父亲是波兰人，年轻时移民来到美国。不幸的是小库珀9岁时，母亲因癌症去世，父亲也因此破产。父亲无力再照顾年幼的儿女，将小库珀兄妹寄养在范瑞福斯特先生家里。

范瑞福斯特和夫人都对孩子们充满仁爱之心，不仅让他们吃饱穿暖，还为孩子们创造良好的精神生活条件——送他们接受良好的教育，让他们做自己喜欢的事。

养父母家有一个地下室，是家中的摄影暗房。库珀不仅自己学习了照相和洗相，还试着制作小电器和进行化学实验。这当然惹出了一些麻烦，可老夫妇不仅没有责怪他，反而热情地鼓励他。他们培养了小库珀对科学的浓厚兴趣和强烈的探索精神。库珀一辈子都很感激养父母。

两年后，小库珀回到父亲身边，也在家里的小储藏室内布置了一个小实验室。父亲担心出危险而不准儿子在家中做化学实验，但库珀不听。一次真的发生了爆炸，造成库珀的左耳留下了终生的听力障碍。为此，父亲严厉责备他，但小库珀的科学渴望已难以遏制，依然"执迷不悟"地进行科学实验。

中学时，库珀的兴趣由化学逐渐转向物理学，并由兴趣升华为人生理想：他立志要做一名像爱因斯坦那样的物理学家。

中学毕业后，库珀考入著名的哥伦比亚大学物理系。7年后，获得博士学位。

库珀精通量子场论，并在这方面进行了大量卓有成效的研究。25岁时，库珀得到杨振宁的推荐，加入物理学家巴丁领导的超导理论研究小组。26岁那年，库珀提出被后人称为"库珀对"的超导电子对概念。这是一个全新的假设，是超导微观理论创建中一个关键性突破。在此基础上，研究小组构建了完整的超导微观理论。后来人们用巴丁、库珀、施里弗三人姓名的首字母将该理论命名为"BCS理论"，这被认为是继相对论、量子论之后物理学理论的又一重大成果（20世纪80年代初，美、中、日等国的科学家陆续研制出多种新型的超导材料。）库珀等三人也共同荣获了1972年诺贝尔奖。

获奖后，库珀非常感激养父母以仁爱的心和科学的教育方法，使他的科学能量得以积蓄和发挥，说道："孩子从小长大的阶段，是积蓄巨大能量的过程。如果老师经常批评孩子，父母也总是压抑孩子的能量，不仅会妨碍孩子积蓄能量，还会让他丧失自信。对于孩子来说，这非常残酷。我非常理解孩子，因为我有过这方面的经历。我觉得，凡是孩子感兴趣的事就应该让他去做，这是他积蓄和发挥能量必不可少的过程。如果能做到这点，孩子就会大有希望。"

要成功就必须积蓄能量和开发潜能，潜能是沉睡或潜藏在人的身上和身边的能量，它是可以改变命运的巨大力量。然而，我们却常常视而不见。美国一位学者说得好："我们最大的悲剧不是恐怖的地震，不是战火连年，甚至不是原子弹投向广岛，而是千千万万的人在白白地生活着，又白白地死去，却从未意识到存在于其身上的巨大潜能。"历史证明：人人都可以成为天才，只要能够不断地积蓄能量，只要能够好好开发潜能。

（一）要发挥记忆潜能

记忆潜能是巨大的。世界上最大的图书馆是美国国会图书馆，藏书七千多万册。科学家指出，如能完全开发和利用大脑，能记住的内容比这个图书馆藏书量还要多100倍。所以，大家的记忆能力都不差。即使你的记忆能力比其他同学稍弱，也不必担心。只要你相信自己，就一定可以拥有良好的记忆能力。

少年时期是记忆的黄金时段，这个阶段里，人的记忆潜能非常巨大。所以，要抓紧时间，多多读书，努力提高自己的记忆能力。那么如何科学有效地进行记忆呢？

1.要有目的地记忆。

无论做什么事情都应该有一定的目的，记忆也是如此。没有目的，记忆的效果就会大打折扣。

比如，老师要求背诵两篇课文，并先说明第一篇是必考内容，再进行测试，必然是第一篇的背诵成绩好。有人做过实验，带着明确目的去记忆，80%的人能达到预期要求。而如果记忆目的不明确，则只有43%的人能达到预期。大庆油田有一位人称"活账本"的女保管员。对常用的520余项700多种器材，她不仅能背出名称、型号、规格、数量和单位，还能闭着眼睛分毫不差地从货架上取下指定的零件和器材。某器材进货多少、发出多少、库存还有多少，不看账本她都能对答如流。由此可见，记忆的目的越明确，任务越具体，记忆的效果也就越好。

2.要以积极的态度记忆。

若是以消极的态度、带着抵触情绪去记忆，认为能记多少是多少，记不住就算了，那就一定记不下多少。比如，如果你总是抱怨自己记忆能力差，总是抱怨记不住老师在课堂讲的，那你就真的什么也记不住了。如果你的记忆态度是积极的，有浓厚的学习兴趣和强烈的求知欲望，那么就能又快又好地记住需要记忆的内容。东汉名将马援，幼时记忆力较差，眼看朱勃12岁能背《诗》《书》，便丧失信心，叹息自己"秉性愚笨"。后来哥哥鼓励说："朱勃是'小器速成'，而你是'大器晚成'，要奋发努力，不要自暴自弃。"马援从此以积极的态度刻苦学习，记忆力不断提高，记住的东西越来越多，后来为国家统一做出很大的贡献。总之，要增强记忆能力，首先必须要持有积极健康的态度。

3. 要相信自己的记忆能力。

只有从内心相信自己，你才能发挥出记忆潜能，并能在短时间内记住要记的东西。但很多人不相信自己，觉得"自己脑子笨"，岂不知这种不自信往往在不知不觉中就降低了记忆能力。相反，若你信心满怀，确信一定能记住，那就一定能记住。俗话说："想记住就能记住"，就是这个道理。你可以试试，背诵10首古诗时，先对自己说："我一定能记住！"在自信的状态下去记忆，记忆效果一定会大大提高。

4. 要有选择性地记忆。

几年前，在英国曾发生过这样一件事，一位农民函授学习"记忆力增进法"。课程里有很多内容，比如，战争爆发的年代、战役中死亡的人数、英国历代国王和女王的姓名……还有很多没有实用价值的"知识"。不久，农民给学校写信说："我要终止函授，请立即退还学费，因为课程只会使我脑子更混乱。"为什么会这样呢？很简单，他没有在纷繁复杂的知识中好好选择该记的内容。在学习中，并非什么都要记，有的要牢记，有的只要理解就行了。

5. 要抱着兴趣去记忆。

有人说，"没有兴趣的地方，也就没有记忆"，这句话很有道理。兴趣的作用很大，可以促进记忆。感兴趣的东西就很容易记住。苏联学者西·索洛维契克曾对三千多名懒于学习的学生进行过"满怀兴趣地学习"的实验，取得了良好的效果。他的实验要求是：①学习前做好充分准备，对自己一再说："我喜欢你——植物学（原来最不感兴趣的学科），我将高兴地去学习！"②一定要努力去学习，要比平时更细心一些，要花更多的时间。因为，细心就是热爱学习的主要源泉。实验进行几周后，陆续收到参加实验的学生充满兴奋情绪的报喜信。绝大多数学生实验成功了，开始对原来最感头痛的课程产生兴趣了。其中一位学生说："每次，我开始学习俄语语法时，我就不断地打呵欠。我非常想打呵欠，可我紧闭住嘴。在开始准备语法课前，我故意让自己表现出高兴的心情，就像在预习历史课时那样（历史是我最喜欢的课程），我跳呀，唱啊！我想象着一定会像历史那样有趣。这样持续了12天。您知道，现在，这种自我寻找乐趣的方法已经成了我的习惯。俄语课也真的使我觉得是一门有趣的课程了！"索洛维契克指出："实验本身表明，满怀兴趣地学习收到了成效，并且要继续下去。成功给人以鼓舞，给人以力量，给人以兴趣。直到正常的学习变成习惯，实验也不再是实验了，它已成为一种常规。"

（二）用科学的方法进行记忆

凡事都讲究科学的方法，记忆也不例外。

1. 文理交替记忆法。要提高记忆效率，可以在内容安排上注意文理交替。所谓文理交替，就是不将相近的科目集中在一起学，而是将文理科交错安排。为什么要这样做呢？一是学习内容相近，大脑皮层工作的部位也就相近，长时间使用会造成局部脑细胞内能量的消耗和废物的积累，因而会提前产生疲劳。长时间学习相近的学科，会产生单调刺激，就如同听单调的"嘀嗒"钟表声一样。容易引人困倦，昏昏入睡，这就是产生了抑制，再坚持下去就更困难了。二是相近的学科和同类的材料一起学习，大脑中的神经联系比较接近，易发送重叠、交错，从而导致回忆时的混淆与差错。善于学习的人，在安排学习内容时，会很注意文理交替，减少相互干扰，比如学完语文看化学，做完数学看生物等。

2. 分散学习记忆法。在基本理解的基础上，要将所学的内容记住，在学习的时间安排上可使用不同的方法，如集中学习法和分散学习法。例如，背诵一篇古文，若采用集中学习法，就是集中一段时间不断反复背诵；采用分散学习法，就是将背诵分作几次，如每天背15分钟，4天背完，总的时间还是1小时。分析记忆的效果表明，分散学习法明显优于集中学习法。

为什么分散学习法好呢？学习的过程如果相对地分为前、中、后三个阶段，那么前面的就会影响后面的，心理学上这叫作"前摄抑制"。例如，刚看完电影立刻开始学习，注意力常常难以集中，因为表面上前面的活动结束了，但神经活动并未立刻停止，因而使后面的活动受到干扰。同样，后面的活动也能影响前面的活动，心理学上称为"倒摄抑制"。例如背英语单词，本来记住了，如果接着又学了几个义、形相近的词，容易导致后面的记住了，前面的却忘了或模糊了。

这样看来，在学习过程中处于中间阶段的活动，有可能受到前后两方面的干扰。而学习的起始阶段没有前面的干扰，学习的最后阶段也没有后面的干扰，所以，开头和结尾阶段的学习效果最好。清晨记单词和背课文之所以效果好，也是因为背完后休息或睡觉，不再受其他活动干扰的缘故。

在采用分散学习时，要根据学科特点和自身特点，安排好时间间隔。间隔太长容易造成遗忘，间隔过短又容易受到干扰。

3. 尝试回忆记忆法。感知过的事物不在眼前，却能独立再现的过程叫回忆，例如，在背单词的过程中，可以看着英文默写中文，也可以看着中文默写英文，之后加以对照和更正。背课文时可以自己背，也可以请别人帮忙核对，不对的地方再看再记。记一道题的答案时，可以在理解的基础上将其概括成几个要点，然后去识记，并不断尝试独立复述，直到背下来为止。实践证明，采用尝试回忆记忆法能大大提高记忆效果。

有的人书看了很多遍，很少合起来回忆一遍书中的要点。结果书看的时候懂，一放下就忘，大脑兴奋不起来，当然记忆不深。如果学习时不断尝试回忆，把想出来的内容写出来，然后再看书，就会使头脑处于积极活跃的状态，记忆的效果一定会更好。

可能有人担心，尝试回忆太耗费时间，实际上尝试回忆所用的时间是逐渐减少的。表面上看，尝试回忆是一种"信息的输出"，实际上信息在"输出"的过程中，又被进一步加工和强化了。尝试回忆次数越多，记忆越深。

4. 综合学习记忆法。即先对全部学习内容加以理解并找出内在联系，然后再将材料分为几部分，分次识记，对于难点重点先分次识记，最后再综合起来复习。由于初始时对全部内容进行了识记，所以在识记各部分内容时，就可以掌握部分与整体的关系，这对理解和记忆各部分内容很有好处。由于是分部分识记，就可以与分散学习法、尝试学习法相互结合起来，从而取得最佳效果。

5. 多用多练记忆法。在用或练中自觉记忆，在活动中记忆，这是最好的记忆方法。在利用知识解决问题的过程中，不仅可以巩固对学过知识的记忆，而且可以加深对知识的理解，反之理解加深又可以巩固对知识的记忆。

为什么留学生学外语的进度很快呢？原因很简单，在异国他乡，在生活和学习中到处都要使用外语。在使用中不断地强化巩固，对记忆和理解外语的单词、词组、句型和语法都极有好处。因此，想学好外语，应更多地创造运用外语的条件。例如，多读、多听、多译、多说、多用等，从而达到快速记忆的目的。

6. 遵循遗忘先快后慢的规律。德国心理学家艾宾浩斯做过许多有关记忆和遗忘的实验。最后得出结论：识记后快速忘记，之后遗忘逐渐减慢，到一定时间几乎不再遗忘。遵循这一规律，恰当安排学习，就能提高记忆效率。有一个日本人学英语单词时，运用遗忘先快后慢的规律，安排每一次识记的时间间隔。第一次识记后隔20分钟记第二次，第二天记第三次，一天后记第四次，一星期后记第五次，就这样一共进行了13次重复识记。最后，他成功记住了15000个英语单词。我国著名的漫画家、天文学家丰子恺学外语时，第一天读第一课课文10遍；第二天读第二课10遍，第一课5遍；第三天读第三课10遍，第一二课各5遍；第四天读第四课10遍，第二三课各5遍，再读第一课2遍……这样，每一课分四次读了22遍。几个月后，他就能阅读和翻译外文小说了。

7. 直观形象记忆法。例如，可以用拳头来记忆一年中的大月和小月。握紧左手成拳头状，手背方向对着，然后我们就可以看到关节部位有"凹下去"的和"凸起来"的。顺着食指凸起的关节开始，从1月份开始数，一个来回正好数到7月，然后再从食指凸起关节开始，从8月份开始数，直到数到12月。凸起的为大月，凹下去的为小月，这就是直观形象记忆法。

8. 感觉协同记忆法。人有多种感觉器官，其中视觉、听觉、触觉等都是我们比较常用的。"百闻不如一见"说明，看过的东西更容易记住。学习时，将记忆的内容视觉化，或制成表，或绘成图，就更方便记忆。当然，如果使用听觉比使用视觉的记忆效果更好，就应发挥听觉优势去记忆。其实，在学习中，将听、说、读结合起来要比单一方式的效果好得多。研究表明，只听，能记住60%；只看，能记住70%；看、听、说结合起来，能记住86%。比如。老师教某英语单词时，可以听发音，看字母组合，并在纸上书写，这样，单词就会记得更牢。所以，要尽量运用多种感官方式去记忆。

9. 过度学习记忆法。背诗时，有人刚背下来就停，这样他记忆的时间是不会长久的。如果换一种方法，用10分钟背诗之后再读5分钟，这样就记得牢了。这种记忆方法就是过度学习记忆法，它有助于长时间的记忆。过度学习的量最好超过刚能达到背诵的量的50%，这样，能有效防止遗忘。

10. 归纳理解记忆法。有人做过实验，记12个不成词的汉字，需要复习16次；记忆480个字的诗歌，只需复习8次。前者因为字与字之间没有意义上的联系，只能机械地记忆，所以记得慢。而诗歌中字与字之间有意义上的联系，便于理解，所以记得快。可见，在理解的基础上记忆，效果更好。但要记得更深，还要积极思考，对记忆的内容进行分析、比较、归纳，使其条理化、系统化。比如，有人习惯把书随手乱放，有人习惯把书分类整理。急需找书时，谁更快呢？书本存放与知识记忆的道理是一样的。知识越有条理，越系统化，记忆效果就越好。例如，在学多音字"调"时，可以把"调虎离山"和"琴瑟调和"两个成语放在一起比较，前一个读diào，作"调动"讲；而后一个读tiáo，作"配合均匀"讲。通过这样的分析、比较和归纳，这个多音字就记住了。

11. 意义联系记忆法。将一些原本无联系的材料或数字，人为地找一些联系，使其被"意义化"，就能提高对无意义材料的记忆效果。例如圆周率，可以用小故事来记。有一个要外出吃酒的老先生。临行前，给十多个学生留作业：把圆周率背到小数点后30位，放学前考试。先生走后，学生们看着圆周率这一长串数字3.14159265758979323846264383279，愁眉不展。一些学生摇头晃脑地苦背起来，而一些顽皮的学生却上后山玩去了。夕阳西下，老先生回来考学生。那些死用功的学生背得丢三落四，而跑去玩的学生却倒背如流。原来，他们把圆周率编成了老先生喝酒情景的谐音：山巅一寺一壶酒（3.14159），尔乐苦煞吾（26535），把酒吃（897），酒杀尔（932），杀不死（384），遛尔遛死（6264），扇扇刮（338），扇尔吃酒（3279）。他们一边背一边指着山顶饮酒的先生，做喝酒、遛弯、扇耳光状。几遍下来，竟毫不费力地记住了。有一次，一位朋友要求爱因斯坦有空打电话，号码是24361，很难记。爱因斯坦却说："很容易，两打再加19的平方。" 12为一打，24就是两打，361则是19的平方数。可见将那些毫无意义的材料变成意义生动的材料，有助于提高记忆能力。

12. 奇特联想记忆法。一件事情，越是尽量多地与其他事情一同被联想，就越能被记住，越能长久地留在心中。但有些东西相互之间毫无联系，为了记忆，就需要我们人为地联想。虽然这种联想并不符合日常生活情况，甚至可能是荒唐可笑的，但这种非常生动的、妙趣横生的联想，可以帮我们记忆。著名教育家魏书生曾举过这样的一个例子。记忆"火车、河流、风筝、大炮、鸭梨、黄狗、闪电、街道、松树、高粱"，可以这样联想："高速火车在河流上奔驰，河流上飘来一个大风筝，风筝上吊起一门大炮，轰轰炮响，使炮口打出的鸭梨射进黄狗的口中，黄狗闪电一样跑进街道，爬上一棵老松树，偷吃树上的红高粱。"通过这样荒唐可笑的奇特联想进行记忆，可以达到经久不忘的效果。

13. 化整为零记忆法。在背诵比较长的课文时，运用分段方式记，这就叫化整为零记忆法。我们的记忆容量是有限的，背诵100字散文要9分钟，而背诵200字的散文要用24分钟，背诵1000字的散文要用165分钟，所以大材料可以分为几个小部分，逐个记忆逐个突破。这样，记忆起来就省劲了。

（三）记忆的一般常识

1. 用脑的最佳时间。

俗话说，"一天之计在于晨"，有人认为，清晨是用脑最好的时间，但也有人认为，晚上用脑效率最高。究竟哪个正确呢？一般来说，人在清晨头脑清醒、精神饱满，反应敏捷。这是由于经过一晚的充分休息，大脑还没接受新的信息。而且早晨空气新鲜，可以为脑细胞提供足够的氧气。因此，早晨的确是用脑的黄金时段。早起后，先活动一下，适当刺激大脑皮层，然后再学习，效果会更理想。科学测试表明，早6时前后，认识和记忆的印象比较清晰，轻微的体力活动后，8时前后精力就上升到旺盛期，用脑效率就会达到高峰。夜间，环境相对安静，注意力比较集中，所以大脑的工作效率也比较高。尤其是睡前的一两个小时，认识和记忆又达到一次高峰。这是由于，一方面记忆活动不久后就中止，不再向大脑输入信息，有利于大脑将全天信息"日终盘点""整理归档"；另一方面，睡眠时，大脑会自动加深对知识的认识和记忆，有利于存储和提取记忆的材料。但是晚间用脑时间不宜太长，否则会影响第二天的精力。那么，早晚用脑效果是否一样呢？这与个人习惯有关。实验结果表明：早晨学习的短期记忆效果比较好，但长期记忆效果不如晚上。所以我们应当养成早起早睡、早晚用脑的好习惯。千万不要总是开夜车，否则反而影响第二天的精力。

一天之内人的精神状态的起伏主要受体内"生物钟"的控制。生物钟又称生理钟。它是生物体内的一种无形的"时钟"，实际上是生物体生命活动的内在节律性，它是由生物体内的时间结构序所决定。比如，人在清晨体温最低，黄昏最高；呼吸频率白天快，晚上慢；血压白天高，晚上低；智力活动凌晨三四点左右效率最低，而上午八九点钟升到高峰。要保持生物钟的正常节律，就必须要有合理的生活习惯、作息规律。这样才能精神饱满，精力充沛。可见，在人体生物钟保持正常的周期的条件下，学习效率最高的时段一般是早晨和晚上。但对少年朋友，我们还是要强调"一天之计在于晨"！

2. 怎么安排复习时间。

为什么有时大脑灵活、记忆力强，有时却头昏脑涨、记忆力差呢？原来是大脑节律在起作用。奥地利的泰尔其尔教授研究发现，人的智力盛衰是以33天为周期的。每个周期分为消极（低潮）和积极（高潮）两个阶段。在消极阶段，人的情绪反常、浑身疲乏、注意力涣散；在积极阶段，人的精力旺盛、头脑清晰、注意力集中、记忆效果好。除了月节律外，智力周期还存在日节律。英国的福卡特曾分别对几十名学生进行脑测试，发现上午8时大脑思考的周密严谨性最佳，下午2时思考能力最敏捷，晚上8点记忆力最好。通常，大多数人的短时记忆能力上午比下午好，长期记忆能力则正相反。记忆最好的时间为晚7至8时。大脑的节律特点，要求学生应根据各学科特点，科学安排复习，比如把复习外语的时间放在晚上8时左右等。

当然，大脑的活动节律也因人而异。对于每个个体来说，何时用脑还需依据学习环境、内容、需要及自己身体状况等来决定。最为重要的是，要让作息时间规律化，使大脑神经中枢建立起各种条件反射，再通过不断巩固，即可形成动力定型。一旦形成动力定型，神经细胞就能以最经济的消耗收到最优的效果。

3. 善于记忆，也要善于遗忘。

科学家估算，以一个普通人的记忆潜力，可以通晓6种外语，掌握3所大学的教学大纲，记住百科全书中10万篇文章。但可惜一般人只开发了记忆潜力的30%~40%。

随着人类的进化和科技的发展，人的记忆量也在增长。但是，不管怎样，对任何人来说记忆力都不是无限的。科技迅猛发展，知识量不断膨胀，仅仅靠人的记忆力是远远不够的，这就形成了有限的记忆力与爆炸式知识之间的矛盾。这就要求我们不仅要能记忆，还要会遗忘。如报纸、杂志和各类书籍，其中的大部分内容不可能都记住，也不必都记住，甚至无须仔细看。不妨对那些目前不急用但将来可能用到的知识，在记忆中写一条索引，标出在哪本书或杂志、大概什么时间就可以了，用时再仔细查阅。看理科文章时，各种公式、定律、数据一定会很多，但看完后想一下，筛一下，该记的就少了。原理性的、知识性的"纲"，一定要在理解和使用中记住，而那些属于"目"的、具体的知识，大可不必下功夫去记。

有人问爱因斯坦："你记得声音的速度是多少吗？你如何记下那么多东西？"爱因斯坦答道："我记不准声音的速度是多少，可以查一下词典。因为我从来不记词典上已有的东西。我的记忆力是用来记忆书本上还没有的东西。"当然，我们也不能机械地理解爱因斯坦的话，有些知识，记住了总比查词典方便。但他"该记的记，不该记的不记"的方法是可取的。有所失，方能有所得。只有能自觉地把某些内容拒之脑外，才能为那些该记的内容腾出更多的空间。

五、掌握科学的学习方法

学习要讲究方法，只有掌握了科学的学习方法，才能事半功倍，取得更好的效果。古人云，"授之以鱼"不如"授之以渔"，"会学"比"学会"更重要。科学之峰的高度是不会变的，但通向山顶的万千条路中，总有一条适于你的捷径要找到这条捷径，就得掌握科学的学习方法！当然，任何好方法，都要依据学习实践灵活地变通，无论环境如何恶劣，只要始终保持良好的心态，就一定能呈现出强大的生命力。

诺贝尔奖获得者崔琦的启示：

1939年，崔琦生于中国河南宝丰范庄一个贫苦农民的家中。那里土地贫瘠，加上连年不断的天灾和战争，人们几乎到了无法生活的境地。

崔琦12岁时，母亲狠心让迁居香港的女儿将他带走。临行时，母亲在小油灯下连夜给儿子缝制了几双鞋袜和几件内衣。谁料崔琦这一去，竟成了永别，从此他再也没能见到父母。

崔琦在香港念中学时，昂贵的学费令他无法承担。崔琦知道解决办法只有一条，就是努力拿奖学金。果然他的成绩总是名列前茅，年年获得奖学金。崔琦还为人谦恭，尊敬师长，所以学校每年都给他"家境清贫、学费减免"的照顾。崔琦就是这样读完中学的。另外，同学们也不断向他提供各种援助，这给崔琦莫大的鼓励，使他终生难忘。后来他常说："我香港的朋友比美国多。"

1958年，19岁的崔琦来到美国奥古斯塔纳学院就读，毕业后考入芝加哥大学，1967年获芝加哥大学物理学博士学位。之后因其优异的成绩和科研能力，被招入世界著名的贝尔实验室。崔琦视科研工作为游戏，从不感觉苦累。他认为，能随心所欲设计新模型，能制造出一个个用钱都买不到的新产品，那种满足感难以形容，做实验又有何难？科学实验令他心旷神怡，然而锲而不舍的精神和严谨的态度，才是他登顶的关键。他对物理研究非常投入，为了寻找强力磁场来进行"量子液体实验"，他四处奔波，走遍波士顿和佛罗里达州。只要是科研所需，他一定全力以赴。

崔琦不仅是一名伟大的科学家，也是一位令人尊敬的老师。崔琦经常向他的学生强调"只管耕耘，不问收获"。

当崔琦得知自己获得了1998年诺贝尔奖时，没有欣喜若狂，而是平静如常，甚至没立刻将喜讯告诉妻儿。对获此殊荣，他异常平静地说："你不能把这回事太当真。"

艰难困苦成全了崔琦的事业，淡泊名利铸造了崔琦的品格。过不了贫穷门槛的人只会永远贫穷，刻意追逐金钱、地位的人总是两手空空。只要能像唐僧师徒那样遇山劈山、遇河搭桥、遇妖降妖、遇魔战魔，向着目标一步一个脚印地前进，那么就没有取不到的真经，就没有创造不出的辉煌。

（一）自主学习法

自主学习法是心理学家按照学习的规律及学习过程的心理特点，总结出来的一种个人自学的方法，其核心在于发挥主动精神，有计划、有步骤地去探求知识，研究问题，解决问题，并力争有所发现，有所创造。

运用自主学习法的要点是：

第一，要制订明确而具体的学习计划。根据学习要求和实际情况，制订出切实可行的计划和实施办法。

第二，要尽量利用各种学习条件和手段。如使用工具书、参考书和其他资料，使用录音机、电视机、手机、电脑等现代化设备；养成勤于动脑、善于思考的习惯，独立发现问题、分析问题、解决问题。

第三，定期考察学习效果。制订一套适合自己的定期检验学习效果的办法，及时总结经验教训，不断改进，提高效率。

第四，注重心理因素的作用。充分调动积极性和主动性，着重培养以下能力：

自信力，对达到目的和完成计划有必胜的信心。有明确的学习动机、强烈的成才愿望和崇高的人生理想。

观察力，能在思维指导下很好地进行感知活动，摄取外界信息。

持久力，即学习的毅力，克服干扰，不怕困难，坚持该做的事情，保证学习的进行。

记忆力，提高五个方面的指标：记忆的速度、维持时间、容量、准确率和选择能力。

理解力，从感性认识上升到理性认识的能力。

创造力，是运用已学知识，通过思维和想象的加工，进行设计和开发，产生新认识或新思想的能力。

把握上述几点，就可以使学习成为一个积极、主动、独立的探求知识、提高能力并有所创造的过程。

（二）悬测读书法

读小说时，你大概有这样一种体验：或两将厮杀难分胜负之机，或主人公危难临头之时，作者往往会在这一节骨眼儿卖个"关子"，忽然打住，给读者留下一个悬念。

善读者，此时便不急于抢读下文，而是掩卷而思：两将究竟谁胜谁负？主人公该如何应对？情节将如何发展？假如我写如何处理？……

经过这样一番悬思猜测，不管你的思测对否，再展卷续读，都是有好处的。当我与作者思路相近时，便有"英雄所见略同"之感；当作者与我的想法不同时，便自然会权衡得失，找出原因；当作者出我所料另辟蹊径、别开天地之时，你会不禁为之拍案叫绝。

由此我们得到一个启发，读书时若能有意识地卖个"关子"，在紧要处停一停，前后想一想，然后再读，再停，再想，这不也是一种奇妙的读书方法吗？以义正名，称之为悬测读书法。

明代学者王廷相说："思不废学，学不废思。"大数学家高斯也曾这样讲：若无大胆放肆的猜测，一般是不可能有知识的进展的。而悬测读书法的优点和可贵之处，恰恰就是在阅读中加进了思考和猜测这一重要环节，给阅读插上了想象的翅膀，促进读与思的有机结合，从而提高了读书效率。

该法的另一优点是能治走马观花、囫囵吞枣之病。我们平时读书，特别是读引人入胜之佳作，往往被精彩的故事情节所吸引而疾读不停，大有一口气读完之势。其实，这样做往往是匆匆而过，难以体味书中精妙，收益甚少。

德国的一位物理学家有一句名言："思考可以构成一座桥，让我们通向新知识！"就让悬测读书法架起这座桥吧，我们通过这座桥，就能增长更多的知识。

（三）织网学习法

织网学习法就是将知识编织成网络，进行系统化处理，使之便于理解和记忆。按照认识和记忆规律，如果没有完整的结构将零散的知识联在一起，既不易理解和掌握，也不易记忆。织网学习法就是在学习中合理组织认知结构，来编织知识之网，提高条理性，减少学习材料的多样和杂乱。所以，织网学习法既有利于理解和认识，也有利于记忆和检索。

编织知识网络的具体步骤可以如下：

1. 在读书前，先详看目录和各章节的小标题，对全书各部分内容及其逻辑层次、内在联系有个大概粗略的了解，同时要努力回忆或唤起与书中内容有关的知识经验，来组织起认知结构。

2. 阅读具体内容时要注意：（1）利用新旧联系，以旧带新，将新知识整理、同化于原有知识结构中；（2）探究本章节内容与前后章节之间的联系以及在全书中的地位；（3）划出本部分内容的重、难、疑、新。

3. 每读完一个部分停一下，概括其要点，领悟其要义，找出贯穿全文的主线，然后再调整认知结构，并根据已了解的各个部分之间的大致联系，推测下一部分的主要内容。

4. 全书读完后，在对已读各部分概括要点的基础上，进行较全面的整理、归纳，发现其内在的逻辑关系，即因果关系有哪些，递进关系有哪些，并列关系有哪些，转折关系有哪些等，就像"接电路"一样，该串联的串联，该并联的并联，将章与章、节与节的各部分重点编织成知识网络。在纵横相连的基础上找出串联各章节乃至全书的主干线。

5. 重新调整认知结构，再次详看目录和各部分的标题，并按照初步编织的知识结构，进一步分析探寻各章节、各部分之间的逻辑关系，从而掌握全书的筋骨脉络。在第二遍阅读时，就可以居高临下，突破难点，品味重点，认知新点，将认识引向深入。这之后再对初编的知识之网进行调整、充实、提高、完善。这样就可以做到深入、系统、全面地掌握全书了。

织网学习法是一种积累和运用知识的卓有成效的方法。从积累到织成网，一般要经历"博采""勤思""求同"三个阶段。"博采"就是在博览群书的基础上采撷众家之长，将有价值的资料通过笔记、卡片等摘录下来，形成知识之网。"勤思"就是在理解的基础上认真思考，随时记录心得和见解。"求同"就是"异中求同"，发现构成知识之网的纵横交叉点，即适合自己发展的研究课题。然后由此出发，将古今中外知识为我所用，把之前积累的资料、心得和体会串起来，继而有所创新和突破。这里，领悟到织网学习法在捕获和运用知识方面的独特作用就成为创新的关键。

一是提高捕获知识的灵敏性。仿生学研究表明，蜘蛛织成网后，飞虫在没落网前就受到了它的监控。蜘蛛腿上有一种特殊的"音响探测器"，能接受20～50赫兹的声音，这让它一听到昆虫飞行声，就知道美食将至了。人虽没有这样的探测器，却可以通过锻炼来提高捕获知识的灵敏性。一旦知识之网形成，就会大大提高捕获知识的能力，可以从他人一掠而过的事物中发现不寻常之处。

二是扩大存贮知识的容量。自从人们赋予地球以假想的经纬线后，人类对地球知识的储存和读取就更为方便了。新发现的岛屿和山脉，只要测出经纬度，就可以很准确地记录下来。需用时，查一下地图或地球仪，就可以很方便地查到地理位置。电子计算机存储信息的设备——存储器，也是纵横编码的产物。因此，运用织网法，不仅能大大扩充知识容量，而且存储和读取极为方便。有些人虽然平时涉猎面很广，但由于不注意积累，很难形成知识之网，得到的只是一些模糊的零散知识，既记不住，也查不到，更无法用上。

三是激发创造性思维。有了自己独特的知识之网，脑子里存贮了许多信息，大有盘马弯弓、一触即发之势。纵观科技发展史，重大的发明和创造，几乎都是从纵横双向获得启示，在纵横两线的交织处突破的。

现代系统工程是一门用近代数学方法来研究和讨论一般系统问题的基础学科。美国曾利用系统工程研制北极星导弹，提前两年完成了原定六年的计划。系统工程的诞生，其实就是从横向获得启示的一个典型范例。一个人、一个球队、一个商店、一个港口、一个国家的工业都是一个系统；一个国家或整个世界则是一个大系统。撇开事物的各种特征，集中研究事物之间的数量关系，这在科学上叫横断研究法。系统工程就是在这种研究法的启示下诞生的。

世界公认算盘发明于中国，但准确的时间很难界定，原来一般认为是元代。我国著名珠算家殷长生和余介石教授，从宋代的《清明上河图》上发现了算盘，从而将算盘发明史提前到11世纪甚至10世纪。从纵向获得启示，在艺术与历史两条主线的交织处做出的这一发现，引起了国内外专家的瞩目。

矢志于自学者，只要掌握编织知识之网的艺术，就能纵横驰骋，增添才华。

（四）迁移学习法

在学习的过程中，人们已掌握的知识和技能，往往会对学习新知识和新技能产生积极的抑或消极的影响。前者称为"正迁移"，后者称为"负迁移"。

正迁移是指已掌握的知识和技能，在学习和掌握新知识和新技能时发挥促进作用。例如，学习数学有利于学好物理，会骑自行车就比较容易学会骑摩托车。

与正迁移相反，负迁移主要表现为过去获得的知识和技能，对学习新知识和新技能起阻碍作用。例如，学过算术再学代数时，之前熟悉的数的定量概念，常常会影响到用字母来代替数的变量概念。

理解正负迁移产生的条件，我们就可以在遇到实际情况时采取相应的措施。

一是扎实掌握基础知识。迁移总是以已学知识和技能为前提的。例如，语文是学习各科知识的共同基础，语文学得好，理解能力高，学其他知识都要容易些。一门外语的基础打得比较牢，就为学习其他外语创造了正迁移条件。发挥不同学科之间的正迁移作用，关键在于找到它们的共同元素。

二是发挥心理准备状态的优势。已掌握的知识和技能，对另一种知识和技能并非只产生一种迁移，而是两种作用同时发生的。例如，学过汉语拼音的人学习英语，在识记字形时有正迁移作用，而在读音时则起负迁移作用。在这里，识记字形是产生正迁移的因素；读音是产生负迁移的因素。一般来说，负迁移往往是暂时性的。因此，在遇到困难时，只要发挥心理优势，减小和消除负迁移的影响，就能让正迁移发挥主要作用了。

三是广泛积累，掌握多种技能。知识广博和技能丰富的人，就有更多的可能从自己熟悉的知识和技能中找到增强正迁移、减少负迁移作用的方法。古今中外诸多成才者的经验表明，克服负迁移的影响，往往是"突破"的先决条件。控制论的创始者诺伯特·维纳和现代航天之父韦纳·冯·布劳恩之所以能获得如此巨大的成就，原因就在于具有广博的知识。学习新知识时，已掌握的知识越广泛，发生正迁移的可能性就越大。控制论的诞生和航天飞行的成功，正是集中大量正迁移作用的结果。

（五）锥型学习法

这是集中精力专门钻研某方面问题的速效学习法。这种方法强调学习内容的专一性。把学习知识的专一性比作锥尖，集中精力学习比作对锥子的作用力，时间的连续性好比是在不停使锥子向前钻。这种方法支配的学习活动，呈现出一种尖锐猛烈、持续不断之势，所以有人形象地称之为"锥型学习法"。其原理很简单，持续不断地集中精力钻研一个问题就会取得突破性的进展，而时断时续的接触有时连表面都钉不进去。好比烧壶开水，如果断断续续地烧，一万斤柴也烧不开；如果连续烧，一小捆柴就烧开了。诺贝尔经济学奖获得者美国的西蒙教授曾提出这样一个论断：对于有一定基础的人，只要他肯真下功夫，在6个月内就可以掌握任何一门学问。他的这一论断不是没有根据的。实验研究表明：一个人一分钟到一分半钟可以记忆一条信息，心理学把这样的一条信息称为"块"。估计每一门学问所包含的信息量大约是50000块。如果一分钟到一分半钟能记住1"块"，那么记50000块大约需要1000小时，以每星期学习40小时计算，有6个月就够掌握一门学问了。再拿四年制大学本科的一门课程来看，一年级每周为46节课，其中专业课10节，其他课16节，自习课20节（其中专业自习课是4节），所以专业课每周只有14节，而实际的时间还不足12个小时，平均每天不到2个小时。一年的时间内，去掉50多个周末和寒暑假、法定假日、社会活动等，大约只剩240天的学习时间，每天2个小时的专业课学习，一年总共为480个小时。如果采用"锥型学习法"，每天学习10个小时的话，只用50天就可以学完一个年级的课程，四个年级的课程用200天就够了。这实际上也是完全可以办到的。锥型学习法的知识增长是一种优势积累，不仅在知识的数量上，而且在质量上也优于一般的学习方法。比如按常规的学习方法，上一节专业课后，又上其他课，其间由于专业课的停顿和其他课时对专业课记忆的影响，上第二节专业课时，还必须用一定的时间来复习巩固。以此类推，学得越多，复习量就越大，耗费的时间和精力也就越多。而集中的持续不断的学习本身就包含着对学过的知识的不断使用，就可以省去复习所耗费的时间，再加上进攻的态势本身也是一种优势，于是又会产生提高学习质量的优势。

锥型学习法需要精力的高度集中，有人因此担心，频繁使用大脑，会不会造成精力衰竭呢？研究表明，人脑的潜力是极大的，这在本书的开头部分已经谈到，人脑是由140亿个神经元组成，每个神经元可以接受数千种不同的信息，因此，它可以贮存相当于一个人读300万年书所接收的信息量。相关材料表明，人的记忆力在18—35岁若为100的话，36—60岁则为95，61—85岁平均为80—85。在30岁以后，记忆力虽然开始衰退，但每年衰退不到整个记忆的1%，而且由于理解力的加强和经验的增多，又可以弥补这一不足。实践证明，锥型学习法是非常实用的，并不存在精力衰竭的问题。当然，任何学习法都要注意用脑卫生和身体锻炼，但这与锥型学习法并不对立，而是相辅相成的。

（六）循序渐进学习法

也有人称之为"程序学习法"，就是将学习的内容按照其内部结构和关系，排列出一个由低到高、由浅入深的次序，制订一个合理的计划，有步骤有次序地学习的方法。朱熹说："读书之法，莫贵于循序而致精。"因为知识是呈系统性的，有其内在规律和结构层次，学习时必须按照其系统秩序进行，若杂乱无章，就会影响记忆和思维等活动。所以古人反对读书贪多求快、杂然并进的做法。朱熹主张"读书不要贪多"，不要好高骛远，连基本的东西都没弄明白，就去钻高深的理论；抑或囫囵吞枣地读了许多书，尚未消化理解，又去读别的，这样是不会收到好的效果的。读书时循序渐进，能达到以少胜多的效果；贪多求快，只能"旋读旋忘"，一年时间可能不如别人一天的效果；读书时杂然并进，会混乱记忆和思维。朱熹将读书比作用药，说："所谓读书太多，如人大病在床，而众医杂进，百药交下，绝无见效之理。"他用"众医杂进，百药交下"来比喻读书时杂乱无章。因此，学习必须一步一步、脚踏实地地前进。循序渐进，逐步提高，方能收得良效。

（七）暗示学习法

暗示学习法就是运用生理或心理方面的某些技术和暗示的手段，来发挥无意识知觉和特定心理反应的作用，激发学习的心理潜力，以取得异乎寻常的学习效果，并使学习变得轻松愉快的一种方法。这种方法以现代生理学和心理学理论为基础，认为人的理智和情感是有意识和无意识的相互统一，其核心是人的可暗示性和无意识的心理活动。无意识的心理活动影响人的认识、动机和记忆，使人能与环境保持平衡，而一切有意识的活动通常建立在无意识的活动之上。利用暗示手段，通过外围知觉，可以形成长期记忆的基础，并激发学习者的心理共鸣。

这里所说的"暗示"，主要指令学习者树立学习信心并诱发其心理潜力。主要有以下几种暗示法：

1. 全身放松。放松不但能够帮助缓解人的紧张状态，而且也是显意识与潜意识建立联系的第一步。一旦建立这种联系，便可以随心所欲地消除紧张，扩展学习能力。

2. 心理放松。主要是通过想象来放松，这比让身体绷紧再放松要简便些、容易些。

3. 肯定的暗示。在学习前默念以下类似短句，默念四五遍，并想想它们的含义：

我能做好要做的事情；

我一定能达到既定目标；

学习语文是我非常喜欢的事情；

读书和记忆对我来说很轻松的；

我现在十分镇静；

我可以卓有成效地工作；

也可以根据自己的情况设计一些类似的语句，要求是含义明确，简短而有节奏，头尾押韵，这样可以有效地发掘心理潜力。

（八）"八面受敌"学习法

有人问苏轼："公之博治可学乎？"曰："可，吾读《汉书》盖数过而始尽之。如治道、人物、地理、官制、兵法、货财之类，每一过博求一事，不待数过而事事精核矣。参伍错综，八面受敌，沛然应之而莫御焉。"苏轼之博，来自精读，每一遍读抓住一个主题，读几遍之后，就掌握全书各个主题的精髓了。如此，一本书纵然有许多重点，似"八面受敌"，一时难解，其实只要一个一个地突破，几遍之后，就能从容掌握了。

苏轼采用"八面受敌"学习法，不仅在文学上成为一流大家，在书画上也成就不凡。他擅长行书、楷书，取法李邕、徐浩、颜真卿、杨凝式而能自创新意，用笔丰腴跌宕，有天真烂漫之趣，与黄庭坚、米芾、蔡襄合称"宋四家"。苏轼不仅读书时自"精"开始，博采众长而有所创新，在书画上同样如此。

写到这里，不禁想起许多诺贝尔奖获得者的学习方法，值得研究一番。

1945年诺贝尔物理学奖获得者沃尔夫冈·泡利，早在高中时就对爱因斯坦的广义相对论产生浓厚兴趣。1918年泡利进入了慕尼黑大学学习。当时，德国正准备出版《数学百科全书》，撰稿人都是知名数学家和物理学家。该书的特约编辑、德国数学家克莱请著名物理学家索末菲写一篇关于相对论的文章，索末菲大胆地将这项任务交给了泡利。那时候广义相对论还是一种很新奇的理论，了解的人很少。只有20岁的泡利很快完成了一篇250页左右的专题论著，阐述了该理论的数学基础和物理意义，特别是对有争议问题有自己独特的见解。

泡利还在索末菲、玻恩和波尔指导下，深入学习他们的科学研究方法，并以此为基础，发现量子的不相容原理，从而攀上了理论物理的高峰。

更值得我们思考的是1958年诺贝尔奖获得者乔舒亚·莱德伯格的治学方法。莱德伯格以优异的成绩从哥伦比亚大学文科毕业后，因耳闻目睹二战中的死伤惨象，立志当一名医生，因此转入本校的医学院学习。

莱德伯格通过两次"冲刺"，取得了伟大的成果。第一次"冲刺"花了一年时间，莱德伯格将整个遗传学领域的历史和现状研究了一番。他看到从孟德尔开始的经典遗传学到1938年已达到巅峰时期，可根本问题——"基因是什么？"仍未解决。原因是基因的物质实体和化学本性还有待进一步探索。要想在遗传学研究上有所突破，必须以此为开拓的基础。于是莱德伯格提出了查明细菌具有基因组合性机制的实验方案，得到了老师的赞同，并开始合作做实验，后来取得了成功。接着，他又开始第二次"冲刺"，他在改变细菌基因的第一种方式——"接合"之后，又发现了具有更重要意义的第二种方式——"转导"。莱德伯格这个"半路出家"者，"因其有关细菌的基因重组和遗传物质结构方面的发现"而获得了诺贝尔生理学或医学奖。

综上所述，泡利对相对论的深邃理解、莱德伯格开拓遗传学领域，可以说都是从精读开始，又能领悟"书外之意"的生动范例。而他们的广博学识和技能则是进入创造之境的基础，与苏轼之"八面受敌"实有异曲同工之妙。看来，东坡居士所提倡的"八面受敌"学习法是具有普遍意义的。

（九）血型选择学习法

人们的学习效果经常相差甚殊。多数人认为学习方法是关键，但你也应当关注一下你的血型。

学习会受性格、心理、情绪等因素的影响，而血型又对性格、情绪、心理等有很大的影响。因此，对某血型的人来说是卓有成效的学习方法，对另一种血型的人来说就未必可行，关键在于要找到适合的学习方法：它能充分发挥血型给自己带来的长处，尽量避免血型带来的短处。这样，必能大大提高学习效率。

在学习时不同血型的人应注意如下问题：

A型——要注意制订合理的学习计划，并切实付诸实施。A型人的特点是，情绪常常波动剧烈，不善于有计划地行动。这一点是很不利于学习的。因此，一定要养成有计划学习的习惯。A型人的另一个特点是热得快凉得也快。为此，在订计划时，务必要切合实际，内容少一些，留有余地。这正是A型人取得成功的诀窍之所在。A型人还有一个特点，就是做事比较消极，不大容易接受新鲜事物，偏于保守。因此，在学习或复习时，应以惯用的书或笔记为主，这要比读新书或习题的效果更好。

O型——要及时复习并充分发挥善于记忆的长处。O型人的特点是行动较迟缓，倾向于不做不理解的事。表现在学习上，就是如没有把不解之处全弄明白的话，就不愿向下进行。因此，抓紧复习以弄懂问题是取得成功的秘诀。在学习上O型人不善于抓住重点，但往往记忆力较好。应当充分发挥这一长处，以背诵为主来复习。如果把单词、句型、年代、术语或公式等整理成卡片来记忆，则效果会更好。O型人的优点是意志坚强、冷静、实干、坚持到底。只要方法或目标无误，就能踏踏实实地不断取得成果。

B型——要树立明确的目标并全力以赴。B型人的优点是坦率、明朗、行动爽快。但另一方面，做事情遇到困难容易不能坚持到底。当然，如果是自己感兴趣的事情，也会充满热情，并能保持良好的毅力和注意力。正是这种性格造成了不少B型人对学习科目的好恶亲疏。因此，B型人要想提高学习效果，不仅要有切实可行的学习计划，还要有自愿执行计划的兴趣才行。同时，还要科学考虑课程分配，几门课程最好交替学习。

AB型——关键时刻，要坚持不懈，不满足，不松劲。AB型人的特点是下决心快，行动迅速，好逞强，充满自信。表现在学习上，就是依靠自己，积极而紧张地进行学习。AB型人还具有坚持到底的持久力。而且不仅注意力能集中，记忆力也很强。但AB型人的弱点是，当注意力集中在某一件事情上时，容易把其他事情忽略。同时，也不善于变换情绪。因此，在学习45分钟之后，一定要休息10分钟。可听听音乐，活动一下，换换心情后，再进行下面的学习。

（十）推理学习法

人在各种活动中都离不开推理，这是人的基本智力之一。所谓推理，是由已知知识推出未知知识。科学史上伟大的发明和发现，都是科学家们运用推理能力的体现。例如海王星的发现，它是英国大学生亚当斯和法国青年科学家勒威耶分别独立地运用已知的知识假设一颗未知行星对天王星进行了"摄动"，然后运用推理方法推算出当时未知的海王星轨道。后来，他们的推算为柏林天文台的观测所证实。

推理正确与否，取决于其前提——已知知识的正确性。曾发现海王星的勒威耶，后来又发现水星的轨道与计算的也不一样。于是，他又假定这是另一颗行星对水星的摄动所造成的。然而，这一次勒威耶却失败了，这样一颗行星根本不存在。问题出在他所依据的前提——牛顿万有引力公式的适用性有限。

科学巨匠们运用起推理方法来真可谓得心应手，常常能出奇制胜。让我们来看看：人们总是看到石头比棉花先落地，亚里士多德由此断言，重物体比轻物体落地快。伽利略提出，如果有两个物体，甲比乙重，按照亚里士多德的理论，应该甲先落地。现在把甲乙捆在一起，一方面捆在一起的肯定比甲重，因此它比甲先落地；另一方面，由于乙落地慢，它和甲绑在一起后会减慢甲的下落速度，那么捆在一起的两个物体应比甲后落地。这样一来便有矛盾了：甲加乙既应该比甲落地快，又比甲落地慢。这一矛盾是由亚里士多德的推理造成的。既然会出现这种矛盾，那就说明物体无论轻重，它们在真空中都是同时落地的，这就是伽利略的自由落体定律。

推理分为三种类型，前两种即大家熟悉的演绎推理和归纳推理。这两种是由一般到特殊和由特殊到一般的推理，它们是互为补充的。第三种称为"类比推理"，即根据两个对象的某些属性相同，推出它们的其他属性也可能相同。这种推理方法在自然科学中运用较多，例如，生物学中物种的分类，就是把几种形态、生理特征相似的生物的属性加以比较，从而推论它们是否属于同一类群。化学中的新元素的认证也是如此，即把新发现元素的种种特性与周期表某一族元素的标准特性加以比较，从而推论这种新元素是否属于这一族。

（十一）"凸透镜"学习法

一个青年一次问昆虫学家法布尔："我把全部精力都花在爱好的事业上，结果收效甚微，这是为什么？"

法布尔赞许地说："看来，你是一位献身科学的有志青年。"

青年说："是的，我爱科学，也爱文学，对音乐和美术也感兴趣，我把时间全都用在它们上了。"

法布尔从口袋里掏出放大镜说："像这块凸透镜一样，把你的精力集中到一个焦点上试试。"

阳光照在柴垛上，没什么变化，可凸透镜将阳光集中于一点，却会使柴垛燃烧起来。这里，法布尔教了我们一个宝贵的学习方法——要迅速成才，有所成就，就必须掌握学习的凸透镜。这是由于人生有涯，学海无涯，特别是在知识膨胀、信息爆炸的今天，学科分工越来越精细。如果一个人什么都学，既爱科学，又搞文学；既钻化学，又热衷物理；

今天搞这个，明天弄那个。四面出击，主次不分，就像同时追四只兔子，一手按五个跳蚤，即使穷毕生之力，恐也难执某科之牛耳，只会一事无成，空余叹息。

要想掌握学习的凸透镜，集中精力，选准主攻方向，就必须正确分析自己，找出自己的优点和缺点，发挥最大优势。陈景润当教师不在行，但他却酷爱数学，一旦选准"哥德巴赫猜想"，便潜心钻研，沉浸其中，为摘取这颗"数学王冠上的明珠"做出了巨大贡献。美国著名科普作家艾萨克·阿西莫夫，原是生物化学副教授，在波士顿大学的实验室工作，但他却明智地断定："我决不会成为第一流的科学家，但可能成为第一流的作家，我决定做我自己能够做得最好的事情。"随即，他以全部精力投身于科普创作，被人们誉为"当代最伟大的科普作家"。

掌握学习上的凸透镜，专心致志，目标明确，并不是其他书都不读，其他学科都不接触，弄得知识面很窄。这里指的是，在众多知识中，要分清哪些应该充分掌握，哪些需要泛览，哪些只要略知，有主有次，有轻有重。在某一学科或某一领域取得一定成绩的基础上，再转攻其他学科，由专到博，由博而专，从而在科学上有所建树。

第三章 你想获得更大的成功吗

在科学史上，有着许许多多杰出的科学家的名字熠熠闪光，交相争辉。但你可知道他们成功的背后是什么吗？通往科学巅峰的路都是由失败的石子铺成的。如果你要拒绝任何谬误，那么真理就会被关在门外；如果你想避免所有失败，那么成功也将永不再来。

在失败的征途中，常常蕴含着成功的希望。从公元前3世纪到19世纪初的两千多年中，试图证明欧氏几何"第五公设"的人都失败了，然而正是在这无数次的失败后，非欧几何学呱呱坠地。世人都知道，发明"永动机"的理想曾经耗费了不知多少才子的青春年华，而焦耳正是经历了许许多多的失败却不怕再失败，终于发现了热功当量定律。"千淘万漉虽辛苦，吹尽狂沙始到金。"科学史上无数事实证明：成功的金粒只有在失败的沙砾中千淘万漉才能发光，真理的闪烁，正是有谬误的背景衬托才会显得更加明亮。心理学家巴甫洛夫说："实验上的失败，可能成为发现的开端。"化学家戴维也说："我的那些最重要的发现是受到失败的启示而做出的"。所以，在失败面前，一百次叹息也不如一次苦干。是失败还是成功，其终审裁判者就是"毅力"。只要你咬咬牙再坚持一下，就能发现成功的乐园；若是你一松气犹豫不前，就会跌入失败的深渊。最最令人遗憾的就是"为山九仞""功亏一篑"。

因此，一个人的成绩好与差，是由多种因素决定的。除了智力因素（观察能力、记忆能力、思维能力等）之外，还要看非智力因素，即动机明不明、兴趣浓不浓、情绪稳不稳、毅力强不强。如果说智力因素是开启知识殿堂的金钥匙，那么非智力因素就是使金钥匙永不生锈的除锈剂。

大量事实证明：人的智力水平绝大部分都一样。因此，从某种意义上说，学业成绩的优劣与否，非智力因素起着决定性的作用。精神振奋，干劲无穷；精神崩溃，万事皆休。

有这样一位科学家，几乎是智力和非智力因素都完美发挥的结合体。他是当代最重要的广义相对论和宇宙论家，是20世纪以来享有国际盛誉的伟人之一，被誉为继爱因斯坦之后世界上最著名的科学思想家和最杰出的理论物理学家；他因患"渐冻症"，禁锢在一把轮椅上达40年之久，却身残志不残，克服了残废之患而成为国际物理界的巨星，他就是斯蒂芬·威廉·霍金。

斯蒂芬·威廉·霍金

斯蒂芬·威廉·霍金，出生于1942年1月8日，这个时候他的家乡伦敦正笼罩在希特勒的狂轰滥炸中。

霍金和他的妹妹在伦敦附近的几个小镇度过了自己的童年。霍金的父母都受过正规的大学教育。他的父亲是一位从事热带病研究的医学家，母亲则从事过许多职业。小镇的居民经常会惊异地看到霍金一家人驾驶着一辆破旧的二手车穿过街道奔向郊外——汽车在当时尚未进入英国市民家庭。

霍金热衷于搞清楚一切事情的来龙去脉，因此当他看到一件新奇的东西时总喜欢把它拆开，把每个零件的结构都弄个明白——不过他往往很难再把它装回原样，因为他的手脚远不如头脑那样灵活，甚至写出来的字在班上也是有名的潦草。

霍金在17岁时进入牛津大学学习物理。到牛津的第三年，霍金注意到自己变得更笨拙了，有一二回没有任何原因地跌倒。一次，他不知何故从楼梯上突然跌下来，当即昏迷，差一点死去。直到1962年，霍金在剑桥读研究生后，他的母亲才注意到儿子的异常状况。刚过完21岁生日的霍金在医院里住了两个星期，经过各种各样的检查，他被确诊患上了"卢伽雷氏症"，即运动神经细胞萎缩症。

大夫对他说，他的身体会越来越不听使唤，只有心脏、肺和大脑还能运转，到最后，心和肺也会失效。霍金被"宣判"只剩两年的生命，那是在1963年。

霍金的病情渐渐加重。1970年，在学术上声誉日隆的霍金已无法自己走动，他开始使用轮椅。直到去世，他再也没离开它。永远坐进轮椅的霍金，极其顽强地工作和生活着。

1991年3月，霍金在一次坐轮椅回柏林公寓过马路时，被小汽车撞倒，左臂骨折，头被划破，缝了13针，但48小时后，他又回到办公室投入工作。

又有一次，他和友人去乡间别墅，上坡时拐弯过急，轮椅向后倾倒，不料这位引力大师却被地球引力翻倒在灌木丛中。

虽然身体的残疾日益严重，霍金却力图像普通人一样生活，完成自己所能做的任何事情。他甚至是活泼好动的——这听来有点好笑，在他已经完全无法移动之后，他仍然坚持用唯一可以活动的手指驱动着轮椅在前往办公室的路上"横冲直撞"；在莫斯科的饭店中，他建议大家来跳舞，他在大厅里转动轮椅的身影真是一大奇景；当他与查尔斯王子会晤时，旋转自己的轮椅来炫耀，结果轧到了查尔斯王子的脚趾头。

当然，霍金也尝到过"自由"行动的恶果，这位量子引力的大师级人物，多次在微弱的地球引力左右下，跌下轮椅，幸运的是，每一次他都顽强地重新"站"起来。

1985年，霍金动了一次穿气管手术，从此完全失去了说话的能力。他就是在这样的情况下，极其艰难地写出了著名的《时间简史》，探索着宇宙的起源。霍金取得巨大成功。

从宇宙大爆炸的奇点到黑洞辐射机制，霍金对量子宇宙论的发展做出了杰出的贡献。霍金获得了1988年的沃尔夫物理学奖。

一次霍金演讲结束后，一位女记者冲到演讲台前问道："病魔已将您永远固定在轮椅上，你不认为命运让你失去太多了吗？"

大师的脸上充满了笑意，用他还能活动的3根手指，艰难地叩击键盘后，显示屏上出现了四段文字：

"我的手指还能活动；

我的大脑还能思维；

我有终生追求的理想；

我有爱我和我爱的亲人和朋友"。

在回答完那个记者的提问后，他又艰难地打出了第五句话："对了，我还有一颗感恩的心！"现场顿时爆发出了雷鸣般的掌声。

他不能写，甚至口齿不清，但他超越了相对论、量子力学、大爆炸等理论而迈入创造宇宙的"几何之舞"。尽管他那么无助地坐在轮椅上，他的思想却出色地遨游到广袤的时空，解开了宇宙之谜。霍金的魅力不仅在于他是一个充满传奇色彩的物理天才，也因为他是一个令人折服的生活强者。他不断求索的科学精神和勇敢顽强的人格力量深深地吸引了每一个人。

下面就分别谈谈动机、兴趣、自信、注意、情绪、毅力对学习的重大作用。

一、动机——学习的动力

为什么而学习？回答肯定各异。有的就是喜欢学习，乐此不疲；有的为了升学，找出路；有的为了出人头地，光宗耀祖；有的为了报效祖国……这些都是学习动机。动机能产生求知欲，但是有的强些，有的弱些，有的持久，有的短暂。只有积极的、高尚的动机，才能使求知欲变得强烈而持久。

"生命诚可贵，爱情价更高，若为自由故，两者皆可抛。"提起这首百多年来在全世界广为传诵的诗篇，人们便会想起它的作者——匈牙利诗人裴多菲。

1823年1月1日，裴多菲生于奥地利帝国统治下的多瑙河畔的阿伏德平原上的一个匈牙利小城，父亲是一名贫苦的斯拉夫族屠户，母亲是马扎尔族的一名农奴。按照当时的法律，他的家庭处在社会最底层。

生活在这种环境下的裴多菲，少年时代就愿意听老年人讲述民族英雄胡斯领导起义的传说。

1835年，12岁的穷孩子裴多菲有机会到奥赛德求学，三年时间里他尽显了聪明才智，完成校方规定的课业外又组织起进步的学生团体，阅读和研究法国大革命的历史和匈牙利古典作家的作品。1838年，裴多菲写下了他的处女作——讽刺诗《告别》。

1848年春，奥地利统治下的匈牙利民族矛盾与阶级矛盾已经达到白热化程度。裴多菲目睹人民遭受侵略和奴役，大声地疾呼："难道我们要世代相传做奴隶吗？难道我们永远没有自由和平等吗？"诗人开始把理想同革命紧紧地连在了一起，决心依靠贫苦人民来战斗，并写下一系列语言凝练的小诗，吹响了鼓舞人们走向民族民主革命的号角。

在裴多菲的带领下，一万多群众自发参加了声势浩大的示威游行。持续了一天的游行，最后发展成了一场武装起义。起义群众包围了市政厅，迫使市长同意释放政治犯，接受《十二项要求》。

在高涨的革命形势面前，奥地利皇室只得做出让步。实际上，奥地利皇室却在暗地里准备进行疯狂的反扑。但在这次反扑行动中，奥地利人并没有取得胜利，反倒是匈牙利独立战争的巨大胜利，引起了欧洲列强的恐慌。俄国沙皇在英、法的支持下，派兵镇压匈牙利革命。

1849年5月，俄军进入匈牙利，7月31日，裴多菲参加了一支由300名骑兵组成的冲锋队，准备向包围起义部队的俄军发起最后的攻击。不幸的是，在作战中，裴多菲被两名哥萨克士兵追杀，壮烈牺牲。当时，他还不满26岁。

在匈牙利文学乃至其整个民族的发展史上，裴多菲都占有独特的地位。他奠定了匈牙利民族文学的基础，继承和发展了启蒙运动文学的战斗传统，被人誉为"是在被奴隶的鲜血浸透了的、肥沃的黑土里生长出来的'一朵带刺的玫瑰'"。而对于广大中国读者来说，裴多菲诗作中所表现出的浓烈的爱国之情更让人动容。

现代航天学和火箭理论的奠基人康斯坦丁·齐奥尔科夫斯基的启示：

立身须自知——这是千真万确的真理。为什么有人会妄自菲薄？为什么有人会妄自尊大？妄自菲薄者是不清楚自己的优点和长处，妄自尊大者是不清楚自己的缺点和短处。没有自知之明只会导致一辈子一事无成的结局。

1857年9月17日，齐奥尔科夫斯基出生于俄罗斯梁赞省一个美丽的村庄，父亲给他取的名字是康斯坦丁。童年的康斯坦丁活泼伶俐，爱读书，喜欢思考问题，尤其是爱不着边际地幻想。由于家里的条件不好，康斯坦丁不能到学校读书，他受过的唯一正规的教育是在伊耶夫斯科的乡村上过一些日子的村办学校。但不幸的是，10岁的时候，他在滑雪时得了严重的感冒，导致猩红热，最终几乎完全失去了听觉。从那以后，康斯坦丁与外界几乎隔绝了。康斯坦丁回忆说："我的耳朵近乎全聋，因此成了邻近的儿童们嘲笑的对象。这个生理缺陷使我同人们疏远了，但却使我发奋读书，用幻想来忘却所有的烦恼。"受到伤害的自尊总要在其他方面寻求补充和满足，康斯坦丁开始把自己幻想成一些伟大的、英雄式的人物。

也许任何一个伟大的人物，早期遭受的各种磨难都是他成为伟大人物的必备条件。康斯坦丁由于耳聋与外界断绝了联系，却从此走上了独立思考、善于幻想的道路。在学习书本知识的同时，他通过各种方式对自己掌握的知识进行检验。

在齐奥尔科夫斯基16岁的那年，父亲用积攒的钱送他到莫斯科去求学。虽然这时他仍无法进学校学习，但莫斯科的环境显然比乡下优越得多。他在莫斯科的三年多时间里完全钻进了图书馆。家里每月给他寄来15卢布生活费、学习费，但他只吃最简单的面包和蔬菜，把余下的钱都买了书和实验用品。他自学了解析几何、高等代数和微积分，学习了物理化学和力学，还以极大的兴趣学习天文学甚至大量阅读小说和杂志。

1892年，齐奥尔科夫斯基的研究兴趣转到飞艇上来。他曾发表了多篇有关飞艇的论文，提出了全金属硬式飞艇的设想。这段时间他还研究过飞机，但由于经费不足，实验工作无法开展。这使他认识到，像飞艇或者飞机这类大型的工程问题，靠一个人在业余时间里摸索，很难得到有实际意义的成果。因此他觉得还是应当做一些理论研究工作。这时，他开始把主要精力投入到太空飞行研究上。

在齐奥尔科夫斯基一生中，他最感兴趣、花费精力最多、取得成就最大的领域是航天。在很小的时候，有关星际航行的问题已经开始强烈地吸引着他。他在1911年回忆说："在过去很长时间里，我也和其他人一样，认为火箭不过是一种少有用途的玩具。我已很难准确回忆起我是怎样开始计算有关火箭的问题。对我来说，第一颗太空飞行思想的种子是由儒勒·凡尔纳的幻想小说播下的，它们在我的头脑里形成了确定的方向。我开始把它作为一种严肃的活动。"

在莫斯科求学期间，齐奥尔科夫斯基就开始思索实现太空飞行的方法。16岁那年，他忽然想到利用离心力。这使他极度兴奋，以为发现了通向星际空间的道路。他后来回忆说："当时我简直高兴得发狂，那一晚我整夜都无法入睡。我慢慢地在莫斯科的大街上徘徊，一直思考着这一发现的伟大意义。但到了第二天黎明，我终于认识到我的推理是错误的。"

1882年，他在自学过程中掌握了牛顿第三定律。这个看似简单的作用力与反作用力原理突然使他豁然开朗。他在3月28日的日记中写道："如果在一只充满高压气体的桶的一端开一个口，气体就会通过这个小口喷射出来，并给桶产生反作用力，使桶沿相反的方向运动。"这段话就是对火箭飞行原理的形象描述。

齐奥尔科夫斯基既是一个踏实的科学家，也是一个热情的探索者。他在一篇名为《太空火箭工作：1903—1927年》的文章中，系统总结了他在火箭和航天学研究过程中所做的工作和所取得的成就。然后，他对航天的未来发展阶段进行了展望。这些阶段包括：火箭汽车、火箭飞机、人造卫星、载人飞船、空间工厂、空间基地、太阳能的充分利用、外太空旅行、行星基地，以及恒星星际飞行等。他在文章中提出的在飞船中利用植物生产食物和氧气、依靠旋转产生重力、更好地利用太阳能等思想至今仍是航天领域的研究方向。

"没有疯子的空想，人类是飞不上天空的。""地球是人类的摇篮，可人类不会永远停留在地球上。"齐奥尔科夫斯基的话激励一代又一代科学家继承他的航天遗志，制造出了飞向太空的喷气式飞机、洲际导弹、人造卫星、宇宙飞船等。

齐奥尔科夫斯基从童年到老年遭遇种种困苦和灾难，但他没有退后半步。为什么呢？因为他认清了自己，认清了自己的事业，认清了自己的事业将给人类带来的财富。

只有正确认识自己的人，才会妥善安排自己的"社会角色"，才会扬己之长，避己之短，才会知晓十八般武艺自己该用哪一般。

去认识自己吧！认识自己的过程就是净化自己的过程，就是穿透欲望、超越欲望的过程，就是不断跨越前进障碍的过程，就是随时校准奋进目标的过程。

二、兴趣——最好的助推器

美国著名的心理学家布鲁纳说："对学习最好的刺激，是对所学的东西感兴趣。"兴趣可以激发求知欲，能对学习起推动作用。对于自己感兴趣的知识，学起来就会精神愉悦，不知疲倦，并能发挥出创造精神。但是兴趣不是天生的，它要靠人的精心培养。

奥托·瓦拉赫是德国人，生于柯尼斯堡一个律师家庭。他父母的家教极严，规矩很多。他在同学中以严肃刻板闻名，他走路、穿衣、吃饭都有板有眼。

瓦拉赫在开始读中学时，父母为他选择的是一条文学之路，不料一个学期下来，教师为他写下了这样的评语："瓦拉赫很用功，但过分拘泥。这样的人即使有着完美的品德，也绝不可能在文字上发挥出来。"此后，他改学油画。可瓦拉赫既不善于构图，又不会调色，对艺术的理解力也不强，成绩在班上是倒数第一，学校的评语更是难以令人接受："你是绘画艺术方面的不可造就之才。"面对如此"笨拙"的学生，绝大多数老师认为他已成才无望，只有化学老师认为他做事一丝不苟，具备做好化学实验应有的品格，建议他试学化学，父母接受了化学老师的建议。这下，瓦拉赫智慧的火花一下被点燃了，文学艺术的"不可造就之才"一下子变成公认的化学方面的"前程远大的高才生"。瓦拉赫一丝不苟的作风、力求严谨的细心在化学上找到了用武之地，显露出独特的才华。22岁他获得博士学位，29岁任教授，42岁成为化学院院长，并于1910年荣获诺贝尔化学奖。

瓦拉赫先攻读文学，后又转攻绘画，可见，他起初在自然科学方面涉足不深。可就是这样一个在自然科学方面涉足不深的瓦拉赫，竟然成了大科学家。为什么？兴趣是最好的助推器。

牛顿有一次请朋友吃饭。菜刚上桌，他却突然跑进书房。朋友们等他许久也没出来，最后客人们只好自己动手吃完走了。不知过了多长时间，牛顿回到餐桌，看见剩下的鸡骨头，自言自语道："看我多糊涂，原来我已经吃过饭了。"

牛顿对他的科学不只是有兴趣，简直是痴迷。可见，兴趣出干劲，兴趣出智慧，兴趣出成果。

诺贝尔奖获得者奥斯特瓦尔德的启示：

兴趣能使人盎然地去追求，引向成功；兴趣也可能使人盲目地去追求，导致失败。兴趣就像一匹骏马，可以奔驰到绿草茵茵的草原，也可以疾跑向荆棘丛生的峡谷——唯有骑手才能决定它的方向。

奥斯特瓦尔德1853年9月2日生于俄国拉脱维亚的首府里加，兄弟三人，家境贫寒，双亲是德国移民后裔，父亲是制桶匠人，母亲是面包师之女。

奥斯特瓦尔德具有爱好绘画的天分和制造器物的手艺，从小酷爱自然，喜欢钻研，热衷采集植物标本，观察动物活动，捕捉萤火虫、蝴蝶和甲虫。10岁时进入一所五年制新型实验中学学习，阅读了形形色色的书刊。11岁时他看到一本关于制作焰火的书，便自己摸索实验，父母都很支持，父亲专门腾出一间地下室给他做实验室，母亲把厨房的研钵、筛子、器皿借给他用，他自己则设法到建筑工地干零活、作贴花画出售挣钱购买必要的药品器材，经过反复试验，终于制成绚丽的焰火。不久，他又迷上照相，他用父亲装雪茄烟的空匣子作暗箱，用母亲的观剧镜作镜头，用涂有药液的硬纸片作显影纸，拆下窗格上的玻璃做底板，最后还真洗出了照片。两次成功，使他体验到莫大的喜悦和幸福，点燃了他童年的热情，打开了他心灵的窗户，照亮了他通向未来的道路。

后来，他读到一位农业化学家所著的《化学的学校》，这本教育杰作在他看来比他得到的什么东西都有价值，他尽情地品味书中的有趣实验，尽可能地动手去做，而他当时还没上过化学课呢。奥斯特瓦尔德还喜欢绘画、音乐和文学，多方面的兴趣分散了他的时间和精力，以致五年的课程他读了七年才算勉强毕业，但还需补习半年俄语。在这半年里，他边补习边做家教，教几个准备入中学的孩子，还用做家教所得买了一台缝纫机孝敬母亲，乐得母亲合不拢嘴。

1872年1月，奥斯特瓦尔德根据自己的兴趣进入多帕特大学学习。在头一年半，他没有好好听课，而是忙于里加大学生联谊会的事务，组乐队、拉提琴、画风景画、参加社交活动，落下不少课程。后来才总算觉悟，凭自学补上了漏掉的课程，并在施密特教授的指导下学习化学，在厄廷根教授的指导下攻读物理，还找到一本斯涅尔的趣味教科书自学数学，进步很快，于1875年1月按期毕业，还发表了他的第一篇论文《论水在化学上的质量作用》。大学毕业后，他成为厄廷根教授的助手，致力于通过物理测量研究化学亲和力，于1876年底以《关于亲和力的体积化学研究》通过硕士学位，于1878年底以《体积化学和光化学研究》获得博士学位，确立起自己在化学界的地位。

从兴趣出发，并由此而深入钻研，是奥斯特瓦尔德走向成功的捷径；随兴趣所至，不加约束地自由放任也是奥斯特瓦尔德失败的根源。

奥斯特瓦尔德是离子论最早的支持者，与阿伦尼乌斯、范德霍夫被称为"离子"三剑客。他因提出化学平衡和反应速度的原理，并由于催化及氨制硝酸方面的开创性工作荣获诺1909年诺贝尔化学奖。

然而功成名就的奥斯特瓦尔德却仍然是一个我行我素，从兴趣出发的人。他不听进别人的意见，陷入了唯心主义的泥坑。他不相信原子论，而鼓吹唯能论。他的理论遭到了著名科学家普朗克、玻尔兹曼的反对。他任职的莱比锡大学也认为，他的时间和精力过于分散。校方要求他决定：是研究化学还是研究哲学？为了能自由地从事他感兴趣的工作，奥斯特瓦尔德辞职了。53岁的奥斯特瓦尔德提前退休了。可退休后的他仍然鼓吹唯能论，被列宁评作"伟大的化学家和渺小的哲学家"。

任性、独断专行、盲目自信，这些习惯和作风不知毁灭了多少有才华的人。一个人的智慧毕竟是有限的，只有智慧与智慧相结合，才能产生更智慧的雨，才能形成更智慧的风。自以为是，到头来，往往什么也不是。

诺贝尔奖获得者托马斯·亨特·摩尔根的启示：

能耐寂寞、寒窗苦读、全神贯注，是成就事业需要的心理素质。一位哲人说过："无论是谁，如果他想取得杰出成就，他就必须一天到晚全神贯注于一个目标。"形象点说，没有点着魔的精神状态，就难有大成功。古代的亚里士多德、近代的哥白尼、现代的爱因斯坦和摩尔根皆是如此。

摩尔根1866年生于美国的一个显赫家族。在他父亲和母亲的家族中，出过富商、军人、外交官、律师，唯独没有科学家。借用现在的遗传学术语，摩尔根可以算是家中的"突变"的产物。

摩尔根从小到老，干事都非常着魔。小摩尔根对大自然的一切充满好奇。他最喜欢的游戏就是到野外去捕蝴蝶、捉虫子、掏鸟窝以及采集各种形状各异、色彩斑斓的石头。他经常趴在地上仔细观察昆虫如何采食、如何筑巢。有时还把捕到的虫、鸟带回家去解剖，看看他们身体的内部构造是什么样。摩尔根稍大些，曾跟随美国一支地质考察队去乡间忘我工作了两个夏天。他还独自一人跑到波士顿的海洋生物站，饶有兴趣地进行海洋生物的实验研究。

乐趣的专一必然产生排他性。摩尔根醉心于研究学问，将金钱、地位、名声等一律置之脑后。甚至连日常生活中一些关乎体面的事，也无暇去料理。这大概就是他从来不修边幅的原因了。那一年，他为赴瑞典接受诺贝尔奖，途经纽约时，到老朋友韦弗博士的家过了一夜。韦弗夫妇发现这位大名鼎鼎的科学家竟穿着一件很不像样子的大衣，大衣的一个口袋里塞着用旧报纸包的梳子、剃须刀和牙刷，另一个口袋里装着一双袜子。面对大家的惊讶，67岁的摩尔根反问道："还有需要带的吗？"

摩尔根着魔似地治学，忘我地工作。他每周工作7天，每天工作12小时。平日几乎不休假，在哥伦比亚大学任教的24年中，他只休过一个年假，还是利用这段时间到斯坦福大学从事研究。

摩尔根的一生，是着魔于科研的一生。他在胚胎学、遗传学、细胞学和进化论的广阔领域里都功绩赫赫。他通过著名的"果蝇实验"，证明并发展了孟德尔的遗传学理论。他认为染色体是遗传性状传递机理的物质基础，而基因是组成染色体的遗传单位，基因的突变会导致生物体遗传特性发生变化。因为这一巨大成果，摩尔根荣获了1933年诺贝尔奖。

摩尔根是"现代遗传学之父"。今天的生物技术、DNA重组、基因工程、克隆等，已经并在继续改变着世界的面貌，而这一切的基础都出自摩尔根所创立的现代经典遗传学大厦。

着魔于事业，才能收获鲜花和掌声。世界上任何"奥秘"都是脆弱的，它经不起着魔似的反复研究。不管你聪明还是愚笨，只要充分利用前人的知识积淀，并用热血澎湃的心来做钻头，经过10年、20年、30年，你终会找到"奥秘"之所在。

三、自信——成功的起点

所谓自信，就是在任何事情上不迷信，有自己独特的见解。既不迷信前人，也不迷信权威。自信就是相信自己，相信自己追求的目标，相信自己有能力实现目标。自信是成功的基石，只有相信自己能够成功，才会全力以赴去争取成功。要自信，首先要自知。没认清自己的自信就是妄自尊大。古人云，"人贵有自知之明"，就是要明白自己的长处和短处，并且要善于发挥自己的长处，避开自己的短处。进化论的创始人达尔文就很有自知之明，他这样分析自己："我既没有突出的理解力，也没有过人的智慧，只是在对瞬息万变的事物进行精细观察的能力上，我可能优于其他人。"正因为达尔文有自知之明，他并没有因为学习成绩不如他人而沮丧，而是充分发挥自己的特长，终于成为世界一流的科学家。

伟大的天文学家布鲁诺，始终坚信自己的学说是正确的，乃至为科学而献身。当时的宗教认为：上帝创造了地球，地球是宇宙的中心。布鲁诺驳斥说："不对，地球是颗绕太阳旋转的小行星，而太阳又是银河系里的一颗小恒星。"布鲁诺的学说，从根本上动摇了宗教神学的理论基础。面对宗教的迫害他没有低头，最终被宗教裁判所判处火刑，可即使是在烈火中布鲁诺也坚信自己是正确的。他没有屈服，屈服的反而是判他火刑的梵蒂冈教皇——在近400年后的1992年，终于给布鲁诺平反，宣布他的学说是正确的。可见，自信也是一种巨大的力量，甚至能使教皇惊恐万分。

缺乏自信心，就会缺乏克服困难的勇气和毅力。试想一个运动员如果缺乏自信，在怕输心态下去参加比赛，那注定是要输的。只有充满自信、勇于挑战的选手，才有可能登上领奖台。怀着自信心，心中始终念着"我能行"，即使是落后或失败也是暂时的，只要你不懈奋斗，成功就指日可待。

诺贝尔奖获得者阿尔伯特·爱因斯坦的启示：

自信是立身处世的第一要点，应相信自己一定能发光发亮。但自信必须以真才实学为基础，否则，自信就成了盲目乐观。

1865年孟德尔写了《植物杂交实验》，并宣布发现了植物遗传和变异的两条规律。但当时各国学者都不以为然，甚至说他的结论是实验的偶然结果。但孟德尔十分自信，他坚称："我的时代一定会到来！"果然，他逝世50年后，他的预言实现了，遗传学迈进了孟德尔遗传学的新时代，他本人也成了与伽利略、牛顿、哥白尼、达尔文比肩的科学巨人。

还有一位更自信的人——爱因斯坦。在科学史上，人们常常把20世纪的上半叶看成是爱因斯坦的时代，因为他的相对论开创了物理学的新纪元。

人们常说，爱因斯坦是天才。但他的童年却很平平，人家的孩子都开始学说话了，已经三岁的爱因斯坦才"咿呀"学语。后来，爱因斯坦的妹妹，比他小两岁的玛伽已经能和邻居交谈了，爱因斯坦说起话来却还是支支吾吾，前言不搭后语。

在小学，爱因斯坦受到了老师和同学的嘲笑，大家都称他为"笨家伙"。学校要求学生上下课都按军事口令进行，由于爱因斯坦的反应迟钝，经常被教师呵斥、罚站。有的老师甚至指着他的鼻子骂："这鬼东西真笨，什么课程也跟不上！"

大学毕业后，爱因斯坦没有找到工作，只好以帮人算账、补习等事来维持生活。后来他才到联邦专利局工作。从那时起，他就利用一切零碎时间进行理论物理学的研究。

自17世纪牛顿建立经典力学体系以后，人们一直认为牛顿力学是物理学的全部，乃至是整个自然科学的基础。可在一些新的物理试验中，却遇到经典力学无法解释的现象。爱因斯坦敏锐地认识到，如果固守过去的理念，是解决不了这些问题的，他决定从研究时间和空间的概念上入手。

为了解决"空间和时间"的问题，爱因斯坦用了整整10年，终于在

1905年写出了《论动体的电动力学》，提出了狭义相对论。1915年又发表了《广义相对论的基础》，提出了广义相对论。

可是相对论发表以后，世界一片沉默。许多科学家看不懂，甚至很多物理学家都无法理解。在此后很长一段时间，人们还说全世界完全能明白它的只有三个人。尽管这样，爱因斯坦仍坚信自己的理论。在1921年爱因斯坦获诺贝尔奖时，诺贝尔基金委员会曾一再申明，他获奖是因发现了光电效应定律，与相对论无关。但爱因斯坦仍旧十分自信，甚至在领奖台上演讲的题目仍然是《相对论的基本思想和问题》。

爱因斯坦的自信和坚持，终于使世人觉醒。随着时间的推移，相对论的意义逐渐被人们所理解。爱因斯坦成了20世纪最伟大的科学家之一。

1929年后，爱因斯坦又向另一座科学高峰攀登，《统一场论》发表了。他几乎把后半生的精力都投入进去了。虽然研究没有结果，科学界也颇有徒劳无功的微词，但爱因斯坦还是自信得很，一如既往地走着自己的路，去寻找电磁和引力之间的数学关系。爱因斯坦认为，他的工作就是发现掌管从电子到行星宇宙万物运行的共同规律的第一步。可见爱因斯坦对他的"统一场论"是多么自信！但它到底是真是假，是对是错，至今科学界仍无定论，那只有留给后世来评判了。

自信确实能量巨大，有时它可以使不可能变为可能（伟大贡献），有时也可以使可能变为不可能（徒劳无功）。自信与盲目是互通的，在这个关节点上，哲人也可能犯错误。

四、注意——成功的保障

不专心、不专注，学习活动就很难有效地进行。上课注意力差的主要表现是"走神"。人虽然坐在教室里，却并没有听讲，心里想的与老师教的完全无关。注意力高度集中能达到视而不见、听而不闻、食不知味的最佳学习境界。事实证明，注意力高度集中的时候，正是创造思维最活跃的时候。

纽约市罗特街有一对新婚夫妇在举行婚礼。新郎是爱迪生，新娘叫玛丽。不知什么原因爱迪生突然眼神发愣，和新娘小声说了句话，就匆匆溜走了。谁知新郎这一走就不见踪影了，直到晚上10点钟，也没回来。新房里只剩下几位亲朋陪着孤独的新娘。一位热心朋友帮忙去找，发现爱迪生在25英里以外的工厂里。爱迪生忙得竟忘了自己的新婚之夜，经朋友再三催促，赶回家时已是午夜12点了。可就在那一天、那一夜，他对自动电报机的研究取得了重大进展。爱迪生的注意力真集中啊！

爱因斯坦一直想尝尝俄国鱼子酱。趁他过生日，朋友们请他去吃一顿。过生日那天，见到许多客人，爱因斯坦很高兴，话也多了起来。他一边讲相对论一边吃，当他把最后一勺鱼子酱咽下去时，相对论的演讲也接近尾声。朋友借机问他："鱼子酱味道如何？"爱因斯坦看看空空的盘子，奇怪地问："哪里？鱼子酱在哪里？"朋友哄堂大笑，告诉他鱼子酱已被吃光，而且大部分入了他本人之口。爱因斯坦不胜惋惜地说："唉，吃了半天鱼子酱，却没尝到什么味道。"

常言道，大智若愚。为什么智慧的人有时反而显得愚笨呢？原因很简单，因为他注意力专一。

诺贝尔奖获得者威廉·拉姆塞的启示：

欧洲篮球锦标赛的一场比赛中，保加利亚对阵前捷克斯洛伐克队，当比赛仅剩8秒时，保加利亚队领先2分。但比赛采用的是循环制，保加利亚必须赢超过5分才能出线。可要用8秒再赢3分，何其困难。此时，保加利亚队的教练突然请求暂停。短暂的暂停结束后，比赛继续。这时，只见一名保加利亚队员运球向自家篮下跑去，迅速起跳投篮，球应声入网。比赛时间到，这时全场观众目瞪口呆。当裁判宣布双方打平进入加时赛时，人们才恍然大悟。加时赛的结果是保加利亚队赢了6分，如愿出线。这就叫打破常规的创造性思维。不是所有的天才都能成才，与其思考方法有着密不可分的关系。

1852年，威廉·拉姆塞生于英格兰的格拉斯哥，父亲是个土木工程师。威廉·拉姆塞从小喜欢大自然，极善音律，爱读书也爱收藏书，而且很喜欢学习外语。他幼年时的许多行为，使成年人都感到吃惊。他小时候经常坐在格拉斯哥自由圣马太教堂里，寂寞得像是在听卡尔文教徒讲道，大人们不明白这位活泼好动的孩子，为什么能长时间安静地坐着。人们总看见他在阅读圣经，走近一看才明白，原来小威廉·拉姆塞看的不是英文版的圣经，而是有时看法文版，有时又看德文版。他是在用这种方法学习法文和德文。威廉·拉姆塞去教堂的另一目的是看教堂的窗子，因为那窗上镶嵌着许多几何图形，他通过那些图形验证学校学的几何定理。威廉·拉姆塞自从上学开始，成绩一直都保持在全优的水平，他的名气越来越大，被人们称为"神童"。

少年的拉姆塞梦想当足球明星。一次他摔伤了腿，躺在医院无事可做，恰巧身边有英国化学家格雷厄姆写的一本《化学常识》。他一读就被吸引住了，特别是对书中有关焰火的制作方法更是兴趣浓厚。于是在伤愈后，拉姆塞就不再踢足球了，而是一心想当个化学家。

化学是一门实验性很强的学科。拉姆塞按照书上的要求自己做起了化学实验。他买了各种化学药品和仪器，他的房间也成了"小小化学实验室"。

14岁时，拉姆塞被格拉斯哥大学破格录取。大学毕业后，他又到德国海德堡大学，跟随著名的实验化学家罗伯特·本生学习。本生很赏识他的才华和刻苦精神，所以又推荐他到蒂宾很大学继续深造，他在那里获得了博士学位。

1892年，英国化学家瑞利正在致力于研究空气的成分，他经过极为精密的定量分析发现，由氨制得的氮，总比由空气制得的氮轻千分之一。拉姆塞征得了瑞利的允许，也开始研究大气中氮的成分。他研究的方法是让空气在红热的镁上通过，这样镁和空气中的氧和氮产生反应，足够的镁就等于吸收了空气中的氧和氮，经过反复试验空气体积的八十分之七十九都已被吸收，只余下八十分之一。"这剩余的气体会不会是氮的一种变种呢？"拉姆塞这样考虑。但经过精密的光谱分析发现，余下的气体，除了氮的谱线外，还存在着红色和绿色各种谱线，这些红绿谱线绝不可能是氮的。那就只剩下一种可能：空气中还存在另一种不为人知的气体。这种气体含量极少，而且性质极不活泼，不易与其他物质发生作用，所以人们一直没有发现它。就这样，经过反复试验和测定，拉姆塞终于发现了惰性气体"氩"。1894年，当拉姆塞向世人公布这一新发现时，科学家们都惊呆了："空气中还有没被发现的新气体呀！"

1895年，拉姆塞经过反复实验，终于发现了太阳元素"氦"在地球上的存在。氦也是惰性气体。此后，拉姆塞又发现了氖、氪、氙、氡等惰性气体。

化学是拉姆塞的终身伴侣，这位伟大科学家把毕生精力都投入化学。当有人问及他是如何取得如此巨大成就时，他说："多看、多学、多试。一个人如果怕费时、费事、费力，那就将一事无成。"他还说："如果有了成果，绝不炫耀。"这就是他做学问做人的基本原则。

那么他是如何解决别人解决不了的问题呢？这涉及拉姆塞的科学的思考方法。科学方法的思考轨迹是很难描述的，但人的思考行为却可以描述。如美国教育家、哲学家、心理学家、科学家和发明家埃玛·盖茨，每当他遇到难题而百思不解时，就走进一个特设的房间，关上房门，熄灭灯光，静坐在那，让思维进入集中状态。他运用"集中注意力"的方法，要求自己的潜意识给他所疑惑的问题一个解答。灵感有时候迟迟不来，有时候又一下子汩汩而出。等到某些想法开始明晰时，他就立即开灯记录下来。

可见，科学的思考方法威力巨大。懂得如何从不重要的事实中抽出重要的事实，如何从平凡的事物中找出不平凡的事物，这就相当于为自己的杠杆找到了一个支点，那个即使以整个身体的重量也无法移动的庞然大物，只要用小指头轻轻一压就会移动了。

五、情绪——学习的加速器

情绪也是学习的一种不容忽视的动力。只有情绪高涨，才能以乐观、健康的心态投入学习。一位美国学者指出：一个头脑聪明、成绩优秀，但不能妥善调整自己情绪的人，是不能保证走向成功的。大家应该都有这样的体会：遇到不顺心、不如意的事或者受了挫折、挨了批评，都会产生悲伤、不满、烦躁、愤怒等负面情绪。这时就会心神不定，无法安心学习。而当处于快乐、喜悦、满意等正面精神状态时，不仅注意力容易集中，而且精力旺盛，思维敏捷，记忆力强，学习效率高，也就是我们常说的"人逢喜事精神爽"。

天宝十四年（公元755年），李白从秋浦前往泾县。当地一位豪士汪伦就写信邀请他来。信上说："李先生喜欢游玩赏景吗？我们这里有十里桃花。李先生喜欢喝酒吗？我们这里有万家酒店。"李白见信欣然前往。一见到汪伦，便要去看"十里桃花"和"万家酒店"。汪伦微笑着告诉他说："桃花是我们这里潭水的名字，桃花潭方圆十里，并没有桃花。万家呢，是我们这酒店店主的姓，并不是说有一万家酒店。"李白听了，先是一愣，接着哈哈大笑起来，连说："佩服！佩服！"李白并没有生气，反而被汪伦的诚心所感动，在汪伦家连住数日，这汪伦每日都是好酒好菜地招待，在走的时候还送上了宝马布匹，亲自率众乡亲送到桃花潭边。李白深受感动，挥笔写下了这首《赠汪伦》——李白乘舟将欲行，忽闻岸上踏歌声。桃花潭水深千尺，不及汪伦送我情。

试想，汪伦若没有兴奋的情绪，能写出那样似假又真的感人的邀请信吗？试想，李白若没有兴奋的情绪，能写出那样千古传诵的绝句吗？

"人有悲欢离合，月有阴晴圆缺。"情感给人的精神世界涂上各种色彩。人若无情，便也没有苦乐，没有爱恨，对一切都无所谓，那么学习还会好吗？

诺贝尔奖获得者加埃沃的启示：

德国诗人歌德说："尽可能少犯错误，这是做人的准则；不犯错误，那是天使的梦想。"人生在世难免犯错。知错能改不算错，知错不改才是真的错。

战国时代有个楚襄王，荒淫奢靡，不理朝政，大臣庄辛多次劝告无果，后来被秦国打败，流亡国外。流亡中的楚襄王后悔了，急忙找庄辛询问该怎么办。庄辛献策说："见兔而顾犬，未为晚也；亡羊而补牢，未为迟也。"意思是说，看见兔子才想起猎犬，这还不晚；发现羊少了才补羊圈，也还不迟。若在"见兔"和"亡羊"时，只是一味地呼喊、叹息、后悔，是无济于事的，是没有出息的。聪明人往往聪明在能将错误变成财富。当加埃沃1973年获诺贝尔物理学奖时，人们除了赞赏和钦佩外，还夹杂着阵阵惊叹，因为他大学时成绩极差。然而他最终成功了，因为他能亡羊补牢。

加埃沃在挪威读大学时，所有老师都知道他，十门功课中别人总能选出一两门感兴趣的，唯独他对所有课程都不喜欢。他不看书，不上课，台球房和棋牌室就是他的课堂。甚至因此废寝忘食。他就这样混到期末，熬到毕业，几乎所有主课都不及格。他的表现太差，以至二十多年后，当他获得诺贝尔奖时，报纸仍然没有忘了报道加埃沃的大学生活片段。

离开大学后，他因学业不佳而难谋出路。一次次的碰壁使他尝到了苦头。后来他总算在加拿大通用电器实验室找了份工作。加埃沃终于有所醒悟，他决心从头学起，努力追回已损失的大好时光。他参加了公司开办的工程和应用数学进修班。进修班刚结束，他又到特洛伊的伦塞勒工业学院报名继续攻读物理本科。他一边在实验室工作，一边读书。抓紧时间和抓住机会成为他的主导思想。随着视野扩大，他开始接触一些高深的理论物理学问题，其中隧道效应的推论对他产生了吸引力，他要用准确的实验来实际显示"隧道效应"，就是用电子穿透一道极薄的隔墙而不损伤这道隔墙的实验。

这对加埃沃来说确实太难了，因为他根本没有做物理实验的经验。他实验了许多次都失败了。加埃沃不灰心，他和同伴耐心地琢磨着，试验着。几个月后，他们找到了一个巧妙的方法。当他把一个电极接在了绝缘层一侧的金属膜上后，在绝缘层的另一侧终于测得了隧道电流！实验结果和理论推测完全一致，实验成功了！

他们接着又进行另一个"缝隙电压"的实验。实验需要关键的制冷设备，他只用了很短时间就把借来的实验设备安装好了，并很快掌握了制冷技术。实验按计划一步步推进着，可中途得换一台实验仪器。加埃沃脑子果然很灵，他一下想起隔壁大楼里就有一台他们需要的那种仪器，长年扔在那儿没人用。加埃沃又一阵风似的跑去把那仪器弄了来，稍加打扫调试，就把它开动起来。使他们的实验得以顺利地完成。人们对他在如此短的时间里接连完成两次重大实验感到震惊。就这样，一个曾经痴迷于台球、桥牌的小伙子，终于在科研工作中取得了杰出的成绩，成了享誉世界的科学家，获得了诺贝尔物理学奖。

当众人在为加埃沃高兴时，他自己却高兴不起来，不是因为媒体在拿他年轻时的往事起哄，而是后悔痛失另一次取得巨大成就的机会。那是1962年，剑桥大学年仅20岁的物理学家约瑟夫森发表文章宣布他发现了超导直流效应，而这种效应是在加埃沃做隧道效应实验时经常出现的，可就因为缺乏有关的理论知识而没有认识它。难怪加埃沃感慨地说："要获得一个物理学的成就，光观察到某种现象是不够的，还必须了解你所观察的那些现象的意义，而从这一点说，那方面的知识我甚至还没有入门……"加埃沃后悔的不是没有发现超导直流效应，而是后悔正当他需要用某种知识时，他却"甚至还没有入门"。

亡羊补牢后的勇往直前是可贵的。一切都还不晚，只要你从头做起，穷追猛赶。知识、汗水和老茧是编织梦想的最佳材料，只要你矢志不移。

六、好奇——探究的源泉

好奇是产生兴趣的源泉。保持好奇心，关键在于对事物的敏锐感觉和精细观察。

著名物理学家李政道曾说过："好奇心很重要，好奇才能提问。"纵观科学史，大凡有成就的人，都有探索自然的强烈好奇心，都敢于提问，都有一股"打破砂锅问到底"的精神。

牛顿年轻时就有很强的好奇心。他常常在夜晚一边仰望星星和月亮，一边想：这星星和月亮为什么能挂在天上呢？开普勒说，星星、月亮都是在天空中转动的，那它们为什么没有相撞呢？这些疑问缠绕着牛顿，激发着他探索的欲望。后来，终于发现了万有引力，揭开了这个大自然隐藏的秘密。

爱迪生小时候常常一个人坐在十字路口，看榆树怎么长出绿芽，看秋风怎样染红枫叶。他还在思索：为什么太阳清晨总是从东方升起，傍晚又躲到西边的山后？为什么蓝天会飘动朵朵白云？当他年纪稍大些时，看见鸟在天空飞翔，又想：鸟能飞，人为什么不能飞？于是他让小伙伴吃一种能产生气体的药粉，结果小伙伴险些丧命，他也被父亲痛打了一顿。

毕加索去世的时候是91岁。而毕加索90岁时，仍然像年轻人一样生活着。不安于现状，寻找新的思路和用新的表现手法来运用他的艺术材料展现他的艺术风格。大多数画家在创造了一种适合自己的绘画风格后，就不再改变了，特别是当他们的作品得到人们的欣赏时，更是这样。而毕加索却像一位终生没有找到他的特殊艺术风格的画家，千方百计寻找完美的手法来表达他那不平静的心灵。毕加索一生创作了成千上万种不同风格的画，有时他画事物的本来面貌，有时他似乎把所面对的事物掰成一块块的，并把碎片向你脸上扔来。他一生始终抱着对世界十分好奇的心情，就像年轻时一样。

是的，成功的确需要好奇心。如果没有它，一切都无从谈起。好奇心促使我们提出问题，激励我们追根溯源，推动我们攀高涉险。有了它，人类的智慧之花才会绽放。因此，谁若想在茫茫学海中采得明珠，就首先应该拥有好奇心！

诺贝尔奖获得者亚历山大·弗莱明的启示：

科学研究是探索未知世界的过程。科学家使用各种方法去探索自然界的规律，然而这个过程是曲折而复杂的，不可能完全按预定计划达到预期目的。这里存在一个偶然性发现和必然性规律的辩证转化关系。"踏破铁鞋无觅处，得来全不费工夫"，其实工夫都花在了"觅"上；"众里寻他千百度，蓦然回首，那人却在灯火阑珊处"，其实精力全用在了"寻"上。偶然性是必然性的补充和表现形式。其实偶然性始终受事物内部的必然性所支配。谁善于捕捉"偶然的机遇",并能通过大量的偶然现象来揭示必然规律,谁就能有所创造,攀上顶峰。

德国物理学家伦琴发现X射线和英国细菌学家弗莱明发现青霉素就是典型的事例。

1895年11月8日傍晚,伦琴在研究阴极射线时为了防止外界光线对放电管的影响,也为了不使管内的可见光漏出管外,他把房间全部弄黑,还用黑色硬纸给放电管做了个封套。为了检查封套是否漏光,他给放电管接上电源,他看到封套没有漏光而满意。可是当他切断电源后,却意外地发现一米以外的一个小工作台上有闪光,闪光是从一块荧光屏上发出的。然而阴极射线只能在空气中进行几个厘米,这是别人和他自己的实验早已证实的结论。于是他重复刚才的实验,把屏一步步地移远,直到2米以外仍可见到屏上有荧光。伦琴认为这不是阴极射线了。伦琴经过反复实验,确信这是一种尚未为人知的新射线,便取名为X射线。伦琴的发现震惊了世界,他因此于1901年荣获诺贝尔物理学奖。

在1928年夏,弗莱明外出度假时把实验室里在培养皿中正生长着细菌的事给忘了。3周后当他回到实验室时,注意到一个与空气意外接触过的金黄色葡萄球菌培养皿中长出了一团青绿色霉菌。弗莱明敏锐地注意到一个奇怪的现象:在霉花的周围出现了清澈的环状带,原先存在的葡萄球菌神秘地失踪了。这激起弗莱明的好奇心,他将培养皿拿到显微镜下观察,证实在霉花附近的葡萄球菌确实已经死掉了。弗莱明设法培养这种霉菌,经过多次实验,证明青霉素可以在几个小时内将葡萄球菌杀死。从此,让人类头痛的葡萄球菌就有了克星。从问世至今的数十年间,青霉素为人类做出的贡献是无法估量的。弗莱明因此荣获1945年诺贝尔生理学及医学奖。

出于偶然性的伟大发现其实都有其必然性。在伦琴发现X射线之前,多位科学家也偶然发现过这种现象,可他们不是置之不理,就是认为那是干扰。在弗莱明发现青霉素之前,看到过期培养皿的人不知有多少,可是他们不是熟视无睹,就是见怪不怪。伦琴和弗莱明的可贵之处在于,他们能够认真对待这种偶然性,并拨开偶然性的层层迷雾,寻找到必然性。"留意意外之事"应成为科学工作者的座右铭。

那么仅仅是留意偶然就能成功吗?可以肯定地说,若伦琴没有丰富的物理学知识,弗莱明没有渊博的医学知识,他们决发现不了X射线和青霉素。没有积淀，再好的"偶然"和"机遇"也无济于事。

"偶然""机遇"只会留给那些有知识准备的人。反之，即使天上掉下馅饼，你也未必接得住。善于抓住偶然事件，善于抓住由这些偶然事件带来的机遇，从中探索出内在的原理，总结出科学知识，这是大多数科学家、发明家的成功之道。

七、毅力——成功的关键

良好的意志品质是坚持学习和工作的根本保证。

爱迪生是"发明大王"，可你知道吗，爱迪生搞发明创造有着一股顽强劲儿。正像他父亲说的："想做的事一定要做成。"为了解决电力照明，他阅读了大量资料，光笔记就记了4万多页，试验了六七千种材料。他和同事们常常连续工作24小时乃至36小时。实在太累了，就用书当枕头，在实验台上睡上一会儿。有一次他和助手们竟5天5夜没合过眼。在试制"爱迪生电池"即"镍铁碱电池"时，爱迪生试验过几千种材料，做过4万次实验，历时4年多。多么惊人的毅力呀！

沈括是中国乃至世界史上少有的多才多艺的科学家，在天文、数学、历法、地理、生物、医学、史学、文学、音乐等多个方面都有所建树。沈括为了掌握一门学科，常常花费几年、十几年甚至几十年的时间。为了观测北极星的正确位置，他连续3个月没有睡好，每天夜晚观察北极星，然后画3幅图，标明北极星前半夜、半夜、后半夜在天空中的位置。他前后画了200多幅图，经过周密的计算，测量出北极星实际上不在北极，离北极还有3度远。

科学家的成功都与其毅力密不可分。世界上有多少事，只要再加把劲就成了，却因缺乏最后的坚持而失败。中国有句成语"功亏一篑"，说的是堆九仞高的山，只缺一筐土而不能完成，多可惜呀！成绩的优劣，实际上是一场毅力的较量，或许就在于一筐土之差。

我们评价一个人时常说："这人并不聪明，就是用功。"这说出了一个道理——用功是成就事业的基础。不用功，你脑子再灵也会一事无成。古人说"天道酬勤"，是说只要你肯用功，有毅力，上天就会给你以丰厚的酬劳。

诺贝尔奖获得者恩里科·费米的启示：

人生之途不管有多少坎坷，只要能坚持住，前面就是广袤平川。

小时候的恩里科·费米在父母和老师眼里是个愚笨儿，但长大后的费米竟然能顶天立地地站起来，还签发了原子世纪的出生证。事实证明，只要能坚持住，就没有干不成的事。

1901年9月29日，恩里科·费米出生在意大利首都罗马的一个铁路工人家庭。作为家中最小的孩子，童年的费米身材瘦小，不爱说话，看上去很没精神，因此给人一种缺乏想象力，不够聪明的感觉。

在上小学二年级时，老师问费米："铁能制造什么？"当时的费米每天上下学都要经过一个叫"铁床工厂"的地方，因此就想也没想地回答："铁能制作床。"虽然这个回答在原则上并没错，但不知怎么回事，老师却对费米给出的答案很不满意，并由此认定费米是个智商低下的孩子，而老师的这个看法居然得到了费米母亲的认同。

费米14岁那年，只比他长一岁的亲爱的哥哥突然去世，这给费米带来十分沉重的打击，并让他迅速成熟起来。他把痛苦埋在心底，只让读书和学习占满他的空间。后来，他的成绩跃居前列，数学和物理成了他最好的"朋友"。

1918年，费米以极高的分数考进了比萨高等师范学院。在入学考试时，费米写的一篇名为《声音的特性》的论文引起了主考教授的关注，这是一篇介绍有关振簧的偏微分方程的傅立叶级数解的文章。从那时起，费米就引起了物理学权威们的关注。

在比萨高等师范学院的四年中，费米更加系统地学习了物理跟数学的专业知识。凭借在物理学方面的高深造诣，费米在进入高年级后，就已经掌握了比很多教师还要多的物理知识，甚至对爱因斯坦的相对论有独到的见解。这样的情况导致在当时的学校里出现一个很另类的景象，那些教授们不但不给费米上课，反而还经常像学生一样坐下来听他"授业解惑"。

1926年，25岁的费米成了罗马大学最年轻的物理系教授，这使得他可以更加专注地研究物理。

中学毕业后，费米申请了比萨高等师范学院的奖学金。他为这项奖学金考试所写的有关弦振动的论文，受到罗马考试委员会的奖赏，认为他是一位"异乎寻常的考生"。费米21岁时获得了比萨大学博士学位。

不久，他在《理想原子气体量子化》的论文里提出了物理学中很著名的公式——"费米–狄拉克统计"。这种统计可适用于电子、质子、中子等粒子，在原子物理、核物理和固体物理中有着广泛的用途。

1938年，37岁的费米因发现慢中子对原子核反应的影响而获得诺贝尔奖。

不幸的是，此时的意大利日趋走向法西斯化。反犹太人的法律不断出台，而费米的夫人就是犹太人。为避免遭迫害，费米逃离意大利前往美国。

费米到美国后没多久，就听到了一个让人备感恐怖的消息：德国法西斯正在加紧研制原子武器，希特勒想要以核弹来实现自己统治世界的目的。这让全世界爱好和平的科学家们不禁为之担忧，1941年底，在爱因斯坦等人的提议下，美国政府决定启动名为"曼哈顿"的原子弹研制计划。在康普顿等科学家的举荐下，费米担当了建立第一座原子反应堆的重任。经过3个星期的全速建造，一个庞然大物就在芝加哥大学斯塔格运动场看台下的网球场建成了。1942年12月2日15时35分，人类历史上第一次链式反应开始正常运转。费米用自己的智慧和精确的计算，不负众望地签发了原子世纪的出生证。

人的一生总会有大大小小的磨难，费米的成功就是在历经磨难之后创造的。磨难真的能炼人呀！

八、做"情绪"的主人

（一）保持心理健康

从某种意义上说，学习的成败取决于心理是否健康。但什么样才算得上健康的心理呢？这个标准会因社会、文化、传统、时代等因素发生变化，但我们可以基本这样认为：

1. 心理健康者有自我控制能力和良好的自我意识，能正确地对待身外之物。

2. 心理健康者能适应周围环境。他们明白，几乎所有人都不是在最理想的环境下生活。他们能承受环境的局限和生活上的挫折，还能设身处地地为他人着想。

3. 心理健康者的"心理噪音低"。一是可以不与他人做虚荣的对比，保持心理平衡；二是能在二选一的问题上做出决断；三是奋斗目标有弹性。

一个人学习的好与差，其心理和精神状态几乎是起着决定性的作用。

专家们认为，被动的精神状态对心理健康影响是最大的，它会使人缺乏主动精神，不易适应环境，并因此怨天尤人、自怨自艾。其次是情绪的高低起伏。当然，愤怒、害怕、不安、爱恋、憎恨、得意、沮丧、迷惑、同情、羡慕等情绪，正常人都在一定程度上体验过，但要有所节制，过犹不及。

怎样才能保持心理健康呢？有以下7条意见供你参考：

1. 多与他人交流，不要把自己闭锁起来。

2. 正视面临的问题，不要自我欺骗。

3. 多开发兴趣，当作某事失败时，可以通过其他兴趣来恢复信心。

4. 允许他人比你优秀。

5. 做力所能及的事，不抱有不切实际的幻想。

6. 处理好与他人的关系。坦荡地指出他人的缺点，而不把他人的过失记恨在心。

7. 生活的路很长，既要有长期目标，又要认真踏实地过好每一天。

诺贝尔奖获得者让·弗雷德里克的启示：

人这种"高级动物"可以战胜虎豹，却很难战胜自己。对客观世界中的坎坷，人往往十分敏感，并勇于去战胜它们，可面对主观世界中的肆意横行的"恶魔"，如懒惰、畏惧、自私、好名、贪财、权欲、好色、嫉妒、虚荣等却放任自流。许多人的悲剧皆源于此。老子说："胜人者力，自胜者强。"你想成为强者吗？那么你首先要战胜自己。管住自己一次，就是战胜一次；时刻管住自己，就将无往而不胜。请看当年的花花公子弗雷德里克是怎样战胜自己。

1900年，让·弗雷德里克出生于法国巴黎。在父母的精心教育下，弗雷德里克5岁就进入一所私立学校读书，成绩优异。可弗雷德里克进入拉卡纳尔中学后，情况却发生了极大变化。这所贵族学校的恶劣风气对处于世界观形成期的弗雷德里克产生了极坏的影响，他成为这些公子哥儿中"出色"的一员。他的钓鱼技术很高明，足球也踢得特棒，还拥有非凡的钢琴造诣。再加上相貌英俊，风流倜傥，使弗雷德里克成为舞场上炙手可热的人物。他十分热衷于周旋在漂亮夫人和小姐闺秀中间，将学业全抛在脑后。

可哥哥在一战中阵亡的消息强烈地刺激了弗雷德里克，使他猛然间感叹生命的短暂和宝贵，决定不再虚度年华。他冷静地反省自己，决定立即改变一切。此时，弗雷德里克却被征入伍。入伍后他接触到各种枪支弹药。这不仅使他对机械、化学产生了浓厚的兴趣，同时也使他意识到自己知识的贫乏。为了求知，他提出申请，延期服役。

暂时离开军营后，弗雷德里克开始大量阅读机械和化学方面的书籍。而居里夫妇艰辛的奋斗历程、坚定不移的意志和巨大的科学成就，让弗雷德里克佩服得五体投地。他在居里夫妇的精神感召下扬鞭催马，努力求知。

弗雷德里克决定继续求学，他选中了居里夫妇曾经奋斗过的巴黎理化学校。但入学考试很严格，虚度了多年光阴的弗雷德里克知道自己肯定考不上，先在拉瓦锡学校补习。开始，弗雷德里克因为底子太薄，感到很吃力，但他努力拼搏，到毕业时以优异成绩如愿考入巴黎理化学校。在学校里著名的朗之万教授的指导下，弗雷德里克掌握了一套处理复杂问题的能力。最后，他以第一名的成绩毕业。

在弗雷德里克第二次服役期满后，朗之万教授把这位得意门生推荐给居里夫人，就这样，弗雷德里克终于看见了崇拜多年的偶像——伟大的居里夫人。他成了镭研究所的一员。

在这里，弗雷德里克还吃惊地发现了另一个居里，居里夫妇的美丽的女儿伊伦·居里。透过伊伦看似冷漠的外表，他发现这块"冰"裹着的其实是一团火。弗雷德里克爱上了这个冰与火的奇特结合体。不久，他们结婚了。

在西方国家，婚后女方一般要改用丈夫的姓，但弗雷德里克却提议将他们的姓改为"约里奥—居里"。敢于在自己的姓后加上"居里"这一非凡的姓氏，是需要非常大的勇气的。弗雷德里克希望这一姓氏能时刻督促自己像居里夫妇那样去奋勇拼搏。后来的事实证明，弗雷德里克没有辱没这一伟大的姓氏，而且还给它增添了新的光彩。他和伊伦的拼搏精神和巨大成就完全可以与当年的居里夫妇相媲美，他们是名副其实的"小居里夫妇"。

1935年，年仅35岁的弗雷德里克因为发现人工放射性元素和人造同位素，与妻子一起登上了诺贝尔奖的领奖台。居里一家的诺贝尔奖牌多达5块。这是世界上其他家庭都实现不了的科学神话。

天赋过人的人，如不能战胜自己的弱点，而任其兴风作浪，也只会成为转瞬即逝的火花；那些能够战胜自己的人，即或智力平平甚至思维迟钝，也会成为科学界的泰斗、艺术界的大家。

人生道路漫长，但是紧要的只有那么几步，那就是年轻的时候，那就是读书的时候啊！只有战胜自己，才能战胜困难，才能战胜生活。

（二）克服心理弱点

对于青少年，以下几种心理弱点危害最大：一是被动的心理特点。较少去考虑自立自强以及"我应如何，我该怎样"等问题，更多考虑的是"待我如何，对我怎样"，总是将面子和别人的看法看得过重，甚至为了获得精神上的虚荣而不惜损害实际利益。凡事不敢自己做主，过多依赖亲朋和同事的意见。

二是静态平衡的心理状态。在这种状态下，对待生活和事业往往是知足常乐，清心寡欲，顺其自然，心理波动与冲动较少，平静安详得出奇。静态平衡的心理，能给社会、生活减少麻烦，但不可否认，它对青少年的成熟与发展也有不利影响。青少年时期的心理应仿佛大海一般，时而风平浪静，时而波浪翻滚。这一时有心理波动是正常的、必然的，它可以为青少年日后精神的成熟、人格的发展、创造欲的扩大等打下良好的基础。

三是怯懦软弱的心理倾向。这样的人厌倦竞争，往往还未遇到什么真正的挫折和打击，便心灰意懒，看破红尘；往往事情还没开始做，就先觉得为难，感到恐惧。这样久而久之就会形成一种寻找"最小抵抗路线"的心理习惯：怎么舒服怎样干，怎么省事怎样来；遭遇竞争时，不是想着怎样提高自己，而是想着怎么打压别人；嫉妒强者，奚落弱者。这样必将导致内心的压迫感、恐惧感、自卑感、沮丧感越来越重，过多地对他人窥探与猜疑，最终导致个人活力的丧失和病态环境的形成。因此，克服懦弱心理，树立正常的自尊心和自信心，养成良好的心理习惯，是提高青少年素质的一个重要方面。

诺贝尔奖获得者斯维德伯格的启示：

"骂"在语言中大概是最难听的了，骂人是不文明的行为，奇怪的是有时骂却能产生"不期而然"的激励效应。人们常说"不挨骂长不大"——孩提时淘气挨父母的骂，在校时没学好功课挨老师的骂，同别人吵架时挨邻里的骂，工作时挨上司的骂……但有能力的人却能让骂促进自己成长。当然，有骂就有怨恨，可来"骂"与"怨恨"往往是相伴而行的。骂当然不好，但由骂产生的怨恨往往也能产生能量。这就叫"怨恨效应"。

1884年，斯维德伯格出生在斯德哥尔摩附近的一座叫耶夫勒的港口城市。他的父亲是这个城市造纸厂的经理。他家世代经营造纸厂。少年斯维德伯格就在当地的公学里读书。凑巧这所公学的校长是他家的亲戚，跟他父亲很要好，所以这位校长对这个家庭的子弟管教得特别严。斯维德伯格的成绩很差，几乎门门都只勉强及格。校长恨铁不成钢，有一天当着同学们的面，指着他家的造纸厂，毫不留情地痛斥道："看着吧，二十年后这个纸厂就要倒闭在你手里！"这时，他低着头，红着脸，心里愤恨极了。第二天，他不想再见这个校长的面，悄悄地转到了斯德哥尔摩读书去了。校长为此事感到后悔莫及，经常注意着有关斯维德伯格的消息。

生来就有一股子犟脾气的斯维德伯格从此以后下定决心要发奋学习，以优异的成绩来洗刷耻辱。有志者事竟成，他后来被录取进入乌普萨拉大学，在这里，他的学习成绩一直是出类拔萃的。接着他又到荷兰的格罗宁根大学和英国牛津大学进修。1905年，他获得学士学位。接着又获硕士学位。1907年，他担任了乌普萨拉大学的化学讲师，这时他已经在胶体化学研究领域取得了成绩，确定了胶质微粒子布朗运动的实验依据。1908年，他又荣获哲学博士学位。为了更好地做实验，从那一年起，他先后去过德国、荷兰、法国、瑞士、英国、丹麦、美国和加拿大，参观了许多实验室，并且和这些国家的科学家进行了广泛的学术交流。后来，他在瑞典和国外的学术刊物上发表过大量的论文，曾担任瑞典科学院院士、古斯塔夫·沃纳放射化学研究所所长、瑞典皇家物理化学研究院院长的职务。就这样，公学里校长的一席气话，成了斯维德伯格激励自己奋斗一生的巨大动力。那位校长自从气走了斯维德伯格后，一直于心不安。1912年，得知斯维德伯格担任乌普萨拉大学的物理化学主任教授后，老校长激动得睡不着觉，私下给他写信致歉，却始终没有收到回信。

1923年，斯维德伯格又受聘为美国威斯康星州大学的教授。他专门研究胶体化学，发明了高速离心机，并用于高分散胶体物质的研究。他的这项发明使他成了举世仰慕的科学家。他的巨幅照片刊登在瑞典所有的报纸上，他成了最有权威的胶体化学家。就在这个喜庆的日子里，他的哥哥拍给他一份电报，说是老校长病危，想最后见他一面。他接到电报后，马上给他哥哥回电："我就赶回家乡！"他哥哥把电报拿给奄奄一息的病人看了。老校长看后脸上露出了一丝笑容，渐渐闭上了双眼。斯维德伯格真的赶回来了。一听说老校长已经病逝，痛哭失声，悲伤不已。在葬礼上，他从送葬的亲友群中缓步走到灵前，怀着沉痛而崇敬的心情说："若没有老校长您当年的一番激励，哪会有我的今天？我今天的全部成就，都是出于老师的恩赐！"这时，这个当初被他怨恨过的人，已成了他心目中最崇敬的人了。1926年，斯维德伯格在接受诺贝尔奖时，又当众讲过他自己的这段往事。

天才总是受人崇拜，但品格更能赢得人们的尊重；前者是超群智力的硕果，而后者却是高尚灵魂的结晶。

怨恨可以击毁一个人，也可以成全一个人。知耻而后勇，只要有痛感，就没有失去活力和希望。若麻木得一锥子也扎不出血，那才是真正的心死呢。

如果能把怨恨变成勤奋，把任性变成豁达，那它们就将成为人生腾飞的两个风火轮。

（三）远离自卑感

自卑感是因对自己的品质和能力评价过低而产生的一种心理感受，是与自尊相对立的病态心理。在正常的自尊需要得到满足的情况下，人们就会形成和发展自我肯定意识，表现为积极的自我评价。如果自尊的需要屡屡受挫，人们就会因羞耻感与屈辱感的不断加强，导致自我否定意识的形成与发展。这会对人的心理过程和个性心理产生一系列日益显著的影响。随着消极的自卑感不断出现，智能水平也会逐渐下降，思维与应变能力的减退就更明显。

形成自我否定意识的主要原因是什么呢？

生理方面——五官、容貌、身体的某一方面有明显缺陷，引起"自惭形秽"的心理。

智能水平——感知、记忆、思维、想象、语言、操作等智能水平低于别人，在学习与集体活动中经常处于落后地位，虽然努力仍无法赶上，于是自怨自艾，自暴自弃。

家庭方面——社会地位低下、经济情况困窘或出自残缺畸形的家庭，引起"低人一头"的心理。

教育方面——人们对少数 "优秀生"存在明显的偏爱心理，而对多数属于中间状态和落后状态的学生则表现冷淡，甚至有厌弃态度。

容貌丑点算什么？林肯很丑，可当了美国总统；爱因斯坦也不是美男子，却成了科学巨匠。丑中之美会更加光彩照人。

智力低点算什么？别人看三遍就会，我看十遍总可以吧。愚钝者只要集中精神，甚至也能干出睿智者干不出的事情。

家庭贫困算什么？穷则思变。西汉的匡衡，出身农民家庭，生活十分贫困，靠着凿壁偷来的光埋首苦读，最后成了著名的学者。当然，我们不希望穷，但穷也能使人奋进。

学习差点的人不会总差，要相信"天道酬勤"的道理，要笑到最后。钱伟长在中学时属于"差生"，在数理上一塌糊涂，物理只考了5分，数学、化学共考了20分。"九一八事变"使他决定弃文从理，发奋图强，终成"中国近代力学之父"。

远离自卑感就会走近成功。

诺贝尔奖获得者朝永振一郎的启示：

自卑和忧虑就像病毒，能在任何人的肉体上滋生，虽然看不到、摸不着，然而却可以顷刻之间吞噬掉人的勇气、信心和毅力。不管你是凡人，还是伟人，都无一幸免。

1906年，朝永振一郎出生在日本东京。两岁时，因父亲被聘为京都大学的教授，全家迁到了古城京都。小时候，他就爱摆弄电铃、幻灯机、放大镜之类的东西。他爱观察思考，一些大人意想不到的小实验是他最喜爱的游戏。

小学毕业那年，世界著名科学家爱因斯坦来到日本讲学。爱因斯坦的讲演向人们展示了日益发展的物理学微观世界。朝永振一郎虽然不能完全理解，但爱因斯坦描述的变幻莫测的微观世界给他留下了深刻印象。

1926年，朝永振一郎考入京都帝国大学物理系。他立志研究最尖端的量子物理学。当时量子物理学是一门新兴科学，大学里还没有教量子力学的老师，更没有这方面的教材。他的决心并没有因此动摇。他有一个好朋友叫汤川，两人很要好，可脾气却大不相同。他常常和汤川一起切磋讨论，学业进步很快。

但是在大学毕业的时候，朝永却陡然觉得失去了人生方向——想继续深造，又不知道往哪个方向奋斗；想找个工作，又没有一样合心愿的。最后经过与汤川商量，才留在母校，当了个没有薪水的助教。他感到很茫然，精神不振，甚至想淡泊清闲，平平安安地过一辈子算了。

其实，朝永的心中笼罩着一层自卑的阴影。他和汤川是中学的同学，后来又一同考入京都大学，一同钻研最尖端的量子物理，并常常在一起讨论。但在这个过程中，朝永发现，汤川越来越能深入地把握问题的核心，思考问题时思路特别敏捷。写毕业论文的时候，朝永觉得非常吃力，可汤川的笔下却滔滔不绝。朝永怎么也体会不到汤川的想法，怎么也搞不懂汤川的推理。正如他自己后来回忆的那样，那时与汤川比起来，他感到压力大极了，充满了自卑。

后来，在德国留学多年的仁科芳雄先生来到京都大学，讲授量子力学。仁科芳雄看出朝永是个"稍加点拨，就可以做出成绩的人"，便邀请朝永去他的实验室工作。从此，朝永战胜了自卑，也树立起了信心。后来遇到种种困难他都咬紧牙关，硬闯了过来。

几年之后，朝永由仁科芳雄推荐去德国留学。不久，二战爆发了。朝永不得不中断学业回国。当时日本的科研经费全被用去制造武器了。在这种情况下要研究基本粒子，真是难上加难。但朝永抱定一个信念：决不中断研究。1942年，他终于公布了《超多子理论》，随即又发表了《分割阴极磁电管理论》。

二战结束后，朝永和老同学汤川四处奔走，组织流失的人才，重建科研机构，举办学术座谈会。他心里只想着尽快夺回因战争耽误的时间。他一边负责组织工作，一边还要进行科学研究。他在量子电动力学方面所做的对基本粒子物理学具有深刻影响的基础性研究，为现代物理学的发展做出了极大的贡献，因此荣获了1965年诺贝尔物理学奖。

朝永振一郎由自卑、消极到振作，并取得重大成就，就是因为"不管自己聪明也好，笨拙也好，既然已经迈开了步，那就不回头地走到底。"学会给自己打气，学会发现自己的长处，那么自卑和忧虑就会远离你！

（四）正视挫折

心理挫折的形成是十分复杂的，它既与需要和追求目的分不开，又与实现目的、满足需要的客观可能性有着极密切的关系。目的和需要是一种主观要求，它们同现实之间总是存在着这样或那样的矛盾。主观要求和客观现实之间的矛盾是形成心理挫折的基本原因。

那么人们是如何对待挫折的呢？一般有下面两种方式：

1. 积极方式。这种方式是正视和承认挫折，冷静分析挫折产生的主客观原因，总结经验教训，继而战胜挫折。它主要表现为：

（1）克服。通过不断努力，克服形成挫折的原因，使需要获得满足；

（2）表同作用。模仿那些能满足自己某种需要的人，以此求得内心的满足；

（3）补偿作用。在某方面受到挫折后，能用自己可能获得成功的活动来弥补，以充分表现自己的能力，获得心理的寄托和成功的快慰。

2. 消极方式。这种方式是指想摆脱引起心理挫折的情境，但问题并未解决，对心理挫折作无力的消极反应，暂时减轻受挫感以获得一时的心理宽慰。它主要表现为：

（1）孤立。从需要得不到满足的挫折情境中退却，尽量避免与现实中的人们接触。

（2）幻想。现实中不能满足自己，便在幻想中想入非非，以求得梦幻中的精神满足。

（3）逃避现实。预感到挫折将要发生，不敢面对和克服，而是设法躲避。

（4）文饰作用。指无法实现目的而遭受挫折时，就找出各种理由为自己的失败解释和辩解，但往往是将挫折、过失的责任推诿给别人，以使自己心安理得。

（5）酸葡萄作用。指追求的目标得不到或受挫后，在寻找挫折原因时，为冲淡自己的内心不安，就常常贬低对方，这与《伊索寓言》里的狐狸吃不到葡萄反说葡萄酸的情境相似。

人生之路多挫折。遇到挫折怎么办呢？首要的是进行自我心理调解，包括以下几种：

（1）理智。就是在遇挫和发生心理冲突时，强迫自己冷静下来，理智分析挫折和心理冲突的性质、原因和发展趋势，确定自己的态度和处理方法。

（2）宣泄。是指用理智控制不了自己的情绪时，改用语言宣泄。如可及时找领导、老师、家长或好友倾诉一下自己的苦衷、愤怒和不平，获取别人的理解和同情，以摆脱或减轻自己的烦恼。还可以大叫几声，痛哭一场，把自己内心的负面能量都释放出来，再冷静地处理问题。但要注意场合、时间和尺度。

（3）转移。是指挫折太大，心理冲突太强，一时难以排解时，采用转移大脑兴奋中心的方法。即转移去做自己最喜欢的、最有可能成功的事，以此来缓解自己的不良情绪。或者脱离现有环境，进入新环境，来达到缓和情绪的目的。

（4）升华。升华是指遇到挫折和打击时，不悲观失望，不气馁，把它变成动力，并升华到创业上来。遇到困难，不但不灰心丧气，反而将其看作前进的力量，不干出成绩誓不罢休。

请记住鲁迅的话："伟大的心胸应该表现出这样的气概——用笑脸迎接悲惨的厄运，用百倍的勇气来应付一切的不幸。"

诺贝尔奖获得者尼古拉斯·布隆伯根的启示：

一锯割不倒大树，一斧砍不出巨轮。当你看到伟大的攀登者张开双臂欢呼于群山之巅时，你想到了什么呢？是他的荣耀、地位和金钱，还是他的辛劳、痛苦与危险？请看一个科学家是怎样挑战厄运的。

1920年，尼古拉斯·布隆伯根生于荷兰。幼年时的布隆伯根不仅让人看不出一点聪明的样子，反而显得格外木讷，一度被大家叫作"哑巴尼克"。当布隆伯根4岁时，他一个叔叔用这个外号取笑过他，布隆伯根生气地"狠狠"打了叔叔。从此，再也没人敢叫他"哑巴尼克"了。

小学时，布隆伯根是个不求上进的学生。他觉得生活和学习都很无趣，干什么好像都没劲。他的功课学得不算吃力，可学完之后还干什么呢？小布隆伯根想了又想，那干脆就把作业做两遍好了，总算有事干呀。就这样，他一直写两遍作业到小学毕业。

1932年，12岁的布隆伯根进入了著名的乌特勒支大学预科。起初，布隆伯根非常喜欢拉丁文，在一段时间里他认为语言会是他将来的职业。可后来他的注意力逐渐从文科上移开，而对物理兴趣越来越浓了。他对物理喜爱的原因在于它最难，最富有挑战性和刺激性。布隆伯根曾回忆当年的情景说："我喜欢挑战，即使是现在，我仍然希望去发现最困难的领域。"

1938年，18岁的布隆伯根被乌特勒支大学物理系录取。20岁时，布隆伯根与伙伴合作发表了第一篇论文，这使他大受鼓舞。但不幸的是，可怕的二战爆发了。希特勒占领了他的祖国荷兰。

战争期间的乌特勒支大学，学术环境极差，纳粹把教授们赶出了学校。在如此严峻的形势下，布隆伯根也没有放弃学习，只不过他不得不依靠自学来完成学业了。可以说他的学士学位是自学取得的。1943年，23岁的布隆伯根在纳粹关闭学校的几个星期前获得了硕士学位。可这硕士学位得之不易呀！为了它，布隆伯根必须要通过多门考试，而这些科目全部都要自学完成。最后只剩下两门功课要考了。突然一天，由于叛徒告发他是爱国者，他不得不躲到乡下的姑姑家去。在乡下躲避的两个月，环境更加艰难，但布隆伯根为了通过硕士考试，一如既往地学习。学校考虑到他的安全，就把考试地点安排到离学校约64千米远的地方。布隆伯根秘密地乘火车赶赴考场。这对一个青年学生来说是多么不易呀！

在这期间，他的科研工作被迫停了下来。他自己开荒种地，用山野菜充饥。这些磨难反而增加了他的毅力和勇气，他在不停地积蓄着知识的力量。在战争的后期，布隆伯根一直坚持在昏暗的汽灯下从头到尾地读克瑞莫斯写的量子理论书籍。

战后，布隆伯根为了继续他的研究工作辗转去了美国。他热爱物理，喜欢挑战难题。当他把目光投向激光物理以后，他在一条独特的道路上发展了激光光谱学，被公认为是非线性光学的奠基人，并于61岁获1981年诺贝尔奖。

一个人若想事业有成，必须要经受住形形色色的诱惑和压力，必须要顶得住各种各样的困苦和磨难。敢于挑战厄运的人，才能成为顶天立地的人。

（五）正确对待叛逆心理

青春期经常可以遇到一些以消极甚至敌对态度对待学习和生活的心理现象，这叫"逆反心理"。它是一种消极心理，对学习非常有害，对身心的健康发展也极为不利。

逆反心理有几种类型：

1. 自负型。一般来说，这类人从小就生活在优越的家庭环境中，处处受到偏爱和庇护，形成了高傲、自私和狭窄的性格，特别是进入中学后，更显得固执己见，听不得劝告或批评。

2. 困惑型。青少年正处在由过去的"依赖性"吸收知识，向"独立性"吸收知识过渡的阶段。当他们眼见的、手做的与教师、家长过去教育的对不上号时，就慢慢产生怀疑，对社会感到困惑，甚至认为自己被欺骗愚弄，因而在心理上产生了困惑。

3. 失落型。人往往是希望得到赞美、理解和支持，青少年更是如此。一旦他们的优点和进步得不到别人的肯定或表扬，就会失去上进的信心和力量，产生失落或被遗弃的感觉，继而用消极、冷漠的态度来对待周围的事物。

4. 受挫型。这样的人或因人格受辱，或因自尊受伤，或因学习受挫而一蹶不振，整天沉溺于烦闷和痛苦之中，对学习失去兴趣，对生活失去信心，并用怀疑、敌视的态度对待周围的一切，以求得一时的心理平衡和满足。

逆反心理是很常见的。若处理得好，可以使青春大放光彩；若处理得不好，就将使豆蔻年华过早凋零。情感世界千头万绪，错综复杂，"剪不断，理还乱"。但凡事只要多做一些理性的思考，就会雨转阴，阴转多云，多云转晴，就会走出幽谷和深山。

牛顿读小学时，由于成绩差备受歧视。有一个同学仗着身强力壮，功课好，平时总欺负牛顿，牛顿也很怕他。一天，他无故踢了牛顿一脚，牛顿疼得倒在地上。可今天这一脚却把牛顿踢急了，从地上跳了起来，凶狠地进行反击，那个人被他挤到墙角上，失去了还手之力，只好服输。从那以后，再也没有人敢欺负牛顿了。牛顿从中悟出一个道理：做学问也要下定决心才能取胜。从此，他刻苦攻读，很快成绩名列前茅。

苏步青刚上小学的时候，由于贪玩，期末考试名列倒数第一。因此，尽管他的作文写得很好，老师却斥责他是抄来的。苏步青很生气，说："你越说我不好，我越不给你好好学！"结果，一连三次期末考试都是最后一名。教地理的陈玉峰老师了解到这种情况，没有对他讥讽挖苦，而是鼓励他说："有人说你笨，这不对，我看你很聪明。只要你肯努力，肯定能考第一名。"陈老师的开导是苏步青转变的契机。直到他成了著名的数学家之后，还念念不忘他的陈老师。

逆反心理可以使人落后，也可以使人进步；可以使人开倒车，也可以使人开足马力。

身处逆境的人们更需要呼唤理性。

诺贝尔奖获得者维克多·格林尼亚的启示：

"耻"是一个人谴责自己不正确的行为、不光彩的动机、不高尚的道德的一种意向和情感。人有了羞耻感，才能足够冷静地认识自己，才能有足够的力量去鞭挞自己，才能有足够的勇气去解剖自己。所谓"知耻近乎勇"就是如此。

知耻者，表明他尚未失去自尊。只要有自尊就还有希望，只要有自尊就还能唤起他的责任感。浪子一旦回头，就能释放出蕴含的巨大能量。可以说，每一个浪子，都可能是一座核反应堆。

1871年5月6日，法国美丽的海滨小城瑟堡市，一家很有名望的造船厂业主的家里，一个名叫维克多·格林尼亚的小男孩出世了。哪个父母不疼爱自己的孩子，更何况家里经济条件又这么好。于是孩子想要什么就给什么，一切都听孩子的。夫妻俩以为只要孩子过得痛快就行了。从来也不批评和管教孩子。

到了上学的年龄，父母早早就送他去上学，希望他成为一个有知识、有教养的人，而且还请了家庭教师辅导。无奈格林尼亚已经养成了娇生惯养、游手好闲的坏习惯。小学、中学从来就不知道好好学习，当然也没有学到什么知识。更糟糕的是父母管不了，别人也不敢管。又有谁愿意得罪这位财大气粗的老板呢？父母的宠爱为社会造就了一个二流子。整个瑟堡市都知道格林尼亚是一个鼎鼎有名的纨绔子弟。而他自己还自命不凡，以为在这个城市里，谁都怕他这位了不起的"英雄"呢。优越的家庭造就出一个没有出息的二流子。

1892年秋，维克多·格林尼亚已经21岁了，他仍然是整天无所事事，寻欢作乐。一天，瑟堡市的上流社会又举行舞会，无事可做的格林尼亚自然不会放过这个机会。似乎这种活动就是专门为他举办的，他可以任意挑选中意的舞伴，尽情地狂舞。在舞场上，他发现坐在对面的一位姑娘美丽而端庄，气质非凡，在瑟堡市是很少见到的。不知不觉便动起心来，何不请她共舞呢。格林尼亚很潇洒地走到这位姑娘的面前，微施一躬，习惯地将手一挥，说道："请您跳舞。"姑娘端坐不动，似乎颇有心事。格林尼亚进身细语道："小姐，请您赏光。"姑娘微微转动了一下眼珠，流露出不屑一顾的神态。格林尼亚的劣迹，这位姑娘早有耳闻，她不与这种不学无术的纨绔子弟共舞。格林尼亚长这么大，还没有碰过这么实实在在的钉子，更何况这是在大庭广众之下，脸往哪里放啊。这当头一棒打得格林尼亚有点不知东南西北了。他气、恼、羞、怒、恨五味俱全，一时竟站在那里不知如何是好。一位好友走上来悄悄耳语道："这位姑娘是巴黎来的著名的波多丽女伯爵。"格林尼亚不禁吸了一口凉气，冷汗渗出。他定了定神，重又走上前向波多丽女伯爵表示歉意一总得给自己找个台阶下吧。谁知这位女伯爵早就想教训教训这个无人敢管的二流子了，她并不买格林尼亚的账，只是冷冷地一笑，脸上显出鄙夷的神态，用手指着格林尼亚说："请快点走开，离我远一点，我最讨厌像你这样不学无术的花花公子挡住了我的视线！"被人宠坏了的格林尼亚此时已无地自容了，他的威风、傲气、蛮霸一扫而空。在瑟堡市称雄称霸多年的格林尼亚被波多丽女伯爵三言两语打得落花流水。

应该庆幸的是格林尼亚自尊心尚未丧失，还知道羞耻。知耻近乎勇。格林尼亚闭门不出，检讨自己的行为，决心走向新生活。他毅然决然地留下一封家书，出走去了里昂。他在好心的波尔韦的教授的帮助下，经过两年的苦学，补习完全部中学课程，进入里昂大学插班就读。他深知得到的读书机会来之不易。摆在眼前的只有一条路——努力、努力、再努力；发奋、发奋、再发奋。这期间，学校有机化学权威巴比尔看中了他的刻苦精神和才能，于是，格林尼亚在巴比尔教授的指导下，学习和从事研究工作。1901年，由于格林尼亚发现了格氏试剂而被授予博士学位。1912年，格林尼亚荣获了诺贝尔化学奖。但此时的他反倒觉得心里有愧。他不能撇开巴比尔老师独享荣誉。他上书给瑞典皇家科学院诺贝尔基金委员会，诚恳地请求把诺贝尔化学奖发给培育他成长的老师巴比尔。格林尼亚不仅是一位勤奋好学、成果累累的学者，也是一位道德高尚的人。

从灯红酒绿、纸醉金迷到襟怀坦白、辞尊居卑，这是一条多么遥远的路，但是格林尼亚一步一个脚印地走完了它的全程。可敬可佩！

犯错并不可怕，可怕的是丧失自尊，不知羞耻。只要有自尊，只要知羞耻，那世界仍是你的。波多丽女伯爵骂倒了一个纨绔子弟，却骂起来一个诺贝尔奖获得者。

（六）退一步天地宽

人都是生活在群体之中，而群体之中的每个人又有不同的个性，个性的差异不仅会使人们的生活五彩缤纷，也会使人与人之间发生或大或小的摩擦和争吵。谁都喜欢气度宽宏、心胸豁达的人，因为他能化解矛盾，销蚀矛盾，吞噬矛盾。

春秋时期，秦穆公不慎走失一匹爱马。岐山山麓的百姓抓到马后，因不知情就把马杀掉一起炖肉吃了。此事被官差发现，于是逮捕了村民，并要处以重罪。秦穆公得知后，并没有大发雷霆，而是下令释放村民，并吩咐说，吃好马肉不喝酒是要伤身的，于是赐给村民上等的美酒，村民为此深为感动。后来晋国攻打秦国，秦穆公被晋军包围。正当生死存亡之际，突然出现三百余人的敢死队，左冲右突，奋力救出了秦穆公，原来他们就是岐山下的百姓。

齐襄公十二年，齐国发生内乱，襄公被杀。逃亡在外的公子纠和公子小白都在设法回国抢夺王位。公子纠的师傅管仲为确保公子纠登位，便在中途设计谋杀公子小白，小白虽中箭却没死，赶回齐国登上了国君之位。他就是历史上有名的齐桓公。齐桓公对管仲的"一箭之仇"并不怨恨，反而予以信任和重用，立为国相。管仲被齐桓公的宽容深深感动，竭力辅助齐桓公整顿军队、发展生产、促进外交，很快使齐桓公成为春秋时代的第一位霸主。

宽容成就了秦穆公，也成就了齐桓公。

还有这样一个相反的例子：

楚霸王项羽虽"力拔山兮气盖世"，但唯我独尊，刚愎自用；文武双全的韩信被他驱走，足智多谋的范增有劲无处使……结果众叛亲离，被原本弱小的汉王刘邦逼得四面楚歌，兵败垓下，最后自刎乌江。

容不得人的人，也不会为人所容。

多点宽容，多点理解，多点原谅，多点忍耐，人的成功之路就会通向四面八方；少点自私，少点妒忌，少点怨恨，少点指责，人的生存空间就会洒满阳光。

诺贝尔奖获得者奥托·哈恩的启示：

1945年8月6日，蘑菇云在日本广岛上空升起，一瞬间7万多人死亡，6.8万人受伤，一场空前的灾难发生了。

第二天，消息传到了英国的一所古老的庄园。在那里关押着从德国俘虏来的科学家，他们都与德国研制原子弹有关联。这颗原子弹爆炸的消息，尤其让他们当中的一个人大吃一惊——他就是揭开原子核裂变秘密的德国人——奥托·哈恩。

1879年，奥托·哈恩出生于德国的企业主家庭。他上学时就是一个好学生，但却不是最优秀的学生。他喜欢科学实验，特别偏爱化学，曾在家里的洗衣房建起了自己的实验室。

哈恩的求学和工作历程很有特色，几乎成了被各项诺贝尔奖获得者"青睐"的人。念大学时，他的化学老师是德国有机化学合成的奠基人、诺贝尔奖获得者拜耳。在拜耳的指导下，哈恩的进步是可想而知的。

22岁那年，哈恩获得马格德堡大学化学博士学位。做了两年的大学助教之后，他进入一家化工厂工作。在那里只干了几年，工厂经理就把哈恩介绍给他的儿子、德国首位诺贝尔化学奖获得者埃米尔·费歇尔。

费歇尔为了让哈恩多了解一些国外的情况，就派他到英国伦敦大学化学研究所去，这个研究所的主持人也是诺贝尔化学奖获得者，他叫拉姆齐。由于哈恩的出色工作，拉姆齐建议哈恩到镭实验室工作。可哈恩为难地说："我对镭的放射性一无所知呀！"拉姆齐听了之后哈哈大笑："没研究过更好，可以没有偏见地对待发现的问题。"

拉姆齐果然看对了，哈恩很快就取得了出色的成绩，并发现了一种新的放射性同位素——钍。为了更深入地研究，拉姆齐又把哈恩介绍给卢瑟福，卢瑟福也是诺贝尔化学奖获得者。

哈恩不负众望，在卢瑟福手下又有了新的发现——把放射性元素锕转化为新产物。开始，卢瑟福对此抱怀疑态度，但不久就证明哈恩是对的。

可以说，哈恩是在诺贝尔奖获得者们的呵护下成长起来的。

1914年，哈恩35岁，一战爆发了。哈恩虽然已经很有名气了，但也被作为"副司务长"征召入伍，分配到哈伯那里。这个哈伯也是个诺贝尔化学奖获得者，他曾因发明从空气中的氮合成氨的方法而扬名于世。但是哈伯在一战中是不光彩的，他作为"毒气计划"的负责人受到全世界正义科学家的一致谴责。

哈恩到哈伯那里报到。当他听到哈伯大讲毒气的作用时，哈恩不客气的说："对不起，使用毒气是犯罪行为，你想上国际法庭吗？"连哈伯的妻子也反对哈伯研究毒气，后来自杀以示清白。一战结束后，大家要求把哈伯作为战犯送上法庭。哈恩亲眼看到了哈伯的悲剧，内心受到了巨大的振动。当他知道，由他发现的"重核裂变反应"竟被人们利用制造杀人的原子弹时，他的内心万分痛苦。

1938年末，当哈恩与另一位德国物理学家弗里茨·斯特拉斯曼用一种慢中子来轰击铀核时，竟出人意料地发生了一种异乎寻常的情况：反应不仅迅速强烈、释放出很高的能量，而且铀核分裂成为一些原子序数小得多的、更轻的物质成分。难道这就是核裂变？起初哈恩虽然意识到这不是一般的放射性嬗变，但也不敢肯定这就是裂变。他把实验结果和自己的想法写信告诉了梅特涅，得到了她的有力支持。她在复信中明确指出："这种现象可能就是我们当初曾设想过的铀核的一种分裂。"后来，哈恩经过多次试验验证，终于肯定了这种反应就是铀235的裂变。

哈恩心里明白这是一个非常重大的成果，应该尽快发表。不久，哈恩的伟大发现"重核裂变反应"轰动了全世界，并于1944年走上了诺贝尔奖的领奖台。

（七）养成良好习惯

习惯，人各有之，但却有好坏之别。它作为一种长期养成的、一时不易改变的行动和倾向，对人的一生有重大影响。

清代的刘蓉著有一篇《习惯说》，说及自己的一段轶闻，颇能启迪后人。刘蓉年少时在养晦堂西侧一间屋子里读书。他专心致志，遇到不懂的地方就仰头思索，想不出答案便在屋内踱来踱去。这屋有处洼坑，每经过，刘蓉总要被绊一下。起初，他感到很别扭，时间一长也习惯了，再走那里就同走平地一样安稳。刘蓉父亲发现这屋地面的洼坑，笑着对刘蓉说："你连一间屋子都不能治理，还能治理国家么？"随后叫仆童将洼坑填平。父亲走后，刘蓉读书思索问题又在屋里踱起步来，走到原来洼坑处，感觉地面突然凸起一块，他心里一惊，低头看，地面却是平平整整，他别扭地走了许多天才渐渐习惯起来。刘蓉不禁感慨道："习之中人甚矣哉！"由此足见习惯力量之大。

英国有句谚语："行动培养习惯，习惯养成性格，性格决定命运。"的确，一个人的习惯形成后，就会"使他的生活仿佛由习惯所驱动"，甚至"可以主宰人生"。俄国教育家乌申斯基有段精彩的论述："良好的习惯乃是人生在其神经系统中存放的道德资本。这个资本在不断地增值，而在人的整个一生中就享受着它的利息。"大凡有所作为的人，都善于培养自己良好的习惯。正是享受着优良习惯的"利息"，使他们在成功的道路上走在前面，超乎常人。美国加州大学医学院副教授葛菲德对1500名各行业成绩超群人的调查表明，他们都有优良的工作、学习习惯。诸如，只求成绩不求完美、首先思考工作难题、敢于冒风险、不低估自己的潜力、与自己而不是别人竞赛等。当然，在养成好习惯的同时，也可能染上坏习惯。古语说："积习难改"。作为一种已经稳定下来的行为，要一下子彻底改变过来，不是轻而易举的事。比如，戒烟的人往往是看到别人抽烟，心里就痒痒，不自觉地又抽开了。但是，难改并不等于不能改，只要有毅力就可以。据说，我国历史上第一部完整的针灸专著《针灸甲乙经》的作者皇甫谧就很有毅力。小时候他有很多坏习惯，整天好吃懒做，游手好闲，人们都说他是败家子。20岁时，他在叔叔的教育下，意识到自己的过错，要痛改前非。他叔婶起初认为他"江山易改，本性难移"，还不太相信。可他第二天就和那些纨绔子弟断绝来往，下地劳动去了。后来，他拜学者席坦为师，长学不辍，终于成了学问家。

奥斯特洛夫斯基说："人应支配习惯，而不是习惯支配人。一个人不能去掉他的坏习惯，那简直是一钱不值。"我们应当记住这句话，不断战胜自己，养成有益于身心和学业的好习惯。

诺贝尔奖获得者亨利·穆瓦桑的启示：

要想成功就要善于借用他人的头脑。借用他人的头脑，就是借用他人的智慧，"君子生非异也，善假于物也"。

1852年，亨利·穆瓦桑生于法国。他家境贫寒，自幼就在贫困线上挣扎，可越是贫困的孩子，越有志气。穆瓦桑渴望能上学，但是他家太穷了，交不起学费。他只好站在教室外面偷课。他不在乎别人指指画画的窃窃私语。只要老师一走进教室，关上门，他就溜到教室外去听课。他就是这样学到了不少知识。

上中学时，穆瓦桑就更用功了。每当下课，穆瓦桑都不去玩，静静地坐在那里思考问题。数学老师发现后，很喜欢他，并将他领回家辅导。然而他的兴趣却不在数学，而是化学。于是老师又时常为他找来化学方面的参考书。但穆瓦桑却无法继续读书了。他家太穷，必须尽快找个工作，以减轻父母的负担。穆瓦桑来到一家药房做学徒。他做事非常投入和认真，干什么，像什么。他不仅是单纯地拿取药物，还对药物的各种习性都认真研究。

一次，一个男子误食了砒霜，倒在药房门口，疼得死去活来。一位老药剂师看了一眼说："太晚了，谁也无能为力了。"这时，18岁的学徒穆瓦桑跑进药房，先取下一瓶酒石酸锑钾，又取下几瓶药，配制成解药，并亲自把药喂给中毒者。服药后，中毒者得救了。这件事很快传遍了整个巴黎。

可是穆瓦桑并不满足药店的工作，因为在那里他能学到的知识太少了。他很想去巴黎自然科学博物馆实验室工作，但未能如愿。1872年，著名化学家弗雷米的实验室招工，穆瓦桑赶去应试。对弗雷米提出的许多问题，穆瓦桑对答如流。被当场录用。在弗雷米的实验室里，穆瓦桑学到了许多化学知识。1874年，穆瓦桑又转入自然科学博物馆德埃朗教授的实验室工作。经过德埃朗教授的悉心教导，穆瓦桑进步很大，取得了自然科学学士学位。

1879年，穆瓦桑被任命为高等药学院实验室主任，同时被聘为农学院物理教研室助教。很快，穆瓦桑对氧化铁的研究，取得了新的成果。不久，又完成了从汞齐制备铬、镍、铁、钴等金属的研究。接着穆瓦桑又开始研究制取单质氟。他经过多次失败，并曾三次中毒，终于用电解法从加入氟化钾的氟化氢液体中得到了单质氟。

穆瓦桑的成功轰动了整个化学界，1892年和1893年，他又先后连续发明了高温电炉——穆氏炉和人造金刚石。由于穆瓦桑的这些震惊世界的杰出成就，他获得了1906年诺贝尔奖。

穆瓦桑之所以能从一个小学徒成长为一位卓有成就的科学家，离不开科学博物馆的德埃朗和弗雷米教授的教导和提携。做事若不善于借用他人的智慧，要想取得成功那是很难的。就连爱迪生这样有着非凡才华的人也善于借用他人的智慧。爱迪生或许比谁都能意识到借用他人智慧的重要性。他曾向各类人征集好的主意、想法，甚至不惜高价购买别人的点子。试想，假如爱迪生只靠一个人的智慧孤军奋战，怎么可能有近千种的发明创造？爱迪生正是巧妙地借用了很多人的头脑，才取得了巨大的成就。

教学的艺术篇

教学是一门科学，也是一门艺术。

提高教学艺术水平，增强教学效果，培养高质量的人才——这是学校工作永恒的主题，当然也是教师永恒的使命和责任。随着新课程改革的日益深化，人们对教师教学艺术水平的要求越来越高，从而，教师的危机感也就越来越高。

教学艺术是教师在课堂上遵照教学法则和美学尺度，灵活运用人品、语言、表情、动作、心理活动、多媒体等手段，以取得最佳教学效果而采取的一套独具风格的创造性教学活动。教学艺术的核心手段就是教学生怎样学。编者以语文、数学、外语三科为主，展现教师教学生怎样以"自己教自己"的学法策略，让学生猎取更丰富、更广阔、更深邃的知识。这就是著名教育家叶圣陶梦寐以求的"教是为了达到不需要教"的美妙境界。

教学艺术具有逻辑性、形象性、审美性、情感性，尤其是后者在与学生不断进行心灵碰撞而产生的一系列美妙过程中，逐步使教学效果达到最优化。

教师在三尺讲台上以热情真挚的心，循循善诱地向学生模拟构建起古今中外、形形色色的宏伟壮观的真理殿堂，以不耐其烦的教诲，融化着学生心中部分还冰封着的巨大潜能，让他们在自学、合作、探究中，惊喜地审视许许多多公理、定律、定理、公式等的奥妙。

从古至今，教学方法可谓精彩纷呈，可大都只重视教师怎样教，而不重视学生怎样学。学生是不能永远依靠老师的，而注重"自己教自己"的学法却冲破了千年陈规，给学生展现了"自己教自己"的美丽宽广的湿地——学校不再是清一色的沙滩，课堂不再是一望无际的沼泽，而是宛如鸟类、两栖类动物繁殖、栖息、迁徙的优良栖息地。

青少年的个性绚丽多姿、五彩斑斓。他们在这样生机勃勃的环境里，最易于"寻找最好的自己"，并尽显各自的睿智和才干。与此同时，也让教师更易于了解、掌控学生的知识需求和欠缺，从而有的放矢地驾驭教学，彰显其传道、授业、解惑和"自己教自己"的科学缜密的凛凛威风与亲近暖心的迷人风采。

第一章　语文学法策略

——王玉东

一、什么是学案

（一）学案学法的意义

1. 建立"以学生自学为主"的教学体系的必然性

回顾历史是必要的。从"五四运动"以来的漫长的半个多世纪里，我国的传统教育思想与凯洛夫为代表的教学观点和模式，几乎平分秋色，各领风骚30年，它们统治、左右了整个教坛。

20世纪40年代，袭用的是封建社会产生的教法，以串讲为基本式。它作为教学模式，确实早已过时，完全丧失了生命力。

20世纪50年代初，由于机械地学习苏联的教学理论和经验，又以文章的分析为基本方式。于是，不管对艰深的还是易懂的课文都一律按部就班，疏而不漏地分析、讲解，篇篇如此，课课这般，这种不变的模式严重阻碍了学生智能的发展。

20世纪60年代，在批判了凯洛夫的"三中心"（以老师为中心，以课堂为中心，以课本为中心）之后，代之而起的是以提问为基本方式。毫无疑问，启发式提问在学习过程中确实容易起到刺激、诱导和强化作用，堪称很好的教学方法。但是，采用启发式提问，师生都必须有充分的心理准备，而老师尤其要有较高的提问技巧，方能取得理想的效果。然而，如果把"提问法"变成基本方式，复现式提问必然增多，这就容易造成毫无思维价值的课堂局面。老师提问——学生回答——老师再讲解，这种提问的实质，仍然是为老师大讲特讲鸣锣的，只不过把学生的思维固定在一个狭小的空间，使之按照老师的思维渠道流动罢了。这种华而不实的提问，限制了学生的思维空间，浪费了大好的学习时间，既没有加强老师的主导地位，也没有发挥学生的主体作用。但是，机械地肯定某种教法，或否定某种教法都是不科学的。教法既有多样性，又有统一性；既有局限性，又有变化性，各种教法都是互相依存的——否定中产生肯定，肯定中又滋生否定，真理的母体往往是谬误。正像朱绍禹所说："每种教学方法，都由其内存矛盾的两方面构成，既有其所长，又有其所短，既有其积极作用，又有其消极作用"。可见，任何教学方法都不会是完美的，教师的主导作用就在于因时、因地、因人、因课而灵活地改造、运用它。例如，"串讲法"确实功效极差，但对讲解某些文言文来说未必不可用。"文章分析法"也确实令人乏味，然而文章还是要分析的，作为教学方法的一种，还要寻求它合理的因素。"讲述法"也有不少缺点，它容易堵塞教学信息的反馈回路，陷入"注入式"的绝境，但是这种教学方法对于给以班级为单位的集体传授知识，其长处并不比短处少。相反，有些教学方法原本很好，但超过一定的度，事物的性质就变了。"精讲多练"谁说不对？可如今却变了形，它成了片面追求升学率、大搞题海战术的遁词。由此可见，我们既要看到事物的差异性，又要看到它的同一性，一定要能动地去改造各种教学方法，使之扬长避短。

20世纪70年代末期，教育在几经磨难之后，进入了深刻的反思阶段。叶圣陶先生尖锐地指出："六十年来语文教学没有什么改变。"吕叔湘也痛心地分析道：中国学生"只用较多于1/10的时间学科学，而用1/3的时间在收获不大的语文课上。""十年时间，2700课时，用来学本国语文，却是大多数不过关，岂非咄咄怪事。"此后，教学改革有了很大的进展，"阅读课""导读课""教读课"等等课型相继出现。它们的主要特点是讲得少了，练得多了，教学重点正在逐步转移到培养学生的自觉能力上来。"以学生自学为主"已成为教学发展的总趋势。对叶圣陶的"教是为了达到不需要教"，教学是教师试图尽快摆脱学生的一个过程的教育思想，正在被更多人所理解和接受。

斯卡特金一针见血地指出，教师不要讲解大纲中的所有问题，不要系统地讲述和提供所有知识，而应当把其中的一部分留给学生去探讨，以便让学生自己去获取知识，自己去解决问题。那么怎样才能实现这个目标呢？当务之急是应当尽快把教学研究的中心转移到学生学法上来，即研究怎样培养学生捕捉重点的能力、分析理解能力、发现和解决问题的能力、联想和想象能力、鉴赏评价能力、阅读能力、检索能力（包括使用工具书和搜集参考资料的能力）。当然，由教学研究转到学法研究，由教师统治课堂转到以学生为主体，还要经历一段十分艰难的历程。但不管如何艰难，像百川归海一样，一个崭新的工作"以学生自学为主"的教学体系必将建立起来。大量的教与学的实践已经证明，教师的"教"代替不了学生的"学"，教师自己的能力也无法直接移植到学生身上，诸如创造性思维的独立性、联动性、跨越性、综合性等品质，只能植根于学生亲自实践的基础之上，教师是永远也不可能越俎代庖的。只有深入研究学法，才能导致教法的不断改革，继之而来的才会有学生水平的大幅度提高。只有确立"以学生自学为主"的教学体系，语文教学才能顺利地走向科学性、社会性、实践性的轨道，才能显现出它百科之母的力量和风采。

布鲁纳说："获得的知识，如果没有完美的结构把它联系在一起，那是一种多半会遗忘的知识。一串不连贯的论据在记忆中仅有短暂得可怜的寿命。"因此，学法研究既要有宏观的理论指导，又要有微观的具体程序和结构，二者是相辅相成的。我们从现代科学里得到启示：那千奇百怪、能快速运算出人脑所不能承受的庞大的天文学数字的电脑竟是由一个个软件组成的，那么具有浩如烟海的知识、蕴藏着复杂无比的听说读写能力的语文教学，不是也应当有自己的一个个软件吗？学案学法就是基于这种认识而设计出来的。

进入21世纪，教育部颁发了《基础教育课程改革纲要》，纲要中提出新课程的"三维目标"。这是教育方式的崭新创造。三维目标既关注学生知识与技能的养成，又关注具有方法论意义的学生的学习过程和方法，还关注更深远、更本质的学生情感、态度与价值观的发展。通俗点说，教师传授知识时，一是要"授之以鱼"，又要"授之以渔"；二是要让学生知其然，又知其所以然；三是要调动学生的学习热情，使之持之以恒，乐观向上。积极的情感与态度，能在探索知识与技能、学习过程与方法的进程中，起到巨大的推动作用。回过头来，良好的知识与技能、过程与方法，又会反作用于情感、态度和价值观。然而情感、态度和价值观不是教出来，只有教师真心实意地身教，才会让学习者从中体会到诚信、责任等的宝贵价值。

2.学案是语文学科基本结构的反映

我们主张学生写学案，它是课堂教学三维目标的实践，它让学生学懂、学会、能应用；让学生在做中学，学中做，并善于探究知识的过程。

布鲁纳说："不论我们教什么学科，务必使学生理解学科的基本结构。"因为系统的结构化的知识对培养创造性思维能力具有特殊的意义。人们知道，生物学科十分强调结构和功能的统一；同样，语文的知识结构和功能也应该是统一的，有什么样的知识结构，就有什么样的功能。一个完整的知识结构是产生多种功能的必不可少的条件。所以，教授学科结构确实是个卓越的策略。那么什么是语文学科的基本概念、基本原理及基本规律呢？我们在"学案"中进行了试探。学案的主要内容和程序是：（1）自读；（2）释字词；（3）评析文章结构与特色；（4）质疑；（5）自由讨论；（6）探讨与练习处理；（7）写内容提要或摘要；（8）写读后感。我们认为，学生按照这个学案结构来组织学习，就容易理解和掌握整个的学科内容，而掌握了基本概念和原理，就能顺利地解决听说读写中的基本问题；学生按照这个学案结构来组织学习，就能够加快技能的迁移，并运用基本概念和原理做到举一反三，触类旁通；学生按照这个学案结构来组织学习，就可以更有效地记忆和运用语文知识。掌握学科结构就是效率。布鲁纳精辟地指出："关于人类的记忆，经过一个世纪的充分研究，我们能够说的最基本的东西，也许就是，除非把一件件事情放进结构得好的框子里面，否则很快就会忘记，详细的资料是靠表达它的简化方式来保存在记忆里的。"我们正试图使"学案"成为语文学科的框子和简化方式。学案体现了语文学科的基本学习流程和思维流程，它把教师的教和学生的学划出了一条宽阔的轨道。这样，它就有效地制止了教与学两方面的徒劳无功。

3.学案是教案的基础和根据

课堂教学是整个教学活动的重要一环，而备好课又是上好课的前提。备课教案的制定首先必须依据《教学大纲》，只有明确大纲的要求，钻研教材才有方向，对学生在双基和能力方面应达到的程度和规格才能心中有数。其次，要靠深入细致地了解学情，教师钻研教材、备课、讲课的起点是研究学生，是从学生的实际出发，而反映语文学科基本结构的学案就是为教案的制定提供了可靠的依据和丰富的信息。一般说来，教师写教案几乎是在不接触学生客体的情况下凭主观思考，凭以往的教学经验写出来的，这种先入为主的"教案"就很可能是教参资料的摘要和索引。其实不了解具体班级的学情，缺乏实际性、针对性的教案是没有生命力的，是畸形的。我们常看到巴班斯基所指出的这样一种现象："有的教师上课非常努力，但却达不到应有的效果。而另一位教师好像并没有特别努力，但却达到了预期的效果。这是因为他的教学和教育活动都符合学生的心理，很协调，一切活动都考虑到学生的长处和短处，考虑到他们的兴趣。这样的活动能激起学生方面的相应努力，这无疑能提高教学效果。"他的这段话告诉我们，研究学生、了解学情、了解每一课书的学情的重要性。可见，教案应该以学案为基础，教师查阅了学案，就大抵能了解到各个学生的思想底、知识底、智力底，然后在此基础上再经过一番精心思考和设计，才能有根有据地确定出教学思路和训练的主次、轻重、先后、详略，才能正确地修订出这一课书的相应的教学目的、教学方法、教学重点、教学难点。了解具体学情就是效率，确定授课目的就是效率。这种有的放矢、因人而异的长期教学活动，就能逐渐达到巴班斯基所说的"教学过程的最优化"，即在单位时间里取得最好的教学效果。我们的实践证明，把学案作为组织教学的首先和首要一环，非常有利于把教学真正扭转到"以教为主导，以学为主体"的轨道上来。

4. 学案是培养学生自学能力的有效步骤

我们充分认识到培养学生自学能力的重要性，但能力只有在具体活动中才能形成。怎样去寻求一个看得见摸得着的具体活动呢？我们在进行了多方面的探索后，才把"学案"推出台来。学案设计了一套自学教材既简明又扼要的步骤与方法，怎样自学，自学什么，及其目的与要求都规定得清楚明白，这就使学生基本上摆脱了自学无啥可学和老虎啃天无处下嘴的困境，也避免了语文课的预习流于形式的弊端。布鲁纳说："学习任何一门科学时，常常有一连串的节目，每个节目都涉及获得、转换和评价三个过程。"学案的设计正是较好地体现了这三个过程。学生写学案的始终都处在最佳的思维状态：把不会的学会，把会的理解出头绪，质疑问难，作摘要或提要，最后写出读后感。这是个积极地获得、转换、评价的过程，即处理各种信息的思维过程，其复杂度、紧张度、效率都是教师讲课不常或很难达到的。当学生体验到自学后的胜利感和愉快感时，强烈的求知欲望和动力也就形成了。在这种诱惑力量的控制之下，教师再进行分析、比较、总结，其课堂效果不知要高多少倍。可见，学案不是教案的简单补充和参照系，而是学生获取、巩固知识的重要手段。我们的教学活动，不是以灌输知识为重点，不是单单以让学生学会某一点知识、某一篇课文为满足，而是教学生去读、去查、去分析、去思考、去讨论、去独立解决问题，即充分调动学生的主动性。"如果一个人主动思考所读课文的内容，那么，他虽没有去努力记忆材料，而材料却很容易地印入并牢固保持在记忆里。"赞科夫这段发人深省的话为学案的功能作了很有说服力的说明。培养自学能力就是效率。在自学的过程中，知识和认识是通过学生自己的思考来获得的，因而也易于纳入知识结构之中。只有学生认真思考过的东西，才能形成他们自己的精神财富，它与教师的单纯灌输，形成了强烈的反差。在自学的过程中，在个人反复思考的基础上发现问题、提出问题、分析问题，然后再经过集体自由讨论的相互撞击，最易出现"顿悟"，而它就是认识的新飞跃。这个效果也是教师单纯灌输所达不到的。在自学过程中，学生势必要学习使用工具书，学会搜集参考资料，这就容易养成研究性的阅读本领，而掌握一套读书方法将终身受益。可见，培养自学能力，是造就人才的重要途径。当然，方法再好也不会一蹴而就。以学案为手段来培养学生的自学能力，也要伴随着一个强化的过程，因为它毕竟是一种紧张劳累的脑力劳动。

5. 学案是提交学生听说读写能力的有力手段

斯卡特金认为，必须克服死板的教学组织形式，而学案就一改语文教学的常态，灵活地把听说读写熔为一炉。

我们常为学生的读写能力不高而苦恼。学生从初中到高中单学习课文就有几百篇，而这些课文教师篇篇都要讲文章结构，课课都要谈写作特点，可为什么初中学生自己单独分析一篇文章就那么难，甚至一筹莫展呢？学生从初中到高中写作大小文章不计其数，篇篇都要修改，次次都要讲评，可为什么学生毕业写不出自由流畅的记叙文，高中学生毕业写不出文理通顺的议论文呢？甚至我们惊异地发现高一与高三的作文水平相差无几的反常现象。这个事实本身就表明了教学的低效性，也暴露出学生不大动脑的弊端。学生读写能力不高有诸多因素，但不可忽视的是，学生读文章不会评析品味，写文章哪来的鱼鲜饭香呢？读文章能读出味来，写文章才能写出味来；会读才会写，这是一个不可倒转的顺序。俗话的"熟读唐诗三百首，不会写诗也会吟"，就是读写内在联系的很好的佐证。学案就是根据读写的内在联系而设计的。学生要想按照规格写出学案，就非沉下心细细读几篇课文不可，读就能有所得，有所疑，有所议。这就使学生改变了不读课文就上课堂的坏毛病，养成了带着问题去听课的好习惯。这无疑会大大提高课堂教学效率，同时也增强和提高了学生的阅读能力和欣赏水平。

提高能力必须要有切实可行而又行之有效的活动做保证。我们认为写提要和做摘要是培养学生阅读能力和写作能力的一种好方法，同时，也是训练学生作文思维的重要形式。重复原作关键性句子和段落的摘要不容易写，而用自己的语言重新概括原作的全部内容和提要更不容易写，因为它需要一定的分析能力和概括能力。学生要想写得好，就非得认真、仔细地阅读原作不可；要回溯作者的思路，要分析文章的结构和层次，也要关注句子的句法和逻辑关系。一篇好文章是没有废话的，应当说，它的每一个段落，甚至每一个句子都是文章中心思想的载体。哪段重要，哪段次要，哪句要摘，哪句要略，就像一道复杂的数学运算题一样，总得经过一番严密的思考。如果每节语文课都能使学生扎实地写下一个音符，那么谱成一首交响乐章，就不应是渺茫无期的了。

学案规定，每读一篇文章都要写个人见解式的读后感。这种读后感是对课文高层次的综合和评论。读后感的字数不限，少则几十字，多则几百字。既可以抒发自己的思想收获和知识收获，也可以写评论等。读后感在作文训练中位居要津，它的优点是对任何文体的文章都可以感，同时它本身也能容得大部分文体。写读后感好处无穷。它既能培养学生创造性思维能力，分析理解能力，记忆能力，也能加强学生对作品的赏析能力。学生写读后感，必须强调写真话，即怎么想就怎么写。写真话能写出好作文，此所谓"嬉笑怒骂皆成文章"。经验证明，这种自拟题目的读后感，更有利于激发学生的热情，开掘学生的智力，长久坚持，学生的作文思维就会在宽松平和的气氛中逐渐敏捷起来。我们深刻体会到：读完了就写，写完了就读，写是读的升华，读是写的深化，这是读写教学的螺旋法则。掌握听说读写之间的内在联系就是效率。

为培养学生的听说能力，学案还规定授课前三分钟说读后感。说读后感就是把无声的书面语言，化成有声有色的口头语言，这是能力的转换。为了更有效地组织学生听别人的读后感，我们指导学生边听边记录，并当堂指出其优缺点，这就增强了每个学生课堂单位时间的负荷，也避免了随意性。

组织学生自由讨论疑难问题是个教学方法，又是个教学艺术。实施小组合作学习会让学生之间、师生之间通过自主研究、民主探索、平等合作，来发现问题和解决问题，以形成人人参与、生动活泼、潜力无尽的积极的学习局面。叶圣陶说："上课就是教师主持下的讨论。"皮亚杰也非常重视"讨论"等活动对思维发展的重大作用。"自由讨论"这种形式，不仅利于明辨是非曲直，而且也利于听说读写能力的提高。但值得深思的是，在实际生活中学生的听说机会比读写机会多得多，可为什么在大庭广众面前却欲说不能，语无伦次呢？不言而喻，语文学科重读写而轻听说的弊端随着现代化信息社会的发展显露得更加清楚。语文学科是由各个要素组成的，是一个和谐的科学整体，宠此贬彼，重甲轻乙都是危险的，它所造成的恶果，我们的下一代将会品尝到。从某种意义上说，学态失调所造成的危害比生态失调所造成的危害要严重得多。

6. 学案是发展学生求异思维的绿草地

中国传统的教学方法是照本宣科，而且死板得不折不扣；或把本本当作神圣不可侵犯的圣旨，或把本本中阐述的道理视若千古不变、毋庸置疑的真理。谁提出疑问，就送给谁一顶"不知天高地厚"的大帽子。这种保守封闭型教学思想的主要特征，是强迫学生按照本本的思路，或教师理解的本本思路去思维，致使学生形成分析问题的思维定式。它严重阻碍了创造性思维的发展，尤其是求异思维的发展。思维能力是智力的核心，它直接影响学习效率和学习质量。发展求异思维就是效率。没有求异思维就没有创造。思维的调动是牵一发而动全身的根本调动，它关系到语文学科发展的命运。正因为如此，我们才在"学案"的"质疑"项中把它明确规定下来，让求异思维占据重要一席，并获得充分的保护。质疑是寻求学问的方法之一。由于"质疑"项中的问题是在课前提出来的，所以学生基本上摆脱了来自各方面的既定思维框子的影响和干扰。学案为求异思维提供了良好的土壤、充足的水分、空气和阳光。学生的质疑，有些是课文以外的，有些是语言以外的，有些是我们的知识结构以外的，甚至有些是我们的知识水平不能解决的，但我们都要鼓励。对学生提出的质疑，教师要在课前收集起来，然后认真分类、归纳，仔细分析、思考，并有针对性地修改教案。上课时把共同性问题交给学生讨论，教师绝不滥施"权威"，作轻易地是非判断。这样，经过精心扶持，当学生的求异思维驰骋起来的时候，必然会引起链式反应。那时，蕴藏于学生心底的热情、智慧、灵感偕同无畏进取的求实精神就会源源不断地涌现出来。我们认为这样的教师才是真正的导师——导出了未知的方法，导出了思维的放射，因而也导出了语言学科的光彩。

教学实践和现代教学论都证明，"以学生自学为主"的学案学法是符合语文学习规律和听说读写相辅相成全面训练的教学原则的。它的高效率和最优化主要表现在：①对学生的教育和能力培养能取得最大限度的结果；②为达到预定的听、说、读、写能力花费的必要时间最少；③为达到预定的思维能力花费的精力最小。

（二）学案学法的基本内容

1.学案的内容及程序

（1）自读（写明遍数，以朗读好坏为据）。

（2）释字词（主要借助工具书查找课本上没有注释而自己又不懂的字、词）。

（3）文章评析。

文章结构（主要指层次与段落、开头与结尾、过渡与照应、详写与略写等）；

文章特色（主要包括：语言特点，即是否准确、简洁、生动。各种修辞手段，即形容、比喻、夸张、象征等。各种描写手段，即人物、环境、细节、心理等描写。评析时切忌面面俱到，要侧重一二点）

（4）质疑（范围：可以提本课或者与本课有关的问题，也可以提对本课的不同看法。所提问题要提前收集，课堂上分别研讨。要求质疑者与答疑者说话准确，吐字清楚，语言有逻辑）。

（5）自由讨论。

（6）探讨与练习（该书面处理的，要写在学案的有关部分里；该思考的，要在课堂上讨论交流）。

（7）文章提要和摘要（原则上，议论和说明文体的课文写摘要；记叙文体的写提要。应在"要"字上下功夫，字数因文而定）。

（8）读后感（不统一命题，由学生自由构想，不要求写结构完整的文章，只要把思维流程的中心段写出来就行，力争言简意赅，有思想深度。授课前三分钟请学生说读后感，余下的同学边听边记录）。

2.学案使用说明

（1）释字词不要太拘泥、呆板。字词是造句的单位，知其大概而会用就可以了。不少词语是无须弄清每个词素的意义的，如"马勺""马桶"，没有几个人能解释其中的"马"是什么意思。再如"中肯""原委""名列前茅"等词语，中学生一般会讲会用，但如果考问"肯""委""茅"是什么意思，十之八九的学生是解释不出的，然而却不妨碍他们正解使用这些词语。对词语学习，还是陶渊明的"不求甚解"的方法好，因为"人对自然语言的理解在本质上就是模糊的"，否则就要做大量的毫无意义的无用功。

（2）评析文章时，一定要注重整体结构分析。

（3）教师要根据教材的难易程度和所教班级的不同学情，敢于创新，灵活使用学案，不能搞模式化、齐步走。对个别难懂的教材，写学案前要作适当的提示和点拨。

（4）不要求每篇课文都写学案，也不一定每篇学案都要完成全部程序，或选写文章评析，或选写文章摘要，或选写文章读后感，要根据班级实际酌情而定，但"自读"与"质疑"两项，每课都应当努力做到，因为"自读"是学案的基础，"质疑"是学案的核心。

（5）教师要把学案作为教学的一个重要环节纳入课堂，并认真巡回指导，待学生熟练以后适当利用点课外时间。

（6）教师要在授课前把质疑条子收集上来，以了解学情，修改教案，使教学有的放矢。

（7）教师要充分利用学案的实在性和检测性，经常抽查或全查，发现问题及时纠正，以便不断强化。

（8）要求学生在听课的过程中及时修改、补充自己的学案。

（9）要求学生书写清楚。

（10）我们主张在高中阶段把课堂教学时间的三分之二左右有条件地放给学生，因为能力的培养只有把教学主体的内部力量发挥出来时，客体的指导才会发生作用，并能取得最佳效果。

二、编制学案的基本指导思想

（一）发展个性的意义

教学改革是以研究人为归宿，一切教育活动都是围绕着"人"来进行的。然而，诸多语文教学方法失败的关键，正是忽视了"人本主义"的观点。在整个教学活动中，过多地强调群体同的一面，而忽视个性"异"的存在，这对人才的教育与培养是十分不利的。当然，研究作为集诸多因素于一身的综合体的"人"，是相当艰巨的，但它又不容回避，否则，我们不管走多远，还是没有离开磨道。教育工作者应当清醒地认识到，只有研究人，研究人的生动个性，才能成功地为教学改革提供更加丰厚扎实的材料，只有把学生的共性研究与个性研究有机结合起来，因时施教，因材施教，因人施教，教学对象的素质才会出现前所未有的突破。学案学法十分重视培养、发展学生的个性，因为"个性的本质特征在于创造"。个性的能量有多少？歌德说："一旦一个思想和一种性格相结合，就会发生使这个世界几千年来都惊诧不已的事情。"他的话揭示了个性教育的重要地位。我们的教育要面向未来，就必须树立"以发展学生个性为中心"的教育思想，就必须建立能充分发挥学生个性特长的"以学生自学为主"的教学体系。学案学法这种新的教学模式，就较好地赋予了学生学习个性的发展权和学习趋向的选择权。教师使用学案学法的庄严使命就在于为学生提供一片肥田沃土，以有利于发展学生的以观察和思维为核心的智力个性，发展以继承和创造为核心的能力个性，发展以兴趣、进取心和坚持力为核心的非智力个性。否则，若以学生的共性特征来淹没具有各种各样的创造性的个性特征，教育的失误就是不可避免的了。我们每个教师都强调学生要独立思考，但殊不知独立思考的前提条件正是发展学生的个性。然而，在"以教师为中心"的教学思想的指导下，在"教师讲学生听"的教学方法的控制下，在"天下念一经"的统一教材的禁锢下，在考分决定一切的片面追求升学率的冲击下，哪里会有发展学生个性可言？爱因斯坦曾高瞻远瞩地说："一个由没有个人独创性和个人志愿的规格统一的个人所组成的社会，将是一个没有发展可能的不幸社会。"他接着又尖锐指出："学校的目标应当培养有独立思考的人。"这就揭示了发展个性的主导作用。然而，中国的诸多教育模式总是不加区分地把禀赋各异、个性千差万别的学生当作一个共性的群体来加以研究，并且施以"划一性"的教育。就语文科来说，新时期教学改革虽然取得不少成绩，但教师"以我为中心"的教学主线，仍以各种形态公开地或潜在地构成了对学生个性的威胁。这种陈旧的教育思想幽灵似的在教学的每个环节里游荡着。

（二）发展个性的基本原则

教学的成功，不仅取决于外部因素，如教学内容、教学方法和教学技巧等，而且还取决于内部因素，即学生的个性倾向和个性心理特征。下面只谈谈需要、兴趣和情感对教学的影响。

1. 需要——个性积极性的源泉

毋庸置疑，人的需要是在受教育的过程中，即吸收人类文化的过程中形成的。个性怎样才能得到发展？它的动力就是人在活动中不断变化着的需要，与满足这些需要的实际可能性之间的矛盾。这种矛盾就形成了"人往高处走，水往低处流"的追求趋势。所以，研究学生的需要就保护了学生的求知欲，同时也就提高了教育和教学质量，从而也就发展了学生的个性。人的需要是个性倾向的基础。不同的学生，在不同的时间、不同的环境，会表现出不同的需要，尤其对信任和尊重的心理需要是普遍的、基本的。所以我们要经常分析、研究学生的需要——班级的和个人的，这对预测学生的思想动向和引导他们的行为是绝对不可少的。例如，学生对课本上的有限文章咀嚼之后，又去涉猎一些文学作品，这是一种需要。它一方面表现出强烈的求知欲，一方面也表现出对生活的追求。若打击这种情绪，就会冷却学习语文的积极性，若表扬这种情绪，并尽力引导他们学会正确地选择与鉴赏，这无疑会与课堂教学相汇合而形成强大的合力。可见，满足学生的各种合理需要，是教师激励学生上进的基本手段。我们反复强调了解学情和教学信息反馈，其意义就在这里。

2. 个性的和谐发展是以兴趣为前提的

兴趣是人的认识需要的情绪表现，而满足认识需要就有助于填补知识上的空白，有助于更好地理解和认识所从事的事。兴趣在学习活动中的作用是巨大的。布鲁纳说："学习的最好刺激力量是对所学材料的兴趣。"孔子也说："知之者不如好之者，好之者不如乐之者。"兴趣的威力就在于使人积极地去寻找满足他们所产生的认识和需要的途径与方法。若兴趣得到满足，就会产生与更高认识活动相适应的新的兴趣。例如，当一个对作文感兴趣的同学在省、市、县获奖之后，他决不会从此结束作文的各种活动，相反，会使原有的兴趣更加浓烈，并试图去达到更高的水平。可见，兴趣是经常推动更高认识的机制。虽然个性的和谐发展是以兴趣为前提的，但兴趣不是天生的，而是培养出来的。例如，学生普遍对语文不感兴趣（教师有责无旁贷的责任），而偏向数理化。对此我们不能束手无策。在心理分析的基础上，比如可以利用优美的科学小品来刺激他们，使之产生模仿、表达欲望。这既能巩固学生对数理化的兴趣，又能唤起对语文和文学作品的兴趣。在教学实践中常碰到这样一种现象，有的同学对作文很不感兴趣，但有时给朋友写的信却结构严谨、语言流畅，并有很浓的感情。对学生进行这种心理分析，并指出他的潜在才能，就能增加对自己作文能力的认识。一个人的才能固然受到先天素质的制约，但后天的发展、培养与赏识，将会使兴趣发生质的变化，这就是教学艺术。保持兴趣的稳定性是至关重要的。接连几篇作文得分不高或连续遭到教师的训斥，都可能把原本对作文和语言很有兴趣的情绪打下去，这种实例比比皆是。可见，只有激发学生的兴趣，各种教学法才能发挥它应有的效力。

3.尊重与信任是发展学生个性的最基本的条件

艾玛逊说："教育的秘诀在于尊重学生。"但教育者必须首先获得学生对自己的尊重与信任，而对学生一视同仁却是教师保持尊严的基本修养。情感交流从来都是相互的。尊重与信任所产生的情感与情绪对整个学习过程有很大的影响，而缺乏积极的情感与情绪将会导致思维功能的严重障碍。例如，一个尊重、信任学生，并讲究教学民主的教师是最受学生欢迎的，因而在课堂上也易于创造出轻松、愉快的教学氛围，它对学生的质疑和自由讨论都将提供辽阔的空间。忽视包括尊重与信任在内的非智力因素的动力作用，而单纯片面地追求学习效率是愚蠢的。所以，只有唤起学生的这种内部动机，才能产生个性结构深刻变化，因而会给语文的教与学带来重大影响。

（三）语文教学中的个性作用

1.要尊重学生的个性

现代教育已经严峻地向我们提出了这个问题。语文教改能否日益繁荣，不仅取决于内部因素，授课内容、方法、技巧等，而且还取决于外部因素，即发挥学生的个性心理特征。尊重学生的个性，是研究学法的基础。我认为只有树立"以发展学生个性为中心"的教育思想，才能唤起学生的内部动机，从而引起他们个性结构的变化，达到教育的理想效果。教师应当懂得：教学的合规律性是教学艺术的必要前提，而教学的合学生个性，才是教学艺术的源泉和灵魂。基于此，我们就要打破语文教学的"划一性""封闭性"。只有尊重学生的个性尊严，才能使他们在语文学习上"八仙过海，各显其能"，才能使他们朝着自由自律、自我责任感的目标行进。这个判断无疑是正确的。就整个教学模式而论，当前的教师讲学生听，教师导学生学，教师设计学生练，仍是教学的主要基调，而它的根本弊端就在于轻视学生的个性。教师应当懂得，学生在学习过程中的个性发展，不仅能强化智力因素和非智力因素，而且也能使学生的学习能动性与创造性得到充分发挥。无疑，它会创造出教师意想不到的好效果。当然，在教学过程中教师的原则性指导是必不可少的。但无论何时何地都不要忘记去有意识地鼓励学生独立自学，鼓励学生努力摆脱教师思维的束缚。人才的超群就是因为他们冲出了世俗观念的强大引力。

我们应当冷静地正规这样的事实：为什么教师一到场，学生面红耳赤的争论就立即停息？为什么有些学生的文章几经教师修改，就变得持重老成？由此可见，只有尊重学生的个性，他们才敢于质疑，敢于争论，敢于求异；只有尊重学生的个性，他们才敢于超过教师，超过课本，超过名人。例如，学生在讨论《母亲》中的尼洛夫娜手提传单箱而感到恐惧的心理状态时，就提出了与众不同的全新看法：应当放弃以净化来美化英雄的传统观点。学生尖锐指出：英雄也是人，英雄主义应是一种逐渐展开的过程。母亲尼洛夫娜正是在克服对死亡的本能的恐惧中，人性美才得到了诗意的升华。培养学生具有良好的个性心理品质，也是教师责无旁贷的重要使命。所以从本质上说，尊重学生的个性，就是顺从教育规律，就是因材施教，就是发展学生的智力。因此，它是学案学法的思想基础。不尊重个性的任何教法必然是低效的。

2. 要尊重学生文章的个性

世界之所以美丽，因为它有高山蓝天，江河湖海；人世之所以复杂，因为它有悲欢离合，酸甜苦辣。自然如此美丽，生活如此丰富，学生笔下是不应该出现千篇一律的文章的，而造成万人一腔的原因之一，就是教师陈旧的思维模式。长期以来，我们习惯训练学生作"四平八稳""道貌岸然"的文章，往往把那些很有个性的作文，如路见不平的良心的呐喊，娓娓道来的心灵的述说，当作"异端"横加指责。幽默风趣的，反被写下"低级趣味"的评语，淡泊素雅的，反被加上"平淡无味"的眉批，热情奔放的，被说成是"漫天空喊"；缠绵细腻的，被斥为"小资产阶级情调"。教师老是想以被过去时代扭曲了的观点来征服具有独到见解的学生的观点，老是想以自己的个性来同化、净化学生的个性。这种"师道尊严"大概就是作文教学不成功的重要原因。压抑个性也是摧残人才。这是痛苦的，然而是理智的结论。学案学法的价值就在于，它懂得作文教学的成绩不单是来自教学本身，更关键的是来自发展学生的个性，尊重个性是调动学习积极性的根本。

3. 要尊重学生的阅读个性

有人爱读小说，有人爱读诗歌；有人爱看喜剧，有人爱看悲剧，这是无可指责的。相反，对一部作品，一篇文章的看法、评价，机械地、形而上学地"划一"倒是十分有害的。道理很简单，世界上没有绝对相同的个性。"仁者见之谓之仁，智者见之谓之智"。对同一个问题，不同的人从不同的立场或角度，就会有不同的看法，这是正常的，合情合理的。大家知道，一个作家由于个性、爱好、生活阅历、文学素养的不同，反映到他的作品里，就形成了文章的立意、构思、语言、风格等方面的千姿百态；同样，一个读者由于个性、爱好、生活阅历、文学素养的不同，当他欣赏作品时，就构成了对文章的联想、想象、感受、理解等方面的五颜六色。若忽视这一点，就是轻蔑乃至暴殄学生的个性，因而学生学习的积极性必然受到压抑。一个时代有一个时代的读者，文学欣赏也不是静止不变的。虽然文学艺术名著的客体并无变化，但由于欣赏主体的社会生活体验变化了，因此其理解作品的心境也就不同了。可见，我们在文学艺术作品鉴赏分析和指导上，应当根据时代的发展和学生的实际水平不断注入新的内容，并在尊重学生个性的前提下进行和谐的引导。只有这样，才能使文学鉴赏始终保持新鲜的活力。学案学法为培养学生的阅读个性开辟了广阔的前景。

4. 要以美哺育学生的个性

传授知识是重要的，但在传授知识的同时给人以美的享受也不可忽视。教学的审美性就在于使学生能从教学中获得美感，不仅是愉悦幽默，同时是美好与崇高。教学不单纯是认识性活动，同时也是情感性活动。只传授知识而不给学生美感，这样的教是呆板的，这样的学也是枯燥的。只有把知识孕育在美之中，知识才能显示出更光辉的价值，产生出更强大的吸引力。斯宾塞认为："如果没有绘图、雕刻、音乐、诗歌以及各种自然美引起的情感，人生的乐趣就失去一半。"教学不也是这样吗？所以教师要善于选择文学作品来哺育丰富多彩的个性，从中使学生的情操得到陶冶，使心灵得到净化，并树立起崇高的审美理想和健康的审美情趣。可奇怪的是有些学生对中国和世界的文学艺术名著却不感兴趣。是名著不"名"，还是名著"过时"了呢？社会氛围的影响是一方面，教师引导不力也是一方面。让我们冷静地思考一下，什么样的名著也经不起"段落大意""中心思想""写作特点"这"三段论"的分析折腾呀！割断整体的咀嚼磨尽了作品的个性，也丧失了作品的美，同时也构成了对学生个性的威胁。不注重作品的"精髓灵魂"，不注重作品的意境，任何技术性的分析都会是出力得不到好结果的。一出传统戏之所以具有那么大的魅力，导演使戏随时代而变的意识，是一个很重要的因素。同样，一篇传统课文要保持不衰的魅力，教师必须向作品不断地注入时代的血液。以"美"为手段来哺育学生的个性，使其审美能力得到迅速提高，并努力用自己的审美观点去分析文章。这是学案学法的突出优点。

5. 要以哲理哺育学生的个性

教师在传授知识的同时，也要教学生怎样做人。因此，教师不仅要研究学生的智力因素，而且还要研究学生的非智力因素。怎样发挥信念与世界观在个性结构中的决定性作用，这是摆在我们面前亟待解决的问题。哲理是人们认识世界、认识人生的高度概括和总结，它的深度、广度足以使人震动和清醒。我们要让渗透进世界观的各个领域的哲理来哺育学生的个性，并努力推动它加速形成和发展。要知道，歌德的一句"只要太阳照耀着它，污物也会闪闪发光"，唤醒了多少智者和愚者去奋斗；培根的一句"知识就是力量"，动员了多少代人冲进科学的迷宫。把感性认识上升到理性认识是困难的，然而正是它，对语言能力的形成起着重要的作用，像用中子击破铀原子核能释放出大量的能量一样，教师要善于用哲理去撞击学生的心灵，使他们形成强大的动力和深刻的分析力。以哲理为手段来哺育学生的个性，使他们的观察能力、认识能力向更深层次发展，使他们善于从琐碎的生活里发现真善美的踪迹，从普通人物的眼睛里洞察到他们的内心世界，而这正是学案学法的力度之所在。

当前，教育最大的弊端是忽视人的个性，一味地强调尽早尽多地吸收知识，而不去尊重个性，不去实施"全面发展的教育"，其结果必然导致学校削弱乃至丧失教育机构的根本性质。所以，必须以"个性化教育"为教育教学改革的突破口，只有这样，我们的教师和学生才能成为这块绿洲上的繁忙而又快活的公民，只有这样，我们的语文教学才能赢得大自然美丽的七色阳光。

三、语文学案的基本方法

（一）自读

1. 自读的作用

"以发展个性为中心"的教育思想，必然要求确立"以学生自学为主"的教学体系，而"以学生自学为主"的教学体系的生命线就在于确保学生的主体地位，而能对这个主体地位起保护作用的基本手段就是"自读"。航行于知识大海靠什么？自读；而教师的教学目标是什么？教学生自读。自读的优劣是区分学习质量高下的重要标志。苏霍姆林斯基精辟地论断："学生智力的发展取决于良好的读书能力。"这就表明，自读能力在学生的脑力劳动中起着决定性的作用，它对学生的智力、道德、审美诸方面的发展有着特殊的意义。

自读，不光指默读、朗读、速读、跳读，也包括阅读过程中的查字典、找资料、思考、想象、联想、圈画、评注等。自读既有广阔的实践活动天地，又有独立实践活动的特色。语文科的实践性特征，决定了自读是培养学生语文能力的重要手段。自读活动有张也有弛，学生可以从容地自我调解、自我思考、自我想象，可以掌握最适合自己的自读分寸和进度，这有利于学生发现并选择最适合自己特点的学习语文的第二渠道。所以自读是全部语文学习活动的基础，是语文学习系统的各个部分之间的连接纽带。各种教学方法、教学手段只有凭借自读才能构成整个学习活动的高效组合。强调自读才符合语文学习的固有规律；强调自读才是语文学习的本来面目。就中学课本来说，学生自读是获得和理解课文所提供信息的过程，也是运用信息进行创造性思维的前奏。自读一般可分为浏览性的、略读性的、精读性的三种基本方式。正像培根所分析的那样："书有可浅尝者，有可吞食者，少数则须咀嚼消化。"这三种自读方法的特点、作用及其相互关系都不尽相同。浏览的目的是为迅速获取文章的基本信息；略读则是为进一步寻索文章的要点；精读是为对所获得的大量信息进行严密的审视，以形成完整的认识。它们三者之间各司其职，又相辅相成。这三种自读技巧标志着自读能力由低向高的发展水平。浏览性自读是略读性自读的基础，学生在具备前两种自读技巧的基础上，才能有效地运用精读这个最重要的自读方法，去达到较高的自读水平，而教师的职责就是以课本的重点篇目为精读教材。密切注视不同学生的自读动态，以便发现问题，进行合理的指导。浏览、略读、精读这三种自读层次大致上与"识记""理解""判断"相对应。这就为教师设计题目进行自读训练，提供了一个比较明确的客观达标水准。所以，教学活动应当与一定层次的自读目标大体相对应。为检查学生的自读水平，教师除借助学案来了解学情之外，还可以通过某些外在的学习行为设法得到信息反馈，以便让学生知晓自己所关心和需要的东西与教师所要求东西之间的差距，从而强化学习动力。

通过自读课文来获得信息、保持信息是自读的中心目标。这里所说的信息是指那些与课文中心直接有关的基本信息，其他的则必须排除在教学目标之外。例如法布尔的《蝉》，自读之后可以获得许多信息，但基本信息是作者怎样以科学小品的形式把蝉的生长过程描写得清楚有序，以及它的生活习性给人们的哲学启示。至于纯属生物科学的若干知识是不必特意来记忆的。这就是说，教师要善于引导学生去捕获那些基本信息，以激发兴趣，加深思考。此外，教师还要时时提醒学生在自读课文时切忌孤零零、拉网式地去扫荡生词、难词，忙于查字典，注拼音，因为它会使每课书的特定目标的基本信息淹没在大量的干扰信息之中。这种自读方法，不仅有碍于深层信息的获得，而且其自读行为本身也不符合自读活动的思维方式和规律。

有人会问：自读不就是预习吗？不是，"预习"与"自读"是两个不同的概念，因此它们的指导思想是各不相同的。预习是学生听课前的一种预备工作。教师布置预习，通常只是为了让学生熟悉课文，着眼点是为教师"顺利地教"。至于通过预习要培养学生什么能力，一般均缺乏明确的目标和整体计划。而自读则不然，它既是教学手段，又是教学目的，即通过自读训练培养自读能力，而自读能力的提高必然促进表达能力、思维能力的提高。它的着眼点则是为指导学生"有效地学"，即最终达到不待教师讲而学生"自能读书"的境地。

自读的功能是多方面的。学生通过自读不仅能提高思维能力、作文能力，而且还能在思想上得到陶冶。凡达不到这个效果的自读都是徒劳的。

自读是陶冶情操、加深认识的过程。自读任何种类的文章，必然要接受作者所创造的思想感情与社会生活相融合的艺术境界的陶冶，并从中提高对人的认识，对世界的认识。有了见识，才能明辨是非；有了超出一般人的见识，才能发别人所未发。它的效果是教师代读所达不到的。当我们读完《祝福》时，会情不自禁地被主人公的言行和遭遇所激动，这样，它的作用力会把你推向认识的更高层次。

自读是思维加工的过程。正像《中国大百科全书》解释的那样，阅读是通过内部语言用自己的话来理解或改造原文的句子、段落，从而把原文的思想变成自己的思想。当你自读文艺作品时，必然要不断地发生联想、想象等一系列的形象思维活动；当你自读理论性文章时，必然要不断进行分析、概括、演绎、归纳等逻辑思维活动。可见，不强迫自己进行上述有头有尾的彻底的思维活动，是造成自读低效率的重要原因。"学而不思则罔"，孔子这个论断是精辟的。你对所读文章既说不出好，也说不出不好，又提不出问题，这是自读的大忌。"提出问题比解决问题更重要"，爱因斯坦的忠告充分说明思维在自读中的重要地位。有的学生说："新课本一发下来我就读了，并且课外还读了不少东西，可分析能力怎么提不高呢？"很简单，看热闹式的自读，根本谈不上创造性思维，症结应在这里。可见，自读过程又是再创造的过程。自读能哺育思维，而思维又加深了自读，形成了水涨船高的螺旋。

自读是进行作文艺术学习的过程。教师讲授各种文体作文的基本方法是必要的，但更多的是靠学生自己在一定自读量和写作量的实践中发生的潜移默化和不断进行的揣摩领悟。只要各种语体的写作样式及其规范语言经受多了，耳濡目染自然而然地会发生心理变换，而表达能力和语言素养也必然随之提高。庄子说："得之于手而应之于口，口不能言，有数言存其间。"由此可见，作文艺术的许多方面是无法言传的。要掌握作文的艺术规律，提高作文的艺术技巧，关键在多进行脚踏实地的练习和自觉接受作品的熏陶，单靠教师的抽象阐述，单靠背几条"定理"，是绝对不可能把作文艺术学到手的。自读水平的高低与作文水平的高低成正比。自读得越深刻，当你写起作文的时候，你脑子里的各种材料就会环绕你的中心观点，以不同的角度与色彩从四面八方涌来，做出本质性的反映，并能显示出强大的威力。若自读得浮光掠影，即或你掌握的材料再多，也不过是一堆不起火苗的烂稻草。

从自读过程中可以看出，自读效率出自自读目的，为消遣而自读，为回答所提出的问题而自读，无异于自欺欺人。蜜蜂没有目标地飞行，即或行程万里也采不到多少蜜。自读效率还出自自读方法，单靠"多"，靠"读书百遍，其义自见"是不行的。不动脑筋的浏览，越读越糊涂。首先应加强分析性自读，读完一篇文章必须理解其知识内容，以及篇章修辞和写作方法。读一篇当一篇，不理解就再读，直到读懂为止。还要遵照"不动笔墨不读书的古训"，边自读边笔记，不仅要摘录好词美句，还要写心得，有读必感，好处无穷。在全面理解文章的基础上，再对文章的思想观点、表达技巧等方面加以剖析和品评，好的吸收，谬误的摒弃或批判。自读就像杠杆原理一样，只要有正确的自读目的的支点，有科学的自读方法的力点，那么自读的效果就必然会大大提高。

2. 自读的方法

语文科的自读和其他各科的自读是不同的。具体地说，语文科自读的重点不在于记忆原理，而是运用原理，所以，不同文体课文的自读方法也应该讲究。

（1）用比较法来自读议论文，它是揭示议论文知识横向联系的基本方法。所谓"横向联系"，就是知识水平方向的联系、同类知识之间的联系，它便于了解各种议论文的共同点和差异点。

①题目的比较。按其类型，可分为论点型、范围型、寓意型、驳谬型、材料型。通过题目的比较，将能培养学生自拟题目的能力。

②体裁的比较。按其内容，可分为文艺评论、思想评论、杂文、读（观）后感。通过体裁的比较，将能帮助学生区别它们各自的特点，并能较准确地去运用某一种体裁来表达自己的思想感情。

③写法的比较。一般性的议论文是通过证明或反驳来直接阐述事物的道理，表明作者的见解和主张。而杂文在反映社会事件和社会倾向时，却十分重视说理的形象性。读（观）后感是读了一本书或一篇文章，看了一

场电影或一出戏之后有所感而写的，它的特点是一定不能离开原材料。评论是对某问题或某事件发表自己的看法和意见，而它的特点是有很强的针对性。大的项目要比较，小的项目也要比较。如每篇议论文论证方法的异同，思想评论与文艺评论的异同，文艺评论之间的异同，等等。通过写法的比较，就会使学生明确各种不同体裁的文章的不同指向，并有利于他们寻求各种文体的写作规律。

总之，比较法不仅能更深刻地揭示出文章的丰富内涵，而且也能切实提高学生的写作水平。乌申斯基说得好："比较是一切理解和思维的基础，我们正是通过比较来了解世界上的一切的。"

（2）"课程标准实验教科书"的文字量很重，不是所有文章都需要教师讲的，而以写内容提要的形式来自读记叙文（包括小说），确实是个好办法。学生要写得好，就非得认真、仔细地阅读文章不可：要回溯作者的思路，要分析文章的结构和层次，要理清故事情节的脉络，还要关注句子的句法和逻辑关系。它是个很复杂又很有意义的思维过程。有些文章从兴趣出发读一遍是可以的，但当知道了故事情节之后再读第二遍，就相当难深入。而如果以速写几百字的内容提要这个目的去读，其自读效率就要高出几倍。朱熹说得对："读书之法无他，惟是笃志虑心，反复详玩，为有功耳。"可见，只有意志专一，多方探索，深刻领会，才能收到自读的好功效。写内容提要的好处也在这里。

（3）结合写作各种实用文来自读说明文。自读说明文，重要的不是掌握课文的专业知识内容，而是掌握它们怎样以准确、通俗、简明的语言把事物的形状、性质、特征、成因、构造、关系和功用写明白，以及它们的不同格式特点。每读一种说明文样式就仿写一种。通过写作实践来消化各种文体的写作特点，是自读说明文最经济、最科学、最见效的方法，否则像过眼烟云，读过也就忘了。

另外，为了对各种说明文体的特点能有一个明晰的认识，比较法也是适用的。如，调查报告与总结的相同点都是在充分占有、研究和整理事实材料的基础上写作的，但它们的表达方式却不同。调查报告是以陈述事实为主，此种方式便于说明典型经验的性质、意义和作用；而总结却与之相反，它要求对事实的情况和过程只进行概括的叙述，重在论述从实践中获得的规律性的东西。这样冷静地一比较，写作起来就得心应手了。

（4）自读戏剧、诗歌的主要目的不是学习写作，而是提高鉴赏能力。这里以诗为例加以说明。一般说来，欣赏诗歌有三个步骤。第一是语音。历来在诗文上下功夫的人都要讲究高声朗读，其原因在于加强诗的韵律、节奏和语言的铿锵和谐所产生的感觉，以加深对诗文意味的体会，从而获得对诗文的美感。第二是语义。诗歌的语言是含蓄的，所以必须从用词造句上去寻求它的深刻含义，而随着一个个含义的剖析，就会勾勒出诗中的形象，因而获得的美感也就更加强烈。第三是综合图景。由词义勾勒出的形象，再通过联想、想象，就综合成诗的整体画面。于是那火热的感情，纯真的哲理就主宰了读者的世界。读诗的过程就是净化心灵、陶冶情操、启迪智慧的过程。请看杜甫的《闻官军收河南河北》：

剑外忽传收蓟北，初闻涕泪满衣裳。

却看妻子愁何在，漫卷诗书喜欲狂。

白日放歌须纵酒，青春做伴好还乡。

即从巴峡穿巫峡，便下襄阳向洛阳。

读后，首先被诗的铿锵悦耳、意味隽永的节律所激动。接着那"忽传""初闻""漫卷""放歌""作伴""即从""便下"等词语，便勾勒出栩栩如生的具体形象。最后，把这些单个的形象剪辑连缀起来，就形成了一幅忽闻胜利消息之后惊喜交加而又思归故里的画面，诗的美妙意境就飘然而出。文学鉴赏在自读中的作用不可低估，经常接受美的陶冶的学生，其作文的构思，立意及语言都要比同龄人高一头。能欣赏作品的美，自己的文章也就向美靠拢了。

（二）质疑

探究知识的过程中发现问题，思考问题是极好的学习品质，所以质疑是脑力开发的关键，它在学案学法中的作用不可低估。它是培养求异思维能力、应变能力、灵活能力的重要途径，也是把所学知识转化为各种能力的重要手段。所以我们认为"质疑"应当成为学案学法的一个重要环节。李政道说："学生最主要的是学会提问题。否则，将来就做不了第一流工作。"在教育界，由于封建思想和小农经济的影响，再加上"左"倾思想的干扰，使得许多教师和学生，老习惯于从书籍的条件和目的中来寻求唯一答案的求同思维，而很少或不习惯于从多种假设和构思中去寻求答案的求异思维。应当说，好问、质疑、求异是一种极好的心理品质。古代的朱熹就很重视质疑："读书无疑须教有疑，有疑者却要无疑，到此方是长进。"这是他做学问的深刻经验，也是他学术理论的精华。可见，要提高语文的教学效率，就必须教会学生有疑，就必须使学生改变那种墨守成规，只注重演绎、忽视归纳，一切结论都要以经典作依据的思维方式，就必须使学生树立"因时而宜"并敢于对旧有的理论、观念和方法提出超常的构思和不同凡俗的新观念。这是语文教学的重要任务，也是解决语文学习"高分低能"的有效方法。须知，学生头脑里的问题越多，其求知欲就越高，因而教师的教学效果就越好。

但值得注意的是，不少教师在课堂上总喜欢一问一答，而且要小河流水，哗哗哗，无障碍，无漩涡。岂不知这样天长日久就使学生养成了用以往条件反射所形成的旧概念来解决新问题的思维定式，而正是这种思维定式吞噬了不知多少"异想天开"的新思想。为冲破旧教学思想的强大阻力，我们摸索出一套诱发思维的教学方法。这种教学方法的主要特点是：把学生的思维从狭窄封闭的体系中解放出来，使之具有多端性，鼓励他们敢于独立思考，敢于提出新问题、新假设，而不是仅仅满足于对现成结论的注释和论证。这种诱发思维的教学方法应当贯穿于整个教学活动之中。为保护、发挥学生这种科学思维，我们首先宣布三条教学规定：一是在知识面前人人可以各抒己见，任何人不得以任何方式压制不同意见；二是对所提出看法要求同存异，不要轻易否定，并准许放弃、修正、保留自己的看法；三是不经学生充分讨论，教师不做判断性结论。有了这三条就能充分调动全体学生质疑的积极性。只有实行教学民主，才能发展求异思维。

改革开放前期，文革文风尚存，但学生敢于提出质疑，这十分可贵。高中语文课本第二册有一篇峻青写的散文《秋色赋》，学生对课文中的一段话大胆提出质疑。课文中写道，当人们在火车上看到昌潍大平原一片忙碌，人们热气腾腾在大风中刨地耕田时，一位老汉说：好啊，大风，你就使劲地刮吧，你现在刮得越大，秋后的雨水就越充足。刮吧，使劲地刮吧，刮来个丰收的好年景，刮来个富强的好日子。接着又说："'不行春风，难得秋雨'，你听到过这句谚语吗？"最后老汉又风趣地指出：这风来自北京。

这段话，教师根据"参考"等材料把它解释作"文眼"，起"画龙点睛"的作用。但学生却大胆地提出异议，说是"败笔"。经过一番热烈讨论之后，持否定态度的同学归纳出下面几条看法：一是这段话不像农民语言，这样学只能助长作文中的学生腔。二是作者的构思是好的，想借用"春风"来说明党中央政策的英明，但读起来却觉得造作，其文思不是水到渠成的自然流露。这场争论过程，实际就是创造性思维的过程。文学作品并不排斥政治，可它之所以感人，大概就在于把政治融入文学形象之中，因而更显其深沉、含蓄和耐人寻味，因而也就更有力量。

还有一篇杨朔写的散文《海市》。但占该文近三分之一的老宋的那段长篇讲话，学生却感到迷惑不解。显然，作者安排这场讲话是出于忆苦思甜。在讨论中学生对此却提出否定：难道不忆苦读者就体会还不了"海市"之甜是怎么来的吗？既然读者能从文章中领悟到这一点，对话不就是多余的吗？况且对话语言既不简洁，又无个性。学生提出大胆的设想：若把老宋那段话全部删掉，文章反而会更好些（即从"老宋含着笑……"删到"……人民海军专门来援救的"）。应当说，这种虚构斧凿的文章公式对学生影响颇大。

为了进一步开拓学生的思维，我们组织他们查阅了《文学报》《散文选刊》等有关资料，对杨朔主张把散文"当作诗一样写"，和与之相对抗的20世纪80年代一些散文家提出的"散文要以实取胜"的观点做了比较与分析。这样就使学生既增长了知识，开阔了视野，又有效地训练了思维。

学生的看法，不久得到了课程教材研究所的首肯，两年后这两篇课文就被删除了。

当有一位教师在讲《琵琶行》里的"千呼万唤始出来，犹抱琵琶半遮面"时说："琵琶女的丈夫不在身边，又是夜深人静，她怕碰见坏人，所以'千呼万唤始出来'，再加上女人生性害羞，特别是在陌生男子面前更不好意思，所以才'犹抱琵琶半遮面'"。但有个学生却不同意教师的说法。他认为那位"曲罢曾教善才服，妆成每被秋娘妒"的色艺双绝，名噪京城，使"五陵年少争缠头"的琵琶女，绝不会如此害怕、害羞。琵琶女是看透了当时社会的人情世态。她从半世沦落风尘的经历中认识到：年轻时贵族公子们喜欢她，无非是为了寻欢取乐，不是爱其色，就是欣赏她的才艺，不曾有过真正的知己。现在年老色衰，自然门前冷落，独守空船，十分寂寞孤苦。她对过去虽有留恋，但更多的却是悔恨。她厌倦风尘生活，所以无意再与生人见面了。学生的解释是很有见地的。质疑确实是脑力开发的关键。

又如，当我们学习鲁迅的小说《祝福》时，学生肯定小说采用倒叙手法之后，又提出用顺写可使文章同样生动的设想，并举出夏衍的电影剧本《祝福》的成功例子。

很显然，当学生的思维积极性被充分调动起来之后，就会对众所周知的人物，从一个新的角度进行前人未曾有过的思考，而这正是创造的前奏。但要鼓励学生质疑，就必须实行教学民主。我们在教学实践中深知冲破封闭教学思想的阻力是很难的。过去，我们给学生分析、解决问题时总喜欢排他性、绝对化，即"除此无它"，如"这篇文章用这种写法最好""这样解释绝对不行"等等。后来，我们把"除此无它！"改为"除此无它？"虽一个符号之差，却会使学生的思维处在"最佳竞技状态"。这种教与学之间真诚的民主、积极的思考、热烈的争论，不仅给创造性思维的发展提供了良好的土壤，把照搬"教参"的语文教学这潭死水汇入宽阔的江河，而且也给学案学法增添了无比的活力。

（三）自由讨论

1. 自由讨论的理论依据

由于现代科学技术的不断发展，教育观念和教学改革也必然不断随之更新和深化。同时，学生主体的改变也敦促我们更要研究学生的学法。国外学者也认为，自学将成为学习的主要形式，这是世界教育改革的趋势，"自由讨论"作为学法的一种，充分体现了这一思想。经过反复的探索和广泛的实践，我们认为"自由讨论"课有利于调动学生学习的积极性，有利于学生个性的健康发展，有利于学生创造能力的培养，是符合教育学、心理学和现代教学论的原则的。大家也许都会有这样的体会：假如你有一个苹果，我也有一个苹果，两人交换一下，结果，每个人仍然还是只有一个苹果。但是，如果你有一个想法，我也有一个想法，两个人交换一下，结果，每个人都有两个想法。同样的道理，当一个人研究问题时，他可能思考二十次，而这二十次的思考都是沿着同一思维轨迹进行的。在集体研究中，当一个人发表意见时，听者就可以借此与自己的想法比较，从而能在大脑中唤起新的联想。正像心理学家托兰斯说的那样："如果关心我们能为鼓励创造性才能做些什么，那么最有希望的领域就是激发学生自己去想、去验证自己的想法和同别人交流自己的想法"。"自由讨论"课不仅从组织教学上保证了学生的主体地位不可侵犯，而且将促使填鸭式教学和学徒式技术训练走进历史。

目前，我国部分教育工作者中存在的重教法研究而忽视学法研究，喜于教学独裁而厌于教学民主的现象，不仅反映了对知识来源的广泛性缺乏全面认识，也反映了我们的教学思想依旧没有摆脱"教师中心论"的陈腐观念的束缚。对教育工作者来说，没有比守旧、有惰性更可怕的了。教师对学生老不放心，老想越俎代庖，不管什么都讲，面面俱到，唯恐出差错，所以一旦放手给学生，就杞人忧天似的惶惶不可终日。其实教师不改变自己死教书和学生死读书的方法，才是真正令人担忧的，因为这种教法只会"压抑学生的种种思维，使之只能辛辛苦苦工作，不许进行偶然的飞跃"（布鲁纳）。传统的重讲授、注入，而轻"自由讨论"的教学方式，大大延缓了人才的成长速度和获取知识的能力。现代教育通过教学实践的比较研究，推出一个毋庸置疑的结论：学生获取知识不但要靠教师教，还要靠自己学，而后者又是第一位的，此所谓"师傅领进门，修行在个人"。鉴于此，对课本内容既不放任自流，也不应采用单一的靠教师讲的办法来解决。我们的原则是：凡是学生自己完全能解决的课本知识，就大胆教学生按"学案程序"自己解决；学生自己难以解决的，就组织自由讨论课来解决。庄子说："知出于争。"心理学家也告诉我们：争论是记忆的助手。我们高兴地发现，在自由讨论过程中进行思维和技能训练，比教师在讲授过程中进行思维和技能训练，效果不知要好多少倍。这是一个大胆而有深远意义的措施。自由讨论不但使主体的能动性得到最大限度的发挥，也使客体的主导地位得以充分体现。像生产关系不适应生产力发展就必然要引起社会改革一样，由于教学主体的改变，一场教法革命就是必然的了。

传递信息和信息反馈在现代教学中占有重要的地位，而课堂教学结构又直接制约或规定着教师、学生和教材在教学过程中的信息运动形式。"注入式"虽开辟了教师与学生之间的双向通道，但获得的反馈信息毕竟是有限的，尤其是在问答质量不高的情况下，更显露出不少弊端。而自由讨论时的信息传递就比较通畅，因为它不仅有教师与学生，而且还有学生与学生之间的信息传递。这就使学生从被动的信息接收状态，转变为富有强烈主动参与意识的灵活接收和及时处理信息的积极状态，它最大限度地调动了全体学生的学习积极性。对此，赞可夫曾有过一段深刻的阐述："如果班级里能够创造一种推心置腹的交谈思想的活跃气氛，学生们就能把自己的各种印象和感受、怀疑和问题带到课堂上来展开无拘无束的谈话。而教师以高度的教育机智，及时启发、引导学生并以平等的态度参加到课堂里去发表自己的见解，这样就可以收到预期的效果。

青少年的性格尽管多种多样，但他们都很爱表现自己，并有很强的自尊心。青少年性格的这些共性是我们组织"自由讨论"课的重要依据。但是教师若对这一心理特点认识不足，其言行就会有意无意地挫伤学生的求知热情和自尊心：他们或鸣锣收兵不再提问；或左顾右盼，谨小慎微；或言不由衷，漠然置之。其结果就会严重阻塞学生的思路，助长那种人云亦云，回避问题实质，甘愿借用现成答案的因循守旧的学风。教学活动中的"君主制""霸权思想""教师中心论"，在教育界还相当普遍，它几乎浸透在教学的每一个环节上，它是导致自由讨论课失败的主要原因。可见，"自由讨论"课只有建立在真正的教学民主的思想基础上，才能形成生动活泼的立体式群体反馈信息交流网络，才能发挥出它的手段效益，求得教与学的勃勃生机。

青年初期逻辑思维迅猛发展，而在思维的系统性和深刻性、独立性和批判性等特点上表现得尤为突出。所以他们对世界的一切都没有牢固的传统成见，对现成的结论、对各个领域的权威也敢于问津。他们喜欢怀疑，喜欢争论，喜欢在怀疑和争论的环境里吸取知识力量和道德力量。青少年学生的这个特点是我们组织自由讨论课的另一个重要依据。调动学生思维的积极性和保护他们的主动精神是教师的神圣职责。心理学研究表明，那些对青少年独立见解持否定态度的教师，是最不受学生欢迎的。所以，上好自由讨论课的关键，首先就是必须排除违反青少年心理特点的语言、行动和态度。

学生的求知欲，是他们在社会生活过程中，形成和发展起来的认识倾向和探究的需要。我们从心理学里领悟到：看一个教师是否高明，不但要看他有多少知识，而且还要看他是否知道学生需要什么知识。而从这个意义上来说，"自由讨论"课正是观察学生的心理状态和需求的好窗口。时刻从心理的角度去研究、了解学生的需求，是保护、激发学生求知欲的最好办法。而它又是提高教学效率的基础。

自由讨论要注重知识从中心点向四方辐射、延伸。要注意发挥学生的想象力和创造力，鼓励学生冲出旧观念，创造新观念。"自由讨论"课的深远意义远远不单是为解决课本中的疑难，而是训练学生驾驭"自由讨论"之舟，使自己的能力不断得到充实，不断进行迁移，走向更高层次，走进更深领域。

2."自由讨论"的组织与程序

"自由讨论"课由学生自己组织，并轮流担任主持人。主持人的职责：一是提前向同学布置自学指定的课文；二是了解自学过程中的各种动向和出现的问题；三是控制"自由讨论"课的全过程，抓住课文重点，随时阻止随意性讨论，切忌学习目标的游离；四是对所讨论的课文必须有较充分的准备，并认真听取教师的意见和指导；五是组织传阅该文的有关资料。

"自由讨论"课的主要程序：一是认真自读所规定的课文，并按规格写好"学案"；二是交流读后的收获和看法并提出疑问；三是对有争议的问题展开"自由讨论"；四是主持人请老师对某些问题谈自己的看法。

"自由讨论"课的主要目的：以发展求异思维为核心，让学生阅读思考时，思路尽可能向各种允许的方向扩散，突破习惯范围，不拘泥于一个途径，不局限在既定的理解，力求获得最多的、变异的、独特的、合乎条件的答案。这是教学思想的根本转变。

"自由讨论"课的主要纪律：一是在知识面前人人可以抒发自己的见解，任何人不得以任何形式压制不同意见；二是可以保留、修正或放弃自己的意见；三是在一般情况下教师不做判断性结论。

"自由讨论"课的主要好处：一是这种课像一个茶话会，形式生动活泼、气氛民主平和，容易使学生保持最佳思维状态和发挥主动精神；二是这种课像一座原子反应堆，同学之间思想、观点、认识看法的相互撞击能放射出更多的新知识、新思维、新灵感；三是这种课像信息发布会，同学之间便于在这里相互交换、传递自己的知识信息。

根据以上原则组织讨论课，不仅能促进学生独立发现问题、分析问题、解决问题和快速、深刻、牢固地掌握各方面的基础知识，而且能帮助教师冲出过去那种死胡同赶驴的封闭性的教学模式，达到教学的最优化。放手让学生按照自己的观点读书，按照自己的实际提问，按照自己的兴趣讨论，让学生有充分的学习主动权，促使他们在自读和自由讨论过程中不断地自我想象、自我思考、自我调节，并努力把获得的知识进行新的验证与校正、批判与否定。学案学法中的"自由讨论"，确实是挖掘语文科丰富资源和培养学生能力的中枢神经。

附：《装在套子里的人》"自由讨论"课堂纪实（节录）

主持人同学：由我来主持这节"自由讨论"课。

我在网上搜了有关材料。这篇小说发表于1898年。19世纪末期的俄国正是农奴制度崩溃、资本主义迅速发展、沙皇专制极端反动和无产阶级革命逐渐兴起的时期。沙皇政府面临着日益高涨的革命形势，沙皇政府的忠实卫道士，也极力维护沙皇的反动统治，并仇视和反对一切社会变革。这篇小说就是揭露和讽刺这种人的丑恶本质。

外国小说，我们不大好欣赏。我们的知识面窄，读书刊很少，读外国名著就更少。偶然读点，也因对外国环境、外国语言、外国习俗、外国称呼及写作特点的欣赏习惯不同而不能终卷。我希望本次讨论课，能为大家今后欣赏外国名著开个好头。请大家讨论。

同学：别里科夫真是个怪物，他把他的思想极力藏在套子里。只有政府的告示禁止什么，他才觉得放心；看到禁止中学学生晚上九点钟以后不准上街，他就叫好。可是当局批准城里开一家戏剧俱乐部，或者阅览室，或者茶馆，他总要摇头叹息："千万别闹出什么乱子。"

同学：我在网上查了查，当时的沙皇俄国剥夺、控制了人们的自由，全国密探遍布，告密者横行，一切反动势力都纠合起来，在全国造成了阴沉郁闷的气氛。沙皇政府的忠实卫道者，都死守着旧阵地，仇视和反对一切新鲜事物。这种人不但出现在官场，而且也出现在知识界。别里科夫就是这样的典型人物。

同学：别里科夫真是不可思议。他老穿着雨鞋，拿着雨伞，并把整个中学辖制了足足十五年！甚至全城都受他辖制！太太们到礼拜六不敢办家庭戏剧晚会，人们当着他的面不敢吃荤，不敢打牌，不敢大声说话，不敢写信，不敢交朋友，不敢看书，不敢周济穷人，不敢教人念书写字……别里科夫真是太凶了呀！

同学：这个别里科夫实在可恨，他不但把自己装在"套子"里，而且还想把周围的一切都装进"套子"里。

同学：为什么他死后一个礼拜没完，生活就又恢复了老样子？

同学：只要沙皇专制制度没被推翻，这块土壤上就会不断地滋生出新的别里科夫。

主持人同学：请同学结合课文，来讨论一下小说中讽刺手法的运用。

同学：用漫画或嘲讽的语言来描绘刻画人物，以达否定和贬斥的效果。小说中的讽刺很有特色：①用夸张的语言，用大热天穿雨鞋，带雨伞，穿棉大衣，勾勒出别里科夫的迂腐可笑。②用别里科夫将教师骑自行车与学生用脑袋走路联系起来，勾勒出他极端害怕变革。③别里科夫辖制全城，人们都战战兢兢，反过来他自己也是战战兢兢而不能入睡。这些描绘和刻画入木三分，别里科夫腐朽丑恶的灵魂跃然纸上。

同学：别里科夫想结婚是不是对生活有渴望了？如果他结了婚，能否走出"套子"？

同学：可以肯定地说，别里科夫并不爱华连卡。那么他为何要结婚呢？因为校长太太的撮合怂恿。如果他真结婚了，可能有两个结果：一是华连卡使别里科夫走出"套子"；二是别里科夫使华连卡走进"套子"。但别里科夫身上的"套子"太厚重，旧思想旧观念根深蒂固，已经是不可能让他回到正常的生活轨道上来了。

主持人同学：别里科夫与别人不同的地方就是，他什么都要有一个"套子"。那就让我们一块来找找它的"套子"。

同学：①生活上的套子——穿着打扮、生活用具、行为习惯。②思想上的套子——凡政府规定禁止什么，他无条件拥护；凡违背法令、脱离常规、不合规矩的事，他就闷闷不乐。③职业上的套子——教古代语言，躲避现实生活。④语言论调上的套子——"千万别闹出什么乱子"。

同学：作者用幽默讽刺的笔法刻画别里科夫的外表，是不是为了引人发笑？

同学：肯定不是。作者是在用他外形的"可笑"，揭示其丑恶的思想，让读者在笑声中看清别里科夫的龌龊灵魂。

同学：为什么说别里科夫所教的古代希腊文，也就是"雨鞋""雨伞"呢"？

同学：说他所教的古代语言是"雨鞋""雨伞"，这是暗喻，"雨鞋""雨伞"对他来说也是与现实隔开的一个"套子"，他教古代语言也是把它当作一个"套子"，借此躲避现实罢了。

同学：华连卡姐弟是怎样的人？

同学：华连卡姐弟是有新思想、敢说敢为的年轻人，代表了一种新生的进步力量。柯尼连科和别里科夫的冲突，展示了新旧两种思想的矛盾斗争，淋漓尽致地鞭笞和讽刺了别里科夫腐朽反动的本质。

主持人同学：请老师谈谈。

老师：大家讨论得很深入。小说的主人公别里科夫是沙皇专制主义的产物。我们读后要多观察社会，多反省自己，避免别里科夫侵蚀我们的灵魂。契诃夫的《变色龙》奥楚蔑洛夫——见风使舵、善于变相、投机钻营，《装在套子里的人》别里科夫——因循守旧、畏首畏尾、害怕变革，契诃夫以卓越的讽刺幽默才华，为世界文坛画廊增添了两个不朽的艺术形象。

主持人同学：本次讨论课进行得很成功，希望今后再"自由讨论"时，大家能多查些有关资料。

四、学案的最优化指导——点拨法

在推行学案的过程中怎样发挥教师的主导作用？中国传统的灵活机智的点拨法，已在学案实践中显示出它强大的威力。

现代教学论的一个共同特点是：既重视教师的主导作用，又重视学生的主动精神；既重视研究教师的教，又注意指导学生的学。教师与学生的关系，讲与练的关系，是整个教学过程中最基本的关系。各种教学流派的新与旧、长与短，往往取决于他们怎样认识、对待和处理这个基本关系。学案就是基于这种认识而设计出来的。而点拨法正是教师调整这两者关系的得力手段。教师授课的最高艺术就在于因势利导，使学生学会举一反三地去发现任何课题中最本质的东西。例如，学生写《威尼斯商人》学案。当写读后感时，学生提出了许多问题：16世纪的欧洲法律就这样严密吗？"假传圣旨"乔扮法官合法吗？法官以"契约"中的用词而判人有罪，不是诡辩吗？怎样评价夏洛克与安东尼奥之间的矛盾？等等。学生在此时的发问是最深刻的，教师在此时的点拨也是最关键的。这种点拨法打破了传统的知识单向传导程序，使学生再也不能坐享其成，惯性地、消极地等待教师的灌输。点拨法的另一个重要特点还能培养学生向未知领域探索的精神和素质。心理学家维果斯基指出："教学应该创造最近发展区，然后使最近发展区转化为现有发展水平。"这是个重要的教学目标，而点拨法正是变"最近发展区"为"现有发展水平"的重要手段。它是茫茫教海中一只敏捷的"鱼雷快艇",它最适宜对学案的指导。但是不能把点拨法搞成模式,我们应当根据教学的不同内容,尽量运用多种多样的组织形式和方式方法来指导学案,以最大限度地调动学生的学习积极性。

各派教育家对学习积极性都十分重视。法国思想家卢梭说过:"问题不在于给他们讲授科学,而是要启发他们的兴趣。"那么学生的学习兴趣是怎样形成的呢?据巴甫洛夫的高级神经活动学说中的条件反射理论分析:"如果刺激只集中在大脑皮层的一个地方,时间长了就会使那个地方的细胞进入抑制状态,于是就出现了睡眠——完全的或局部的睡眠。"而点拨法就避免了这种状态。例如,《柏林之围》中的儒夫上校是个有争议的人物,在教师的点拨下,学生在自由讨论时十分热烈。持爱国论者,从小说的背景及细节找出论据;持反对态度者,从历史和马列著作中找到否定的结论。可见,点拨法在指导学案时更能灵活地相机行事,并及时变换兴奋点,使学生在课堂的精神生活能始终保持最佳状态,它有利于激起学生的学习热情和形成学习动机。智力活动是在情绪高涨的气氛里进行的。点拨法以轻巧、明快的本领不仅能创造出浓郁的学习气氛,而且也能挖掘出学生潜伏于浅层或深层的智能,而智能问题又是现代教学论者所十分重视的。

开发智能是教育的必然趋势,而学案学法就为它开辟了一条直接通道。在现代教学中对于逻辑思维能力的培养较为重视,但对于直觉思维能力的培养却显得十分冷淡。直觉思维的一个重要特征是:在教师的点拨下,学生能利用自己具有的知识体系和生活经验对课题迅速进行思考,并以精准的观察力和敏锐的判断力,立即做出试探性的回答。直觉思维对学生的学习是至关重要的。而写完学案后的教师的点拨就加强了这种能力的培养,可以这样说,善于运用直觉思维的学生,就一定会有学习的主动权,否则就被动迟钝。一个人的直觉思维水平是他智力水平和聪明程度的标志。例如,《内蒙访古》提出了赞同"和亲政策"的观点,但唐朝的戎昱在《咏史》("汉家青史上,计拙是和亲。社稷依明主,安危托妇人。岂能将玉貌,便以静胡尘。地下千年骨,谁是辅佐臣")中却提出了截然相反的观点,课堂上引起轩然大波。当教师提出课题、指明对象、交代材料之后,学生立即展开独立的遐思畅想,并把思想理出头绪,做出自己的结论——这就是直觉思维的开始。我们应当改变这样一种千年不变的的观念;凡是没讲的和教材没有解答的问题，教师就认为学生一定不会，而学生也认为不可能预先理解。这就使学生失掉了几乎一切独立思考和大胆探索的机会，而学生写学案就彻底打破了这种局面。德国教育家第斯多惠尖锐地指出："不好的教师是给学生传授真理，好的教师是使学生寻找真理。"点拨法就培养了学生的直觉思维能力，并给学生指明了寻找真理的方法。

点拨法作为学案的优化指导，有它自己的特殊内涵。所谓"点"就是揭示事物的本质特征及与其他事物的内在联系，形象点说，就是"画龙点睛"。所谓"拨"就是用形象的或逻辑的方法拨动事物的外部装饰，使之呈现出暴露本相的趋势，形象点说，就是"拨乱反正"。点拨法巧妙而和谐地运用，就表现在这重重的"一点"和轻轻的"一拨"上。这"一点"就是精讲，这"一拨"就是释疑，余下的大量时间让学生自己去思索、去体验。这正是学案学法的特点。为达到这个目的，查阅学案后的点拨内容就必须做到：一是具有明确的方向性，即能顺利解决课堂教学所拟定的教养、教育和智能任务；二是要分清主次，理顺梯度，组织序列，以利形成知识的合理迁移或跳跃。

点拨法源远流长。中国教育史上最早的一部教育学专著《学记》中说："君子之教，喻也。"这"喻"就是点拨法中的一种类型。《学记》中又说："道（导）而弗牵则合，强而弗抑则易，开而弗达则思。"从这句话里我们可以看出：点拨的方法尽管林林总总，但它们都离不开"启发""诱导"这个核心。这就是《学记》所总结的"导""强""开"；点拨的作用尽管多种多样，但它们都离不开"为了学生"这个中心。这就是《学记》所概括的"和""易""思"。可见，点拨法这个传统的教学法，一旦与学案学法结合起来，就能产生明显的杂交优势，迸发出创新的火花，它更适合我国的教情和学情。现在的中学生比过去的同龄人见识更广阔、潜力更丰富，他们能进行更复杂的概括、更抽象的活动，他们是点拨教学法赖以发展和繁荣的肥田沃土。然而，学生的学习能力毕竟不是软弱的，尤其在正处于形象思维的实践阶段，所以在指导学案时，还必须重视、运用各种直观手段和多种教学方法与教学形式。只有这样，才能使学生在课堂教学的全过程中保持高度的凝聚力。

五、学案学法的能力培养与效果检测

我们不要空喊"培养语文能力"，应当拿出培养能力的看得见摸得着的具体可行的办法。语言训练体系科学化的关键，在于训练体系的思维科学化，而"思考和练习"处理，评析文章，写文章提要和摘要，写读后感，就是能力培养和效果检测的重要手段。

（一）"研讨和练习"处理

课本的"研讨和练习"题，不仅概括了每课、每单元的知识点，而且还为获取、巩固这些知识点提供了科学训练方法。"研讨和练习"是根据不同教材内容的实际而设计出来的，有一定的科学性。自读之后若能顺利解决它们，就说明课文的重、难点已基本掌握。回答"研讨"题不必太拘泥，答案也不必机械求同，但对"练习"题一定要回答准确。凡是做错了的，不要一改了事，要多想想出错的原因，不仅要知其然，还要知其所以然。例如，《景泰蓝的制作》的"研讨和练习"一，要求写出景泰蓝的六道制作工序，区分哪些工序介绍得最详尽，并分析其原因。这道练习题不要求学生背记各道具体工序，而是让学生理解"详略得当"是写说明文的重要原则。为具体而翔实地说明事物，往往需要综合运用多种说明方法，所以"研讨和练习"二，就要求学生准确判断哪些句子运用了哪些说明方法。当然，单单把它们找出来意义并不大，从中了解并学会使用各种说明方法，是教师训练的目的。说明文的语言一定要求准确，而"研讨和练习"四五，就是为培养这种能力而设计的。由此可见，只有理解"研讨和练习"各题的编辑意图，才能克服做题的盲目性。有些"研讨和练习"题，看起来心里明白，也不难，但要落笔表达出来，并非易事。回答问题还能说出大体意思，是非曲直是不容迂回含糊的。用准确简练的语言认真处理好"研讨和练习"，对培养学生的思维能力、分析能力、综合能力和写作能力，无疑都是有益的。

教学生自己去处理"研讨和练习"，是建立"以学生自学为主"的教学体系的重要环节，老师是万万包办不得的。学生学习知识从不会到会，若以教为主，知识是死的；若以学为主，知识才是活的。这不仅符合学习的心理过程，而且也符合获知的认识过程。"青出于蓝而胜于蓝"的人才成长现象就是这样出现的。在有明确目标的情况下，让学生自己动手、动脑，去分析、去比较、去判断，容易形成能力发展的兴奋点，而此时教师的主要任务能指出其"所以然"就足够了。教师对"研讨和练习"的烦琐讲解大都出于"唯恐学生学不会"的心理，但岂不知它可能导向"你不说我还明白，你越说我越糊涂"的出力不讨好的境地。

（二）文章评析

评析文章对提高鉴赏能力是至关重要的。为什么有些人虽读了不少文学作品却收获了了？是因为缺乏咀嚼和品味。读完一篇文章不去细细分析它的高与低，不去苦苦思索它的美与丑，那写作能力的提高也是无从谈起的。

要对一篇文章进行鉴赏先从哪里入手？首先要把握好文章的思想性，这样才能区分哪些该继承，哪些要批判。而文章的思想性又与作品所处的时代背景紧密相关，因此必须了解作品的写作背景、作者的思想状况和处境。读杜甫的《春望》，如果不了解安史之乱的背景及诗人的遭遇，就无从体会他的忧国伤时之情。其次，要分析文章的艺术形式。文体不同，构思各异，分析的角度也应不同。诗歌要抓意境，散文要抓联想，戏剧要抓冲突，小说要抓人物。而就具体分析一篇文章来说，应该注重整体结构分析，而不应从部分入手。所谓从部分入手，就是边看书，边查字典，把字、词、句、篇看成单独的存在，把文章的整体特性看成是各个部分简单相加。所谓从整体入手，即根据内容与形式统一的关系，将文章看成是有机的统一体。先概览全文，使部分与部分相关联，从整体出发去研究部分，然后在把握各部分之间的内在联系及其关系的基础上，再去揭示整体意义和写作特点。长篇的记事文，就要让学生弄清楚文章的各种矛盾，以及矛盾的产生、发展、高潮、结局；如果矛盾错综复杂，还要抓住主要矛盾，并理出发展的线索。这样分析，清晰明了，有立体感。抓结构是评析文章的一把钥匙。它可以用文字叙述，也可以用示意图的形式，进行高度的浓缩。后者的特点是能简化语言表达，能加强直观性，值得提倡。

如《荷塘月色》的结构：

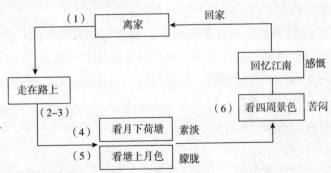

从结构图上看，课文线索分明，首尾照应，淡淡的喜悦与哀愁的思路贯穿全文。可见，文章评析也是对思维能力、写作能力、鉴赏能力的训练。

对文字语句的解释，则应从文章全篇的关联上具体断别。只有这样，文句的本质意义、作者的意图、技巧的高下，才能得到清晰深刻的辨别和理解。

我们指导学生鉴赏应遵循实事求是的原则。从内容到形式，必须当褒则褒、当贬则贬，不能迷信，更不能折中公允、回避矛盾。教师要善于诱导学生放胆想问题、亮观点、提疑问。思想解放是提高鉴赏水平的重要因素。

（三）写文章提要和摘要

写文章提要和摘要是检测自读效果的另一种形式，也是培养分析能力和概括能力的综合训练。写文章提要和摘要要求在理解原文的基础上，去枝壮干，对重点内容加以概括和浓缩，记叙类文章要概括其主要情节，议论类文章要概括其主要观点和论据，说明类文章要概括其说明对象的主要特征。

记叙类文章宜于写提要。提要是用自己的语言重新概括原文的基本内容，一篇好文章是没有废话的，它的每一个段落，甚至每一个句子都有自己的作用。文章提要就是要把文章的主要思想、重要内容用简洁的文字提炼出来，而又不失其原貌。把一万字的作品压缩到一千字，很不容易；压缩到三四百字，就更不容易。篇幅限制得越小，困难就越大（若限制到几十字，接近于主题思想时，倒不必煞费斟酌了）。写提要应注意两点：一是要通览整篇，做到胸有全局；二是尽量用自己的语言，少引原文的句子。学生刚开始练习写提要时容易犯一个毛病——把每段压缩成一两句。事实上，任何一篇文章，它的各段关系及其重要性都不尽相同，有些段落纯粹是衬式的叙述和说明，完全可以丢而不用，而有些段落却载荷着几乎全部的中心内容，可以基本上保留下来。

议论和说明类文章宜于写摘要。摘要是按照原作的思路、原作的顺序、原作的关键性句子和段落来概括原作的基本内容的。区别于提要的是写摘要尽量保持原作的语言，写提要则是用自己的话。摘要和提要都可以独立成章，也可以成为一篇文章的组成部分，它们是转引其他文章作为自己写作材料的两种主要方法。

（四）写读后感

自读一篇文章的效度当然很难衡量，但从一篇读后感里又确实可以大体探测出自读的深度和广度。

读后感是自读能力的聚集点和自读信息的总反馈。读写结合的一个重要方面，就是把自读中所思所感形诸文字，写成随感录式的作文。读，因为有写的需求，就会渗透思索的因素和钻研的精神。写，因为有认真研读作基础，不仅能较好地解决写什么的问题，而且容易找到怎样写的门径。

学案中的"读后感"至少有三个作用：

（1）它为加深加宽对课文的理解，强化其新旧知识的有机联系，提供了理想的沃野。写读后感是一个完整的学习过程。它既体现了对事物从感性到理性认识的升华过程，对所读文章从内容到主题认识的深化过程，又体现了对旧知识从化合、加工到推陈出新的创新过程。没有对课文读后的认真思考，就没有标新立异的新思维。只有不断运动着的知识，才是最有力量的。例如，当你读完了《阿Q正传》，只要认真思索，自然会联想到闰土、藤野先生、人力车夫、刘和珍、祥林嫂，从而你就会在他们之间的不可分割的联系中，发现震撼人心的真理。

（2）它为学生的思维活动提供了辽阔的五彩斑斓的空间，我们必须统一辩证地看待培养学生的认识能力和表达能力的问题。偏于表达能力而忽视认识能力的培养，必然造成作文训练的事倍功半、出力不讨好的局面。因为认识毕竟是表达的基础，而学生写议论文水平不高的主要原因恰恰就在于认识能力不高。不少学生读完一篇课文竟说不出感想，这除了对课文理解肤浅之外，主要是对事物的认识能力太弱。所以教师应当通过课文的分析，重点引导学生深入认识事物的本质。如《阿Q正传》的意图是要改造国民的性格，若认识不到这一点，作文的联想就无法驰骋。另外，还要引导学生学会从多角度看问题，努力冲破思维定式，这是创造思维的开始。《谈〈水浒〉的人物和结构》是出自文坛巨匠茅盾之手，但学生却说如此评价施耐庵是荒谬的，因为施耐庵那时根本就没有清晰的阶级观点。可见，写文章要想"出新"，作者自身有无"发现"的才能是一个关键因素。所谓"发现"，一是指发现新事物、运用新材料，二是指发现新角度、运用新方法。那么怎样才能有新"发现"呢？古人云："不见作者面目，则其文可有可无。"教学生写文章要"文中有我"，即有个性。立意、构思的硬功夫都在这里。应当强调，写读后感虽然不受文章内容的约束，但无论如何却不能脱离开文章本身去发无根之论。文章是感的基础，只有妥善处理好"读与感"之间的关系，文章才能境界新颖，匠心独具，材料才能开合纵横，运用自如。

（3）它为各种作文文体提供了科学的综合训练靶场。读后感的核心虽然在"议论"，但必须以记叙、说明性文字为基础。如果没有记叙和说明，议论就成了无本之木、无源之水。记叙、说明既然是为议论服务的，所以它的文字就必须更简洁、更扼要。从这个意义上说，写读后感不仅练写了议论，还练写了记叙、抒情和说明。

第二章　数学学法策略

——王春翠

一、学数学与正确的思维方式相结合

把目标定准，是做好一件事情的前提，据此能选择最便捷的道路。那么选择哪条便捷的道路呢？对此，学校、社会乃至家长都有自己的见解。

一曰：定理、公式是工具，概念是细胞，必须熟记；

二曰：只熟记还不够，必须从根本上理解它们；

三曰：理解了公式、定理、概念也不够，还必须学会在解题中应用它们；

四曰：既然为了应用，就应当归纳总结应用时的诀窍，即解题的思维规律；

五曰：勿纸上谈兵，必须做练习，要到水中去学习游泳；

六曰：熟能生巧，必须多练，于是"精讲多练"教学法就应运而生了；

七曰："精讲多练"导致了只练不讲，学生负担过重，于是又出现了"精讲精练"的教学方法，以及与之相适应的学习方法：掌握核心公式、定理、概念，选做典型题目，以达到运用这些定理、公式、概念去解与之相关的题目。

……

类似说法，不一而足。哪个正确，哪个不正确呢？

哲学上有个原理，说的是，世界上任何事物都是一分为二的，"好"与"不好"都是相对的，"好"与"不好"之间的比较，都是在一定条件下的比较。

举个例子：

一个人用铁锨翻地，另一个人驾驶拖拉机翻地，如果比赛的话，在单位时间内谁翻得快呢？多数人会冲口而出："当然是拖拉机快！"然而这个回答，却恰恰忽视了对条件的考虑。

如果比赛是在一块大平原上进行，当然是驾驶拖拉机的人翻耕得快。但是，如果是在翻耕一小块五角形花地，显然是那位手持铁锹的人翻耕得快，而拖拉机则是英雄无用武之地了。

可见，上面的各种说法都有一定的道理，但哪个都不能绝对化。中学生要把数学学好，我认为在一般情况下，下面的做法更好一些：把学习数学知识与学习正确的思维方式结合起来，即通过知识的学习，来造就一个聪明的大脑。当优秀的思维方式已经形成，当自己的思维水平日臻提高，你就会拥有一个强大的大脑，此时，无论是掌握数学定理、公式、概念，还是运用它们分析解题，都将不在话下。当你从这条道路上走过来之后，就会觉得那些数学知识、那些优秀的解题思路，将如铁屑附着在磁石上一样挥之而不去。

那么这条路怎么走呢？

二、学会"自己教自己"

几乎所有学校开学典礼上学生代表的发言中都会有这样一段话："……在新的学年里我们一定努力学习，上课专心听讲，紧跟老师的讲课，课后好好消化吸收……"

课堂上认真听讲当然是对的，但我认为，它并不是最好的学习方法。山东有句俗语：耳听不如眼看，眼看不如手经。手经，在这里是指亲自动手完成的意思。那么怎么"手经"呢？

我建议同学们，在课堂上不必片刻等待，要"想"在老师讲解的前面，要"抢"在老师证明某公式、定理的前面，要努力使自己想出它的推导方法。如，当老师刚写出定理的前提时，你就要审时度势抢先猜出它的结论，甚至当老师刚说出第一句话时，要超前猜想他的第二句、第三句话是什么，等等。做题也是这样，不要轻易问别人（包括问老师），就是课堂上老师讲例题时，也要争取自己先把它想出来。

这样上课，当然要比"专心听讲、紧跟老师"来得艰难，甚至痛苦。每个定理、公式都经自己完成推导，每道例题都经自己动手完成解答，虽历经艰难险阻，但必将熟知道路上的一坎一坷，其印象之深刻，记忆之久远，是不言而喻的。这就是自己动手的好处！更重要的，这种听讲方式，迫使自己的大脑在课堂上时时处在高速运转状态，这样日复一日，年复一年，当习以为常之时，正是一个强大的头脑日臻成熟之日！

三、透过现象抓住实质

记得儿时，大人给小孩们出了一道智力测验题目：有8个外形一样的小球，其中7个重量相同，一个较轻。让孩子们用一架天平，称两次把那个较轻的小球找出来。经过一阵思考和讨论，大家想出了方法：

把8个球分成3组，第一组、第二组分别都是3个球，第三组2个球。把第一组、第二组的小球分别放在天平的左盘和右盘上，第三组先留在地上。

情况一，如果这时天平的左右盘平衡，那么较轻的球必定在第三组的两个球中。这时，把第一组、第二组的球从天平上取下，把第三组的两个球分别放在天平的左右盘，用天平称，哪头轻就是哪一个。

情况二，如果第一次用天平称时，天平的左右盘并不平衡，则把较重的盘上的3个球收走（因为它们是正常的7个球中的三个）。这时从较轻的盘上的3个球中拿下一个放在手中，把另两个分别放在天平的左右盘上。若天平的左右盘不平衡，则较轻的盘中的那个球，就是要寻找的球；如果左右盘平稳，那么手中的那个球就是要寻找的球。

问题就这样解决了，小伙伴们拍手称快。但这时我却没有停止思考。我在想，情况二出现时，我们能从较轻的盘上的3个球（其中有一个是较轻的球）中用天平只称一次，就能把较轻的小球找出，那么如果第三组小球的个数是3个，也是可以称一次就把其中那个较轻的小球找出的。这就是说，如果小球的总数是9个，同样可以用天平称两次而把那个较轻的小球找出来的。过程如下：

把9个小球分成3组，每组3个，把第一组和第二组的小球分别放到天平的左盘和右盘上。

情况一，若左右盘平衡，则较轻的小球在第3组的3个小球中，用前面提过的方法再称1次，即可从中把较轻的1个找出；

情况二，若左右不平衡，则较轻的盘中的3个小球中有1个较轻，仍用上面提过的方法到天平上再称1次，即可从中把较轻的1个找出来。

思考到此就结束了吗？仍然没有。可继续想，从两次称量过程中，可以得到这样的结论，即每称量一次，能把目标的数量缩小$\frac{1}{3}$，反过来看，每增加1次称量的机会，称量对象的目标不就是可以扩大为3倍吗！这就叫透过现象看本质。

这样，我们就发现了一个公式：3^n。它的意思是，有m个小球外形一样，其中（$m-1$）个的重量也相同，另外1个较轻，当$3^{n-1} < m \leq 3^n$（n为自然数）时，用天平称n次，必可把其中较轻的1个找出来。例如，当小球的总数是243个时，需称5次（因为$243=3^5$），若总数是244个时，则需称6次了，总数是728个时，也只需称6次……。如果上面所说的那另外的1个是较重的，结论也完全相同。

这实际上是一个问题的研究过程。它的发生完全是一个儿童的自觉行为。事实上，在生活中，在我们的身边，这样的智力游戏是随时随处可见的，就看我们是不是自觉地去抓住它们，并进行深入的思考。那么怎样通过对它们的思考和研究来达到提高自己的能力、发展自己的智力素质呢？其关键除了处处留心之外，还要透过现象去抓住实质。

四、"化繁为简"是学习数学的好方法

现象是入门的向导，而一进门，就要去抓住问题的本质，这是哲理名言。在日常生活中是这样，在课堂学习中也是这样。"化繁为简"是自如驾驭数学（而且不仅是数学）知识的一个好方法。

列方程解应用题被公认为代数的难点。

难在哪里？难在对如何根据题意列出方程心中无底。它不像计算一个式子$x(x-1)-6(x+2)^2-(1-x)(1+x)$那样，有法可依，只要一步一步地算下去就可以了。于是许多的参考书或教师，便千方百计想出了不少如何列方程的方法，诸如"分析等量关系""化未知为已知"，等等。可惜它们都于事无补，同学们仍然难以渡过这个难关，最终还是要靠做大量的题目来找感觉。可只是达到"感觉"这个水平是不行的，遇到一些难度大或者面孔新颖的题目时，仍是一筹莫展。这是因为"分析等量关系""化未知为已知"等方法，都是浮在表面上，而没有一针见血地深入到列方程的思考本质。

那么本质是什么？是从应用问题中，随便选择其中的1个量，用两种不同的方式进行表达，中间加一等号，这就是要找到的方程。这样，我们前面那扑朔迷离让人捉摸不定的怪物（方程），就昭然若揭了。因为题目中的量到处都是，随便选取哪一个，都不费吹灰之力；用两种不同的方式各表达1次，只要读懂了题目，都是不难做到的；中间加一等号，就是3岁顽童亦不过举手之劳。这样一来哪里还有什么难点呢。

例如：一辆手推车满载时，可装半袋面粉加180斤大米，或者4袋面粉加5斤大米，求1袋面粉的重量。

解：设一袋面粉重x斤

用我们对列方程思考的本质的认识进行思考。如下：

思考1：用两种不同方式表达半袋面粉的重量，中间加一等号，得到

$$\frac{1}{2}x=4x+5-180;$$

思考2：用两种方式表达180斤大米的重量后，中间加一等号，得到

$$180=4x+5-\frac{1}{2}x;$$

思考3：用两种不同方式表达4袋面粉重量后，中间加一等号，得到

$$4x=\frac{1}{2}x+180-5;$$

思考4：以两种不同方式表达5斤大米重量，中间加一等号，得到

$$5=\frac{1}{2}x+180-4x;$$

思考5：用两种不同方式表达1袋面粉的重量，中间加一等号，得到

$$x=2(4x+5-180);$$

思考6：用两种不同方式表达半袋面粉的"半"字，中间加一等号，得到

$$\frac{1}{2}=\frac{4x+5-180}{x};$$

思考7：用两种不同方式表达4袋面粉的"4字"，中间加一等号，得到

$$4=\frac{\frac{1}{2}x+180-5}{x};$$

思考8：用两种不同方式表达手推车的满载重量，中间加一等号，得到

$$\frac{1}{2}x+180=4x+5;$$

思考9：用两种不同的方式表达一袋面粉的重量，并且在其中一种表达中不允许出现x，然后把两种表达中间加一等号，得到

$$\frac{180-5}{4-\frac{1}{2}}=x$$

......

这样，不但列出1个方程不费吹灰之力，而且列它十个八个亦非难事。这就是"一进门就要抓住本质"的威力。同时，对于本质的认识，还可以并且还应该进一步深化。应以"对应用问题列方程"这个课题进行分析。

对本题前面已经写出的9种方程中，其中"思考8"所列方程是最简单也是最好想的，这是为什么呢？

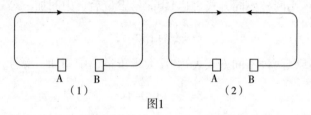

图1

请看图1，图中A、B表示两个人，曲线画的是一条环形跑道。A和B要沿着环形跑道去会面。

图1中的（1）的意思是，B在原地不动，A去和B会面，由于只有一个人运动，所需时间多，思考1—思考7及思考9都是这种情况，由于所表达的是题目中已经是明确给出的已知或欲求量x，用一种方式表达它时毫不费力（相当于图中在原地等待的B），于是全部思考工作量都放到了等号的另一端的构思上（相当于图中要整整跑一圈的A），当然构思的难度较大。

而图1的（2）的意思是，B和A同时沿跑道出发，使他们两人在途中的某一个地点相会，所需时间少。思考8列方程的本质就是这种情况。因为所要表达的量（手推车满载时的载重量）在题目中并没有明确给出。因而用两种不同方式进行表达时，都要花费一些力气，但由于总的思考的工作

量是固定的，因而两端的思考工作量都不很大，因而选择这个题目没有给出的中间量用了两种不同方式进行表达而列出方程，是最易思考的，也是最佳选择。

至此，对"列方程的思考"的本质的研究，显然深化了一步。

从它出发，对于如何尽快列出方程，就找到了一个规律——选择题目所给的过程中的一个中间的不具体的量用不同的两种方式进行表达为宜。研究还可以再深入一步。

在所列9种方程中，思考9所列出的方程，无疑是最困难的了。现在就看看它难的原因。

一方面，它选择表达的量（1袋面粉的重量）是所求量，用x作为它的一种表达太省力了，因而，另一端的表达式就复杂了；另一方面，雪上加霜的是，在另一端的表达中还不许x出现，这就使得另一端对x的表达的思考难度更大了（"思考5"也是用两种不同的方式表达1袋面粉的重量x，但在另一端的表达式中允许x的出现，故而难度较"思考9"为低）。

如果这时我们细心观察一下，"思考9"所列方程的左端，不正是小学数学里解这道题目所列的算式吗！可见，解应用题的算术方法的算式，本质上就是那个特殊方程（用两种不同方式表达所求量x并且在一端允许出现x）的另一端！因为它的构思是困难的，所以，数学上解应用问题的历史，自然地从列算式进步为列一次一元方程了（需要列出二次或二次以上方程的应用问题，通常无法列算式解出）。

但本书前面说过，世界上的事物都是一分为二的，正因为列算式的思考难度高，它对于思维训练的价值也就高得多，所以我建议初一的同学们，每当解一道列一元一次方程的应用问题时，一定要同时列算式解它一遍，以提高自己的解应用问题的能力。这样，即使遇上选择一个中间量用两种不同方式进行表达时的两端都有较大的难度时，也能应付自如。

上面在提到解题方法时，强调要抓住本质。事实上，在学习知识的进程中，都应该抓住本质，时时处处站在系统的高度上来把握知识。

（五）将知识放入整个系统之中

初二年级第二学期，平面几何第二册第四章有一条定理：一个角的两边和另一个角的两边分别平行时，这两个角相等或互补。

如图2所示，$A_1A_2//OA$，$B_1B_2//OB$，那么，$\angle 1 = \angle AOB$，

∠2+∠AOB=180°，∠3+∠AOB=180°，∠4=∠AOB。
在这里，并没有限定∠1（或∠2，或∠3，或∠4）相
对于∠AOB的位置。就是说，如果固定了∠AOB的位
置，那么∠1（或∠2，或∠3，或∠4）的位置是自由
的，只要不改变两组边对应平行的关系即可。

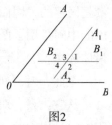

图2

那么当∠1、∠2、∠3、∠4的位置处在A_1A_2和OA
重合，这时仍可认为$OA_1//OA$，形成如图3所
示的情况下，这时的 ∠1=∠AOB，不恰恰是
"两直线平行时则同位角相等"吗！

这样看来，在初一年级的平面几何第一
册第二章学过的平行线性质3条定理（若两条
直线平行，则同位角相等、同旁内角互补、
内错角相等），不过是在初二年级第二学期
的平面几何第四章的这条定理（一个角的两
边与另一个角的两边分别平行时，这两个角
相等或互补）的3个特例，而这后来的一条定
理，则是前面3个性质的推广。

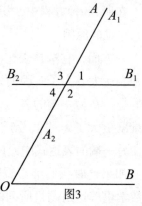

图3

事情到此并没有结束，如果图3中
的∠1、∠2、∠3、∠4沿AO的方向向下
在做移动，形成图4的下半部分所表示的
情况（图4中上半部分的虚线表示图3时
的情况）。那么，图3中的内错角相等，
∠4=∠AOB到了图4中，不恰恰是对顶角相
等∠4=∠AOB了吗？图3中的同旁内角互补
∠2+∠AOB=180°，到了图4中，不恰恰是平
角定义∠2+∠AOB=180°了吗；图3中的同位
角相等∠1=∠AOB，到了图4中，不恰恰是角
相等的原始定义（两个角重合）∠1=∠AOB
了吗！

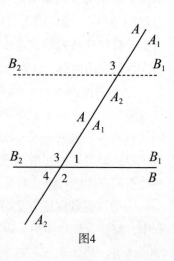

图4

这就是说，平面几何第一章中的"对顶角相等""平角定义""角相
等定义"，不过是第二章平行线性质3条定理"内错角相等""同旁内角

互补""同位角相等"的特例，反过来，后者则是前者的推广，是它们的一般情况。

这样一来，就把平面几何第一章、第二章、第四章的一些知识（它们在教学时间上历经了一年多的间隔）连在了一起，连成了一个系统，三个部分本质上竟是一回事。回头看来，这统一为一个整体的三个部分的关系是：一次一次地从特殊到一般，又一次一次地推广。达到这个高度，就是抓住了知识的本质，既见树木更见森林。但"森林"是无边的。在这片森林的后面，还有更广阔的森林，它不但时间跨度更大，还可以跨越学科界限，并使之形成有机的统一，以组织更大的系统。

请看，刚上初一第二周的代数课上，学过有理数乘法的符号法则：

$(+) \rightarrow (+)$ +

$(+) \rightarrow (-)$ −

$(-) \rightarrow (+)$ −

$(-) \rightarrow (-)$ +

现在，我们如果对几何第二册第四章的这条定理（一个角的两边和另一个角的两边分别平行时，这两个角相等或互补）做这样的约定，即互相平行的那组边若射线的方向相同为"+"，方向相反为"−"那么这条几何上的定理（如图5所示），不恰恰就是代数上有理数乘法的符号法则吗！在这里：

O_1A_1与OA同向，O_1B_1与OB同向，$\angle 1$与$\angle AOB$相等

    $(+) \rightarrow (+)$ +

O_1A_1与OA同向，O_1B_2与OB反向，$\angle 1$与$\angle A_1O_1B_2$互补

    $(+) \rightarrow (-)$ −

O_1A_2与OA反向，O_1B_1与OB同向，$\angle 1$与$\angle A_2O_1B_1$互补

    $(-) \rightarrow (+)$ −

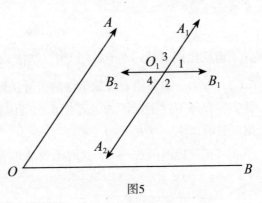

图5

O_1A_2与OA反向，O_1B_2与OB反向，$\angle 1$与$\angle AOB$相等

    $(-) \rightarrow (-)$ +

这样，竟把整整一个几何系统归结到一个代数中的符号法则上了。这

毫不足怪，符号法则，其实是哲学上"否定之否定"的一种表现。一旦上升到了哲学观点的高度，它的意义就不再囿于一隅了。

再看，在高中代数中，复合函数 $f[g(x)]$ 增减性的判断，有如下法则

$f(x)$ 增，$g(x)$ 增→$f[g(x)]$ 增

$f(x)$ 增，$g(x)$ 减→$f[g(x)]$ 减

$f(x)$ 减，$g(x)$ 增→$f[g(x)]$ 减

$f(x)$ 减，$g(x)$ 减→$f[g(x)]$ 增

这里，定义函数"增"为"+"，"减"为"−"，不恰恰又是一个有理数乘法的符号法则吗！

再如，很多人对一个不和谐的现象感到别扭。即，正比例函数 $y=kx$（$k\neq0$）中，当 $k>0$ 时，它是增函数，如图6（1）所示：

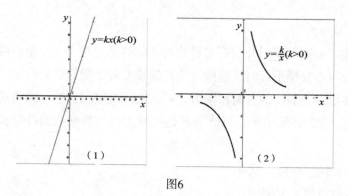

图6

而反比例函数 $y=\dfrac{k}{x}$（$k\neq0$）中，当 $k>0$ 时，为什么却是减函数？如图6（2）所示，如果用有理数乘法的符号法则来解释，这个看来别扭的现象其实再合理不过了。因为，若把正比例函数的"正"写成（+）；把反比例函数的"反"写成（−），那么，

"正"比例函数 $k>0$，这时函数是"增"函数

（+）→（+）   +

"反"比例函数 $k>0$，这时函数是"减"函数

（−）→（+）   −

以上，以较长的篇幅，用一个例子来说明了如何时时处处站在系统的

高度来学习知识、把握知识。应该指出，这样的例子不是绝无仅有，而是俯拾皆是。关键在于我们在学习每一部分知识、每一个知识环节时，不要孤立地去学习，而要努力把它们放在整个系统之中，既不但要见树木，更要见森林，使知识与知识连成一片，织成一个体系。对于每一个细节也要养成追根溯源的习惯，凡事要问为什么，以寻找它和它以外事物的联系。世界上没有"没有为什么的事物"。

把5的2次方5^2称作5的平方。为什么呢？正方形的面积是边长5乘以边长5，即5^2，但正方形是平面上的方形，故而5^2的称作5的平方。寻此下去，一连串的锁就都打开了。把5的3次方5^3称作5的立方，是因为正方体的体积是棱长5乘以棱长5再乘以棱长5，即5^3，但立方体是立体空间的方形，故而5^3称作5的立方。

为什么±3称作9的平方根呢？可以这样解释，9这棵树是在±3这个根子上经过平方得到的。为什么±3中的+3称作9的算术平方根呢？因为在算术（小学数学）中，没有负数，所以平方根中非负的那一个，称作算术平方根。

在直角三角形中，一个锐角的对边与斜边之比为什么称作这个角的正弦？邻边与斜边之比为什么称作这个角的余弦？自变量x的取值范围为什么称作函数y的定义域，而不称作是自变量x的定义域呢？

......

所有这些都是一些不起眼的细枝末节，多数同学学习时只是死记硬背，从而造成积累过多，日子一久就淡忘了。

在初一代数课本中写年级学习"有理数是整数和分数的总称"时，学生举手提问："老师，这整数和分数有什么道理呀？"老师回答："没有什么道理！"学生又问，"那么为什么把它们叫做有理数呢？"老师回答："这是数学上的规定，没有为什么！你们好好记住就是了。"

由于不讲"有理数"的道理，学生就记不好。讲课时向学生问起过有理数的定义，可绝大多数回答不上来。其实哪里是"数学上的规定"而没有"为什么"呢！这是前人的一次误译。

英文中rational number这个词中的rational在辞典里的第一义项是"合理的，理性的，有理的"，但它和number（数）连用时，就应该译它的第二个义项："能写成两个整数之比的"。这样，整数和分数总称为"可比数"不就一目了然了吗！因为分数是两个整数之比 $\frac{3}{7}$=3：7，整数也是两个整数之比5=$\frac{5}{1}$=5：1，而不是整数、分数的一切数，都不能写成两个整数之比。

显然，如果探求这个"为什么"，无论把它称作"可比数"还是仍沿用讹译记作"有理数"，那么就不会有大批学生都记不住"有理数"的定义了。可见对于每一个细节，都要去追根溯源问它个为什么，比起机械重复、反复练习、强记硬背的方法有着无法比拟的优越。但醉翁之意不在酒，这样做的目的更在于养成思潮如涌的习惯，形成思维的"活"。

什么是聪明？它的第一个层次就是"活"。聪明的更高层次是"深刻、准确"，而要造就这个层次，就必须在学习过程中去追求向哲理观点的升华。

（六）站在哲学的高度去观察思考

哲学是从各门学科中抽象出来的科学，他是至高的。人类历史上伟大的科学家、军事家、政治家无一不是哲学家。尽管他们在哲学上的成就不像他们在学科领域内的成就那么耀眼，但他们都是站在哲理的高度去进行观察、进行思考的。只有高屋建瓴，才能势如破竹；只有深入本质，才能切中要害。这就是为什么1956年我国掀起第一次向科学进军的高潮时，北京大学数学家确定"如何发挥哲学在数学研究中的作用"这个课题了。

这对中学生来说，是不是太神乎其神而不切实际呢？不是的，这在于运用的方式方法，是把数学和哲学油水分离，单搞一套去弄哲学，还是把数学知识向哲理升华，并随时反过来指导、驾驭对数学的理解和应用？正确的态度和结果，应当是后者。量变到质变、运动的观点、一般和特殊的关系、矛盾对立统一等观点，中学生只要运用好它们，对于学好功课，是大有裨益的。

本书中多次运用"一分为二"的观点，就是矛盾对立统一观点的一种表现。矛盾对立统一，是对客观世界本质的分析。用广义对称思想来描述事物的合理性，世界上的一切事物都处在它该处的位置上。例如，如图所示，$\triangle ABC$面积公式不可能是形如$S_{\triangle ABC}=\frac{1}{2}ab\sin A$的样子，因为在公

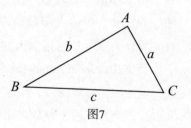

图7

式的前半部分a、b是平等的，如果后面写成$\sin A$，就破坏了这种平等；写成乘以 也破坏了这种平等，那么只好既不写$\sin A$，不写乘以$\sin B$，而乘以一个与$\sin A$、$\sin B$都不相干的$\sin C$，以保持a、b的平等。

由此观点出发，余弦定理$c^2=a^2+b^2-2ab\cos C$中右端的结构，简直是天衣无缝般合情合理。因为对于第三边c来说，第一、第二边a、b是平等的，所以有a^2就得配以b^2，而亦维护了a与b的对称（即平等），而在$\cos$的后面写什么呢？同样出于上面对面积公式的分析，只能写与a、b都不相干的C，才能维护a、b的对称。

本书只举这两个例子，是因为广义对称思想已渗透进数学的每一个毛孔内。运用广义对称思想，可以使一些难题被奇迹般地解出来。

例如：把$a^3+b^3+c^3-3abc$进行因式分解。

这是一道相当难的题目，它的解法是中学课本上所没有的。

解法：（添项+换元）

$a^3+b^3+c^3-3abc$

$=a^3+3a^2b+3ab^2+b^3-3abc-3a^2b-3ab^2+c^3$

$=(a+b)^3-3ab(a+b+c)+c^3$

$=(a+b)^3+c^3-3ab(a+b+c)$

$=(a+b+c)\left[(a+b)^2-(a+b)c+c^2\right]-3ab(a+b+c)$

$=(a+b+c)(a^2+2ab+b^2-ac-bc+c^2-3ab)$

$=(a+b+c)(a^2+b^2+c^2-ab-bc-ca)$

以上解法不仅计算过程长，而且解法的构思酝酿难度也高。但是如果运用广义对称思想来解这道题目，那简直就是举手之劳了。

分析：$a^3+b^3+c^3-3abc$是3次齐次式，它若能分解，第一步，当得到一个一次齐次式与一个二次齐次式之积。考虑到在原式中a、b、c是对称的，因而这个一次齐次式当是$a+b+c$。

在二次齐次式中，a、b、c也当是对称的，又考虑到乘积中有a^3、b^3、c^3及"$-$"号，这个二次齐次式，是不是可以为$a^2+b^2+c^2-ab-bc-ca$呢？

把$a+b+c$与$a^2+b^2+c^2-ab-bc-ca$乘起来看看，就能得到$a^3+b^3+c^3-3abc$。

$\therefore a^3+b^3+c^3-3abc=(a+b+c)(a^2+b^2+c^2-ab-bc-ca)$ 解毕。

"运动"是哲学的基本观点之一，也是指导学好中学数学的重要观点。例如，在立体几何中，增强空间想象力，对所给空间图形形成准确、充分的空间想象的一条重要途径，就是用"运动"的思想去进行想象观察。而"运动"的观点的另一种表现——换个角度看问题，则是灵活性的本质，用它来分析问题，有助于避开阻滞；用它来思考问题，则可以化险呈祥。

例如：已知a、b、$c \in R^+$

求证：$\sqrt{a^2+b^2}+\sqrt{b^2+c^2}+\sqrt{c^2+a^2} \geqslant \sqrt{2}(a+b+c)$

这道题高中老师讲课时，常常用作例题，限定10分钟做完，可常常是大半班的同学做不出来。他们都只迈出了一步（事实上是毫无意义的一步），即都是利用平均数不等式$a^2+b^2 \geqslant 2ab$代入欲证式的左端

$$\sqrt{a^2+b^2}+\sqrt{b^2+c^2}+\sqrt{c^2+a^2} \geqslant \sqrt{2ab}+\sqrt{2bc}+\sqrt{2ca}=\sqrt{2}(\sqrt{ab}+\sqrt{bc}+\sqrt{ca})$$

后，再试图证明$\sqrt{ab}+\sqrt{bc}+\sqrt{ca} \geqslant a+b+c$时，进行不下去了。事实上，这是不可能进行下去的，因为，$\sqrt{ab}+\sqrt{bc}+\sqrt{ca}$是小于或等于$a+b+c$的。大多数同学都是在这里卡住了，不消说10分钟，再给100分钟，也无济于事。

如果这时运用"运动"的观点，换个角度来思考，从代数中跳出来，换从几何图形上来想，结论就立即可以证得。因为在几何里人人都熟知，$\sqrt{a^2+b^2}$代表以a、b为直角边的直角三角形的斜边长，那么如图8所示，就表示了图中折线段$MQRN$的长度，而$\sqrt{a^2+b^2}+\sqrt{b^2+c^2}+\sqrt{c^2+a^2}$则表示了线段$MN$的长度。根据"连接两点的线段中以直线段最短"当然有，折线段$MQRN$的长度$\geqslant$线段MN的长度（当Q、R在MN上即$a=b=c$时，"="号成立）。即 $\sqrt{a^2+b^2}+\sqrt{b^2+c^2}+\sqrt{c^2+a^2} \geqslant \sqrt{2}(a+b+c)$

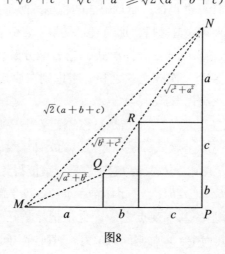

图8

证明完成了，多么简单呀，归功于谁？归功于"换个角度看问题"，它是哲学上"运动"观点的一种表现。

如果不换个角度来思考，完全用纯代数证不等式的方法，这道题目也可以证出来。其过程如下：利用公式：$\sqrt{a^2+b^2} \geqslant \dfrac{\sqrt{2}}{2}(a+b)$（$a,b \in R^+$）代入欲证的不等式得：

$$\sqrt{a^2+b^2} + \sqrt{b^2+c^2} + \sqrt{c^2+a^2} \geqslant \dfrac{\sqrt{2}}{2}(a+b) + \dfrac{\sqrt{2}}{2}(b+c) + \dfrac{\sqrt{2}}{2}(c+a) = \sqrt{2}(a+b+c)$$

证毕。

这其实是出题者所要求的证法。很简洁。但同学们为什么想不到呢？是因为课本上没有 $\sqrt{a^2+b^2} \geqslant \dfrac{\sqrt{2}}{2}(a+b)$（$a,b \in R^+$这个公式，课本上只有 $a^2+b^2 \geqslant 2ab$（$a,b \in R$）和 $a+b \geqslant 2\sqrt{ab}$（$a,b \in R^+$）这两个孤立公式，老师也就只讲这两个，否则就增加负担了。如果站在系统的角度、站在哲理的高度，在学习这两个公式时，就很自然地要讲到第三个公式，而且讲了之后，负担反而减轻了。追根溯源，这两个高中二年级学习的公式的本质，其实是初一代数中的 $(a-b)^2 \geqslant 0$，它们是一回事儿，如下：

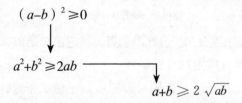

从广义对称的哲理观点来看，这个结构显然是残缺的，因为只有"右臂"，而没有"左膀"。怎么办？必须补全，应当对 $(a-b)^2 \geqslant 0$ 的左侧进行如下的补全，这样就出现了下面的这一幅完美的图画：

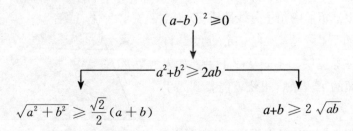

这是一幅多么美个图画！What a nice picture it is!

这第三个公式就这样顺流而出，应运而生了，而负担则几乎一扫而光。

这就是运用哲理的威力，这就是运用广义对称思想这个哲理观点的结果。"量变到质变"的哲学观点，在数学中的运用十分广泛，由于篇幅所限就不能在此阐述了。

（七）做题不在多而在精

水能载舟，也能覆舟。题海战术是覆舟之术。学任何功课都要做题。但题不在多而在精。首先要选好题。

什么是好题？题本身无错误；不只是对定义、定量、方法、条文进行复述；题的思路应充满活力，综合性强，有灵活性用武的广阔天地，而不是烦琐地堆砌公式；同类型的题找一两个有代表性的即可，不必大量重复；不找无益于对概念的理解的不符合一般规律的偏题。另外更重要的，是做题的方略、质量。每做一道题，要尽可能得到最大的收益。

我主张：

一题多解，以达到熟练；

多解归一，以挖掘不同解法的共同本质；

多题归一，以总结一批题目解法的共同本质，并抽象出解题思考的规律。

例如，做了几道涉及角平分线的题目，就应该总结出如下的思考规律。

想想角平分线性质定理及逆定理；

要想到角平分线造成一个轴对称图形，一切居于对称位置的元素或部分都是可证相等或全等的；

如果眼前的图形离完整的对称还有不足之处，就需从所缺部分入手，并补全。

想想三角形内角平分线性质定理。

例如下面一题，有一定难度，许多同学一筹莫展，不知从哪下手，如果运用上面的第三条，很快就能找到入手点。

已知：四边形ABCD中，AB//CD，

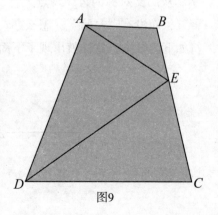

图9

AE、DE分别平分$\angle BAD$和$\angle CDA$，点E在BC上，如图9所示。

求证：$AD=AB+CD$

证法1：（思考过程：从AE是$\angle BAD$的平分线用上述的第（3）点出发，宜在AE的下方补上相对于上方所缺的部分，即作$\angle AEF=\angle 1$，EF交AD于F，如图10所示）

设$\angle AEF=\angle 2$，

由已知$\angle 3=\angle 4$

所作$\angle 2=\angle 1$，$\therefore \triangle ABE \cong \triangle AFE$，$AF=AB$

由已知$AB /\!/ CD$，

$\therefore \angle BAD+\angle CDA=180°$，

而$\angle 4=\angle BAE$，$\angle 5=\angle CDE$

$\therefore \angle 4+\angle 5=90°$，$\angle 2+\angle 7=90°$

$\therefore \angle 1+\angle 8=90°$

由所作$\angle 1=\angle 2$

$\therefore \angle 7=\angle 8$（等角的余角相等）

又$\because \angle 5=\angle 6$（已知）$DE=DE$

$\therefore \triangle EFD \cong \triangle CDF$

$\therefore DF=CD$

$\therefore AD=AF+DF=AB+CD$

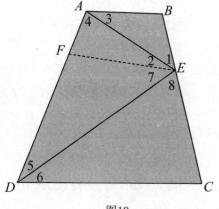

图10

证法2：（思考过程：如果从DE是$\angle ADC$的平分线入手，而在DE的上方补上相对于下方所缺的部分，即作$\angle DEF=\angle 8$，F在AD上。这样便得到了和证法1完全类似的证法2，仍如图10所示）

对于以上两个证法需要说明的是，添加辅助线EF时，应当说明它们的可行性（指F点落在线段AD上）。如下：

$\because \angle AED=90°$（已证）

$\therefore \angle 1 < 90°=\angle AED$

故，在做$\angle AEF=\angle 1$时，EF落在$\angle AED$的内部，则F落在线段AD上。

这是对于证法1添加辅助线时的说明。对于证法2添加辅助线时的说明，与此完全相同。

证法3：（思考过程：前两种证法是用作一个相等的角的方式补所缺部分，现在采取在AD上截取$AF=AB$然后连接EF的方式补所缺部分，仍用

图10）

由已知$AB//CD$

有∠BAD+∠CDA=180°

又∵∠4=∠BAE（已知）

∠5=∠CDE（已知）

∴∠4+∠5=90°

则在Rt△AED中，有AD>AE，AD>DE，

又∵$AB//CD$

∴∠B+∠C=180°

则可以不妨设∠B≥90°

于是AE>AB

∴AD>AB

故可以在AD上截取AF=AB，F落在线段AD上，连接EF

又∵∠3=∠4（已知），AE=AE，

∴△ABE≌△AFE，

∴∠1=∠2，

又∠2+∠7=90°（在证法1中所证）

∴∠1+∠8=90°

∴∠7=∠8（等角的余角相等）

又∵∠5=∠6（已知），DE=DE

∴△DEF≌△DEC

∴DF=CD

∴AD=AF+DF=AB+CD

证法4：（思考过程：从AE是∠BAD的平分线即可证AE⊥ED入手思考而补所缺的部分时，也可以用延长DE方式完成一个等腰三角形）

∵$AB//CD$（已知）

∴∠BAD+∠CDA=180°（已知）

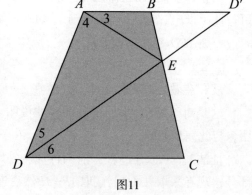

图11

又∵∠4=∠BAE，∠5=∠CDE（已知）

∴∠4+∠5=90°

∴∠AED=90°

即AE⊥DE，延长DE，DE的延长线和AB的延长线交于D′ 如图11所示。

∵∠3=∠4（已知）

AE⊥DE，（已证）

∴AD=AD′（一条边上的高线也是这条所对角的角平分线时，这个三角形是等腰三角形）

∴∠D′=∠5（等腰三角形两底角相等）

DE=D′E（等腰三角形底边上三线合一）

∵AD′//DC

∴∠D′=∠6

而∠BED′=∠CED

∴△BED′≌△CED

∴BD′=CD

∴AD=AD′=AB+BD′=AB+CD

证法5：（思考过程：与证法4的思考过程完全一样，只是从以AE为靶子改换为以角平分线DE为靶子来补所缺部分，如图12所示）

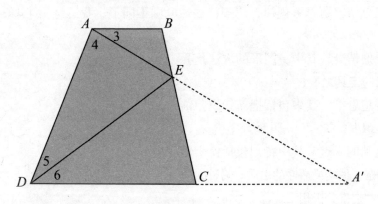

图12

∵AB//CD（已知）

∴∠BAD+∠CDA=180°

又∵∠4=∠BAE，（已知）∠5=∠CDE（已知）

∴∠4+∠5=90°

∴∠AED=90°，即$AE \perp DE$，延长AE后和DC的延长线交于A'，

∵∠5=∠6，（已知）$DE \perp AA'$（已知）

∴AD=$A'D$（一条边上的高线也是这条所对角的角平分线时，这个三角形是等腰三角形）

∴∠4=∠A'（等腰三角形两底角相等）

$A'E$=AE（等腰三角形底边上三线合一）

又∵∠4=∠3（已知）

∴∠A'=∠3

又∵∠$A'EC$=∠AEB

∴△$A'EC$≌△AEB

∴$A'C$=AB

∴AD=$A'D$=CD+$A'C$=CD+AB

就这样，只凭"（3）补所缺部分"这一条小小思考规律，一道有难度的题目的5种解法，呼之即出了。这说明在一题多解、多解归一的基础上，进行多题归一总结解题思考方法（规律）的价值。

与题海战术截然相反。题海战术多就题论题，当做完1000道题，拿来1001道题时，很可能还是不知如何下手，很可能前几百道题的印象早淡忘了。但总结解题思考规律，用规律去做题则不同了。我总结出了4条大规律是：

弄通情景。其中，图形的方法是弄通情景的工具之一；

联想思维。其中包括把新知识归结到旧知识上；

运动的观点。其中特别包括换个角度看问题，他是灵活性的本质。另外，顺推分析和逆推分析相结合也十分重要。

例：现在是3点10分，再过多少分钟，分针和时针第一次重合？如图13所示。

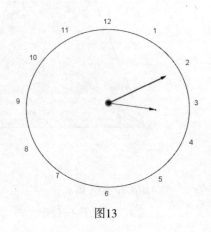

图13

编这道题的第一个目的，是培养学生学会运用所学知识去解决实际问题。

一些学生和老师在这道题面前束手无策的原因，就是没有弄通情景。试想，若把表盘拉直后不就是一道追及问题吗？

分针的速度是每分钟走1个格；时针的速度若看不准，就换个角度嘛。它1小时（60分钟）走5个格，它的速度就是 $5 \div 60 = \frac{1}{12}$（格/分钟）

追上时间=距离差÷速度差

可总有些同学这样解答：

$5 \div (1 - \frac{1}{12}) = \frac{60}{11}$（分钟）

这个解答当然是不对的，因为他们把时针和分针的距离差认为是"5个格"。但实际上，3点10分的时候，时针已从指向"3"的位置向前挪动了一点儿，时针和分针的距离差就不是"5个格"了，而是比"5个格"多了一点点。这"一点点"是多少呢？每逢这时，总有一些学生特别是教师很自信地说，把表针从3点10分往前拨到分针和时针重合，用了多少时间不是一目了然了吗？一目了然了吗？没有。眼睛并不能准确地看清两个动态物体在哪个瞬间重合后又离开，显微镜下亦是如此。若要静下心来，这个"一点点"并不难算出来。用分针的格数除以12。

$10 \div \frac{1}{12} = \frac{5}{6}$（格）

这样，时针和分针的距离差就是

$5 + \frac{5}{6} = 5\frac{5}{6}$（格）

追上的时间就是

$5\frac{5}{6} \div (1 - \frac{1}{12}) = \frac{70}{11}$（分钟）

但如果换个角度，就会有更好的解答：

3点10分时，时针和分针的位置差（距离差）不那么明显，那么，什么时候他们的位置差一目了然呢？是3点整，那时距离差15个格。于是，我们可以把表拨回到3点整，计算这时开始分针追上时针所用的时间，然后减去3点10分以前所用去的10分钟，本问题不就解决了吗？

$15 \div (1 - \frac{1}{12}) - 10 = \frac{70}{11}$（分钟）

这种解题思路令人耳目一新，其计算过程也简洁明了。归功于谁？既然是"弄通情景"，又是"换个角度看问题"。

第三章　英语学法策略

——于正平

英语的重要性毋庸置疑，它可以是成功路上的敲门砖，也可以是前进途中的绊脚石。为了学好英语，很多学生耗费了大量的时间与精力，痛苦地背单词，大量地做测试题，但最终的结果往往不尽人意，究其原因就在于急功近利，短视求分。然而"冰冻三尺，非一日之寒"，英语学习是一个长期积累的过程，是一个质量互变的过程。英语学习必须建立在坚实的语言能力基础之上，打好这个基础，提升四维素养（即语言能力、文化品格、思维品质和学习能力），才能真正掌握英语学习的技巧，才能感受到英语学习的魅力和乐趣。

一、学英语不难

1. Enjoyment——享受英语

Learning English should not be a headache. It is great fun.我们可以通过英文诗歌、歌曲、CD、VCD，甚至游戏机、电脑等手段学习英语。这样既受到教育，又得到享受。这叫killing two birds with one stone.学唱英文歌也是学习英语的好方法。当Whatever you do, wherever you go, I'll be right here waiting for you.这首歌词能脱口而出时，wh-+ever 连接的让步状语从句或现在分词表示伴随动作等语法项目，就容易多了。

你喜欢的、难易适当的英文歌曲，要试着根据录音听写下来。这样既可以练习听力，巩固词汇、句型、语法，又能训练完形填空能力。因为有些词、句你不可能一下就听得出来，只能根据前后句和整首歌的主题和结构来推断、验证。通过这种生动活泼、轻松愉快的方式学到的知识将终生难忘。

观看美国影片不仅是了解美国文化的重要窗口，而且是学习当代美国英语的有效途径。当代英语，尤其是美国英语变化很快，仅从教材上学习很难跟上。观看VCD或DVD，能将欣赏与学习融于一体，实在是提高英语水平的好方法。当然，中学生观看美国原版片有很多困难，但可以选择一些内容健康，语言简单，配有中文字幕的来看，能听懂一二句也是收获。

上面提到的仅仅是狭义的enjoyment。广义的、更深入的enjoyment蕴含于英语学习的全过程。英语学习是一个探索、发现的过程，其间每一个小小的发现都会给你带来无限的快乐。

外语学习既需要逻辑思维，又需要形象思维。语法书上一般这样讲：现在分词表示"主动，进行"；过去分词表示"被动，完成"。但在下面两句中的分词的用法仅从语法上很难解释清楚。

The boys rushed to the windows, sticking out their heads to see what was happening.

Seeing the terrible sight, the boy stood dumbfounded, his tongue stuck out.

在这种情况下就要借助于形象思维。第一句的意思是：孩子们冲到窗前伸着脖子，观看外面发生了什么事。所以用现在分词sticking 来表示孩子们"探头竖脑"的动作，现在分词常用来表示动态。第二句是描写男孩看到可怕的情景后目瞪口呆的神态，用过去分词stuck 表示他被吓得"瞠目结舌"，描绘的是一种静态，形容词也常用来描写静态事物，但过去分词所表示的，是动作发生后人或事物所处的状态，即"动后之静"。所以"大漠孤烟直，长河落日圆"中的"大""孤""直""长""圆"译成英语应该用形容词，而"无边落木萧萧下，不尽长江滚滚来"中"落木"应该译作falling leaves，"长江"可译作"the rushing river"。像这样把逻辑思维与形象思维结合起来学习，不仅能揭示现在分词和过去分词这一英语语法中的重点和难点之间的本质区别，而且能体味到其修辞效果。

2. Observe——留心观察

学习语言，必须具有敏锐的观察力。语言学习是一个通过观察、思考、推断、验证及运用逐步内化的过程。首先要学会通过观察，敏锐地发现值得注意的语言现象，只有生疑、存疑、质疑、解疑，才能渐有所得。记得我刚学英语时，曾见过这样一句话：I'll do all I can to help you. 当时我想：情态动词can 不是接不带to 的动词不定式吗？这里的help 前怎么加了to？问过老师后才明白。这当然是"初级阶段"的事了。进入中级阶段后，见到好多verb+ one's way+ preposition/adverb 构成的短语，如

make one's way to the shore, push one's way out of the crowd, feel one's way downstairs, work one's way through college，等等，便觉得这类短语多姿多彩，值得玩味。后来在一本英文词典中找到了解释："尤用于改变原本不表示运动意义的动词的词义，使之具有运动意义。"另有一本书对此又做了进一步的说明：这类短语有两个意思：一个意思是进行（proceed）；另一个意思是事业上的进展（make progress in one's career），多有"排除万难而得以前进的意思。"这样对短语的理解便深入多了，再遇到…How she worked her way into the heart of the man she loved，以及 The man wormed his way to becoming Governor.这样的句子，便能心领神会。英语也是一门学问，要学好，就得勤学、好问、多查。但若不善于观察，便很难有疑可问。所以培养缜密、敏锐的观察能力，是学好英语的第一步。

（1）别死学英语

无论在现实生活中还是在英语学习中，视而不见、听而不闻的例子实在不少。外国人对我国的英语教学曾有这样的评论：You are not teaching English. You are teaching about English. You are teaching the substitution of English. 这话说得虽尖刻，但仔细想想不无道理。多年来，我们在英语教学中孤立地教单词、语法，现在又空谈"阅读能力""交际能力"，好像词汇、语法等语言基础知识已全无用处！如今在中学英语教学中，各种各样的练习册，模拟题占去了大量时间。这怎么能从鲜活地道的英语中去直接汲取营养呢？

作为英语学习者，我们应该牢记这样一条金科玉律：Learn English. Don't learn about English. Don't learn the substitution of English.词汇、句型、语法是英语的组成部分，但不等于英语。练习册、模拟题可以是学习英语的手段，但不能把它们当成英语的替代物。语言规则从来不是"规定性"的，而是"描述性"的。要面对英语，从观察入手，就不能无的放矢，不看对象。

（2）留心英语的变化性和区域性

十几年前，人们还在为"It's me"还是"It's I"争论不休。现在已经没人再提了。"Long time no see"曾被认为是洋泾浜的典型，现在，许多英美人士也这样说。gonna=going to, wanna=want to 到现在仍登不上大雅之堂，但在流行歌曲里就这样唱，美国大片里就这样说，许多美国人就这样用，所以倒不如采取宽容和现实的态度：拿过来再说，为我所用。

另外，英美人对于动词时态的交际功能是十分敏感的。它往往最能反映英语的特点。汉语中的动词没有明显的时态变化，所以在学习和使用英语时经常出错。只有注意观察、揣摩、模仿、运用，才能使我们的英语越来越地道。

（3）勤查工具书

近年来在英语教学中存在着这样一种不良倾向：过分强调阅读量和阅读速度，忽视必要的精读和研读（study reading），尤其是忽视对语篇分析理解能力的培养。在以扫读为目的或消遣性的阅读中，确实不宜老翻词典，但在精读和研读中，若忽视查阅词典，只根据上下文来择意，那势必使学习者养成一种"雾里开花，水中望月"的不良阅读习惯。

美国著名人文学家，教育家L. R. Hubbard 曾分析学习上的三大障碍，其中最主要的障碍是"misunderstood words（被误解的词）。他所说的"misunderstood words"指"words that are not understood or wrongly understood"，尤其是多义词。他认为：在阅读中每放过一个不理解的词就会在大脑中产生一个空白。这样的"空白"过多，任你怎样"完形"也填不了空。

所以，对于阅读中的生词可以采取"先猜后查"的办法。根据上下文能够推断出意义，并不影响理解的生词可暂不查。但一些经常出现，又很重要的词，阅读之后一定要认真查词典，明确其基本词义和衍生意义，把握其主要词义和次要意义之间的内在联系，并结合搭配句子，尽可能记住它的各个义项，以及这个词的习语、合成词、派生词。在词汇学习中不下这样一番功夫，是很难学好英语的。新概念英语的编者L. G. Alexander曾说过这样的话：中级英语学习者如果能在词汇的三个C——context（上下文），connotation（内涵，本义），和collocation（搭配）上多下功夫，必将受益无穷。这确实是经验之谈。

3. Practice——常练习

学习英语必须要勤，不练不行。Knowledge comes from practice. Practice makes perfect.（知识来自练习，熟能生巧）

首先要练嘴。重要的句型一定要通过多读、背准、背熟，直至脱口而出，进而熟背段落和课文。背而不准，等于"造错"；背而不熟，劳而无功。背诵是属于长期记忆的范畴。语言学习的基本原则是：输入大于输出。脑子里存的东西太少，就越学越难。"吃到肚子里的才是饭"，背过的东西，经过慢慢消化，就会变成营养品了。

要养成造句的好习惯。学过一个词语句型后，要用它多造句子。造句是模仿与创造之间的桥梁。乔姆斯基说过：人具有根据有限的规则创造出无限句子的天赋。刚开始造的句子不一定都正确。首先要仿照例句，从局部替换入手，再联系实际，赋之以交际意义。造句应由短到长，由易至难，由简单到复杂。这样就把模仿、领会、应用融为一体。

要重视练耳。听力对智力发展的重要性可以从汉语"聪明"二字的写法找到最好的解释——耳聪目明。学习外语更是如此。

当前，快速阅读已经越来越被重视，但必须克服"英汉对号""逐词译码"等不良阅读习惯，若盲目"加载提速"，其效果会适得其反。怎样纠正"逐词译码"的不良阅读习惯呢？加强听力理解训练倒是一剂良方。因为在听力理解中，你想"逐词译码"也不可能，录音不会等你。你只能抓住话题，调出内存，边听边推断，边验证。这样的理解模式完全可以迁移到阅读中去。

要坚持每天用学过的词语、句型写一小段或三五句自己感兴趣的事，力求用学过的语言知识来监控表达。

4. Note-taking——勤笔记

在阅读中要养成这样的习惯：遇到好词、好句录以备忘。如果把大脑的记忆比作计算机的内存，笔记可以视为"软盘"，它是内存的扩大或延伸。将阅读中遇到的"丽词佳句"记录下来，及时整理、消化，对英语学习帮助很大。比方说你遇到It's said that he is an expert at computers.这类句子，记下来，并归纳可以用在这一类句型中的动词，如know, believe, think, consider, report, announce, order, suggest, demand, decide, require, request等，这样会使你对常用句型有更深刻的认识。

要通过同义转换发现句型间的内在联系。如上述动词都可用于It is / was +过去分词+that从句这一句型，但从语义范畴来划分，这类动词可以分为两大类：一类是表示看法或信息传递的，可以用sb/sth is /was + 过去分词+动词不定式来改写，如上面一句可以改写为：He is said to be an expert at computers.另一类多表示要求、建议、命令、决定等，包含这类动词的从句谓语动词要用（should）+动词原形。如：It's demanded that the chemical works （should）be moved out of the city.这种句型可以用宾语从句来改写，如上面一句可以改写成：The public demand that the chemical works （should）be moved out of the city.但不能用sb/sth is/was +过去分词+动词不定式来改写。这样做可以大大提高对英语语法的理解和活用能力。

要充分利用生活这个大课堂。每天我们从报纸杂志、日用品及大街小巷的广告、招牌上都能"捡"到好多个单词、短语、句子。碰到有用的，自己感兴趣的，随时记几个。

在英语学习中要keep your eyes open（多看），keep your mouth open （多说），keep your ears open （多听），最为重要的是：keep your mind open（胸怀开阔）。要通过英语学习，开阔眼界，更新观念，提高素质。这在一个人成长过程中所起的作用是无法估量的。

二、双向循环，突破学英语短板

所谓"双向循环"，是指在英语学习中词汇、短语、句子、篇章之间的相互促进和迁移。要按照英语学习的客观规律，在学习过程中既要坚持"正向循环"，即按照由词汇到短语，到句子，到篇章的顺序，扎扎实实步步为营地把语言基础知识逐步发展成运用语言的能力；又要在语篇训练中，坚持由语篇到句子，由句子到短语，由短语到词汇的"逆向循环"，以便在语篇训练中"激活""夯实"语言基础知识。

首先要高度重视词汇学习。俗话说："巧妇难为无米之炊"。单词就是语言中的"米"。中学生英语学习中的分流首先是从遗忘词汇开始的。在英语交际中，多掌握一个单词，就多了一分自由，尤其是在当今这个信息时代里，新词汇层出不穷。如green-collar（绿领），carbon footprint （碳足迹）test-tube（试管婴儿），email（电子邮件），e-business（电子商务）等，不懂这些新的词汇、术语，便很难跟上时代的步伐。这些年来由于应试教育的干扰，在中小学生中出现了一种埋头于"书山题海"而忽视理解、记忆的不良学习习惯，学英语不记单词将寸步难行。重视词汇学习并不是死记硬背。词汇学习最忌"单打一"，即孤立记单词或搞英汉简单对号。应结合短语搭配记单词，这样词义在脑子里容易立得住，便于记忆和应用。

句子是语言中最小且结构和意义又相对完整的语义单位。词义及其语法作用只有在句子中才能得到明确的体现，所以要尽量结合句子来运用词汇和语法。要掌握肯定句、否定句、疑问句、祈使句等基本句型的构成，以及动词的五种基本句型，要进一步掌握并列句、各种主从复合句的意义与作用。

学习英语的根本目的是提高在语篇中运用英语的能力。无论是词汇、句型、语法，只有在语篇中才有实际意义，才能实现其交际功能。高中生的语篇知识必须与语篇分析理解能力平行发展，语篇分析理解活动是语篇知识的实际运用，语篇知识又是语篇分析理解活动的前提。在语篇训练中要研究语篇是怎样围绕话题，结合语境，并依靠语篇中的词语、句子、段落之间的语义联系，以及运用词汇、语法、连接词语等手段来构成一个结构完整、意义连贯的统一体，以便从宏观上把握语篇结构，理顺文脉。要把语篇当成学习和巩固语言知识的载体，要在语篇中去学习和掌握词汇、句型、语法的确切意义和功能。

在英语学习中坚持词、语、句、篇的"双向循环"，既符合知识扩展、能力形成的科学流程，又有利于知识和能力之间的正向迁移。

三、打好基础，促"基""能"转化

（一）如何学好词汇

1."音""形""类""义"综合处理

"音"指单词的读音，"形"指单词的拼写，"类"指词类，"义"指词义。"综合治理"是说在学习过程中，从这四方面深入扎实地学习和掌握词汇，以形成词汇学习能力。虽然几经历史变迁，英语单词的拼写已经不完全符合拼音文字的规则，但仍有规律可循。解决单词的读音和拼写之间的矛盾，仍然主要靠读音规则，尤其是开音节，闭音节，r 音节，以及常见的元音字母和辅音字母组合等读音规则。在保证发音准确的前提下，不断归纳，熟练运用这些读音规则，是准确拼读拼写单词的关键。

词类是词汇的语法属性。在英语中，不同的词类在句子中担任什么成分有较严格的规定。因此不掌握词类，便无法学习语法，便会对进一步的学习造成极大的困难。

英语如同其他较发达的语言一样，一词多类现象相当普遍。名词和动词，形容词和动词，形容词和副词之间经常转化，而又不需改变词形。请看下面这段对话：

（A visitor sees a farmer getting in tomatoes in the fields and asks him:）

—What are you going to do with so many tomatoes?

—Well, I eat what I can and can what I can't.

句中的第一个"can"是情态动词，表示"能"，第二个"can"是由名词can（罐头）转类而来的动词，表示"制成罐头"。这段对话的幽默之处就在于巧妙地运用了同音同形异义词can的一词多类。一词多类颇能体现英语用词简洁、形象的特点。如用英语表示"穿针引线"，可以说"put a piece of thread through the eye of a needle"，也可以说"thread the needle"。前者用了11个词，而后者仅用了3个词，却能把意思表达得生动、形象。能否准确而灵活地掌握一词多类，很能反映一个人的英语水平。

词义是词汇的核心内容。在学习中，必须密切联系上下文，借助搭配和句子来掌握词义，尤其是一词多义。语义寓于语境，一个词的确切意义要靠它所在的上下文来决定。越是常用词，其词义越多，因而也就越容易被误解、误用。因此，根据上下文确定词义也是阅读理解和完型填空的测试重点之一。

掌握一词多义最好的办法就是根据上下文，结合搭配和句子来理解和记忆不同义项。以picture为例：在to draw a picture of a horse中当"图画"讲，在take a picture中当"照片"讲，在I can't get a clear picture on this TV set. 中当"图像"讲，在The book gives us a good picture of the workers' life in the 1930s.中当"描写""写照"讲。这样学词义，记得准，记得牢，便于运用，比孤立记单词效率高。

要围绕多义词的基本词义，归纳其衍生意义。词典是学习语言最好的老师。学习和掌握单词的词义更离不开词典。要尽早养成使用词典，尤其是英汉双解词典的好习惯。英语学习中危害最大的习惯是将英语词义与汉语词义简单对号，理解与表达中的许多错误皆由此而来。纠正的办法之一是多查英语词典，学会用英语释义。查词典既要澄清词义，又要注意观察词的用法。对名词要注意可数不可数，以及两者之间的转化。以pain为例：在She cried with pain. 一句中，pain是不可数名词，表示"疼"这一抽象意义；在I felt a sharp pain in my back.中pain是可数名词，表示具体的"阵疼"；在She took great pains with her work.中pains表示"辛劳"。对动词要注意及物和不及物，以及动词与介词或副词构成的短语动词；还要注意名词、形容词与介词的搭配，对习语更要特别留意。不管是学习词义或用法，都要认真研究词典上的例句，并仿照例句用所学的词多造句子。

2. 掌握构词法

英语中80%的单词是通过加前缀后缀，或由两个或两个以上的词合成而来的。掌握构词法对于迅速扩大词汇量，巩固已学词汇，加深理解，正确使用词汇，都是十分重要的。

英语中常见的构词法有三种：

（1）派生（Derivation）

派生是通过在词根上加前缀或后缀构成新词的方法。

学习英语派生法构词时，最重要的是要记住：哪一种前缀或后缀通常加在哪一类词之前（或之后），能构成哪类词，词义是否发生变化。大多数前缀只改变原词的词义，不改变其词类，如appear（v.出现）→disappear（v.消失）；coat（n.外衣）→overcoat（大衣，外套等）。英语中能改变根词词类的前缀有三个。它们是：a-，be-，和en-，如：head（n.头）→ahead（adv.在前面），sleep（n.睡觉）→asleep（adj.睡着的）；low（adj.低）→below（adv.在下面），long（adj.长）→belong（v.属于）；courage（n.勇气）→encourage（v.鼓励），large（adj.巨大）→enlarge（v.扩大，放大）。与前缀相反，后缀可以改变词类，但词的基本意义不变。后缀中构词能力最强的有：-er（or），-able（-ible），-ly，-ful，-ness，-ion 等。要记住常用后缀对词根的附加意义，并在学习中不断积累、归纳，例如-er（or）可以表示"从事某动作的人"，如teacher，driver等；也可以表示"动作的对象"，如reader（读物），bestseller（畅销书）；还可以表示"做某事的工具"，如computer，cooker 等；甚至还能表示"某地人"，如Londoner（伦敦人），Southerner（南方人）等。

（2）合成（Compounding）

把两个或两个以上的独立的词结合在一起构成新词的方法叫做合成。合成是英语中构成新词的主要方法之一。合成词具有结构简练、信息浓缩的特点，尤其是在书面语中特别常用。

学习合成词要注意由哪些词类构成哪类词，并注意合成词各组成部分之间的语义联系。如同样包含ing的合成词，其各组成部分间的语义联系会出现以下几种类型：

a. 动宾关系：如：English-speaking, time-saving

b. 表示用途：如：waiting room, washing machine

c. 表示程度：如：burning hot, freezing cold

d. 系表或动状关系：如：nice-looking, hard-working

（3）转化

转化是指一个词原封不动地转为其他词类，从而使该词获得新的意义和用法。词类转化主要发生在动词和名词之间，形容词与动词之间，以及形容词和名词之间。

要注意名词转化为动词两者之间的语义联系，如 to hand（=to give with hand：用……来……）；to pocket the money（= to put the money into the pocket：把……放入……）：to nurse the old（= to act as a nurse：像……一样……）；to fool sb（= to make sb a fool：使……成为……）；to telephone（= to send a message by telephone：用……来传送……）。

形容词转化为动词后，两者之间的语义联系主要有两种：to make or become adj：（使）变成，或使具有某种性质，或处于某种状态，如：to warm the milk（to make the milk warm：热牛奶），The room soon warmed up（The room soon became warm：屋里很快暖和起来）。再如：to empty（倒空），to smooth（使光滑），to free sb（释放某人），to slow the car（让汽车减速），to dirty one's clothes（把衣服弄脏），等等。

由动词转化为名词，词义没有多大变化。主要用于"have/take/make/give/get 等常用动词+a（an）+（adj.）+ n."这种动词短语中，表示"一次动作"。如：have a（good）look；take a（long）walk；give a（hard）pull；make a（careful）study 等。

由于转化为名词后，可以在其前较自由地加冠词、不定代词或形容词等修饰词语来描述动作，所以这类动词短语很灵活并富有表现力。

可以转化成名词的形容词有：

a. 表示国（洲）籍的形容词，如 Chinese, Japanese, American, European等。

b. 以−ary 或−ist 结尾的表示具有某种信仰或特征的形容词，如 a revolutionary, a socialist /Communist等。

c. 原为名词修饰语的形容词，后面省去被修饰的名词，而转化为名词，如：daily newspaper → daily（日报），weekly magazine → weekly（周刊），short trousers → shorts（短裤）等。

由形容词转化成的一些名词不具备名词的所有特征，而且前面必须有定冠词the，如 the rich, the sick, the Chinese 等。常用来表示某一类人的全体，除一些表示抽象的概念外，用作主语时谓语动词用复数形式。

3.词汇的记忆和巩固

学习英语最令人头疼的事是记不住单词。因此必须认真研究记忆的规律。

（1）词汇的记忆

记忆分短期记忆和长期记忆两种。短期记忆在大脑中保留的时间，短至几秒，长至几小时。如能及时巩固、反复再现，就可能转为长期记忆，甚至终生不忘。要准确持久地记忆单词，必须做到：

A. 强化第一次感知的印象。第一次感知在大脑中留下的印象最深刻。要强化第一次感知的印象，就必须：

a.具有强烈的感知愿望：相信自己能记住。

b.给自己加压：要求自己限时记住一定量的单词。

c.预测、推断、验证、记忆。学习一个单词前，要运用学过的知识对该词的"音""形""类""义"先做预测、推断，然后验证，验证结果正确，会增强自信；如不完善，或是错误的，会使所学的东西凸现出来，激发学习欲望。

d. 感官全员参与。记单词要眼看、耳听、口念、心想、手写。这里要特别强调的是：尽可能结合实物记忆。心理学实验证明：人脑的记忆速度，以图像记忆为例，眼看3小时后能记住90%，3天后能记住70%。眼看在记忆单词中的作用不单单是识别文字符号，更重要的是将词汇所表示的概念与实物直接联系起来。如学ceiling 一词，马上抬头看天花板，这样记准确、快捷，印象深刻。一切表示日常生活中看得见、摸得着的东西的词都应该这样学。学习表示抽象概念的词也应借助大脑的"成像"功能，在大脑中迅速"检索内存"，形成影像，使概念与图式直接挂钩。如学习kindness 一词，光凭英汉释义，印象仍然模糊。如果联想具体情境，把它放在"Thank you for your kindness."一句中学，效果便好得多。

许多同学忽视通过做动作来学、记单词。如学nod 时何不点点头？学

kick时不妨踢踢腿。一次揩去额头上的汗水的动作便能帮你准确理解wipe the sweat off one's forehead.

B. 纵横联系，深化记忆。第一次的感知印象还需要通过纵横联系加以巩固、深化。可采用以下办法：

a. 结构记忆。结构记忆指根据构词法，找出生词与学过的词在"音""形""类""义"等方面的内在联系。如学carelessness 时，与学过的care, careful, carefully, carelessly 以及happiness, kindness, uselessness 等联系起来。

b. 联想与归纳。学习一个词时联想同类的词，加以归纳、对比，可收到举一反三的效果。如学习political 时，应联系学过的physical，chemical，medical……以后随学随归纳、总结。

c. 对比记忆。主要指按同义、同类、反义、同音异形、同形异义等类别，对学过的单词对比记忆。这样做不仅有助于记忆，而且对于提高语篇分析理解能力也非常重要。

d. 搭配记忆。指把所学的单词与学过的词构成短语。如学political时可组成political study, political life ,political situation, political movement, political leaders 等。一个人的词汇搭配能力越强，其运用语言的能力就越高，同时词语搭配也是衔接语篇的重要手段之一。

e. 运动记忆。运动记忆是通过小脑支配口腔、手臂以及全身肌肉反复运动，而完成的一种长期记忆。在记忆单词时，首先要保证把单词读准，然后读熟，背过。

（2）词汇的巩固

记忆和遗忘是一对孪生姊妹，要巩固所学内容，必须不断同遗忘做斗争。但要克服遗忘，必须坚持以下三条：

A. 根据遗忘规律及时巩固。艾宾浩斯通过长期研究、实验，提出了著名的艾宾浩斯遗忘曲线，这条曲线说明：遗忘速度随着时间的推移而减慢。新存入的信息最初忘得多、忘得快。随着时间的推移，遗忘的数量减少，速度也放慢了。鉴于遗忘的速度是先快后慢，复习巩固的时间间隔就应先短后长。根据遗忘规律，人们通过实践总结出这样的复习巩固公式：首次记忆（间隔几秒）→ 一次复习（间隔几分）→ 二次复习（间隔1—2小时）→ 三次复习（间隔1—2日）→ 四次复习（间隔4日）→ 五次复习

（间隔8—9日）→ 六次复习（间隔20日）→ 七次复习（间隔一个半月）→ 牢记。这一公式反映的是一般规律，具体实施因人而异。由此可见，记忆单词并不在于一次花多长时间，而在于能否抓紧时间适时巩固。许多同学记单词总想"一劳永逸"。岂不知那种"一曝十寒"的记忆方法非但不能"一劳永逸"，反而事倍功半。

B. 努力提高词汇的复习率。提高词汇的复习率不是指单词的机械重复，而是指同一个词在不同语言环境或上下文中反复再现。提高词汇的复现率主要靠听、说、读、写等语言实践。对常见的词语要勤查词典，以便对其意义和用法有较全面的理解。要收集记忆好的句子作为掌握词语意义、用法以及句法的载体，尤其要注意收集那些言简意赅、寓意深刻的谚语或警句。在听、读中学到的词语、句子要尽量在说、写中用上，及时运用是避免遗忘的最好方法。

C. 利用卡片、词汇本强化记忆。对那些难记或刚学的词语，要记在卡片上，或写在容易看得见的地方，随时翻看，以强化记忆。

D. 从生活中学，在生活中用。英语单词、句子几乎是随时随地"唾手可得"，但不少同学没有养成从生活中学习的好习惯，对随时可见的英语词语视而不见，听而不闻。如有的同学每天可能不止一次按下收录机上的play键或pause键，但却说不出play a record/music 中的play是什么意思，也不知道pause当什么讲。放弃从生活大课堂中学习，"死读书""读死书"是无法彻底"减负"的。

（二）如何掌握语法

如何对待语法学习历来是英语学习中的关键问题之一。

多年来由于受旧语言观念的影响，语法被置于英语教学和学习的核心地位。不少学生认为英语就是"记单词，学语法，做练习题"。许多同学语法词条记得不少，但一用就出错。然而随着高考试题越来越强调考查能力，以及新教材"淡化语法"的编写体系，这几年又出现了另外一种倾向：空谈培养能力，忽视语言基础知识，尤其是语法知识。这种倾向对英语学习同样是有害的。面对英语语法，土生土长的英美人尚且窘迫，在语言环境有着天壤之别的中国，应如何对待语法？问题不是要不要学，而是为什么学，怎么学。学习语法应注意以下几个问题：

1. 明确英语语法的特点

与汉语相比，英语语法的显著特征主要是：词形变化多，如名词有单、复数，人称代词有主格、宾格的区别，物主代词有名词性形式（如mine, hers, theirs, ours等），形容词和副词有比较级的变化。动词有时态和语态的变化，以及谓语动词和非谓语动词的差别。英语中介词比汉语丰富，介词短语具有代替动词的功能。英语中主从复合句比汉语复杂。英语的这些特点恰恰是中国学生不熟悉的，因而在学习中感到困难，因此应当作为英语学习的重点。对于一些重点语法项目，如动词时态，要澄清基本观念，不可顾名思义，如认为现在进行时就是表示"现在正在进行的动作"，过去完成时就是表示"过去已经完成的动作"等。要结合具体语境不断体会各种常用动词时态的确切意义和用法，并在学习中通过观察、分析、对比、归纳，逐步加深理解，熟练运用。

2. "分流"和"综合"相结合

英语语法可分为词法和句法两大部分。词法（如名词、代词、形容词和副词的形态变化等）头绪较多，所以学起来感到很乱。句法结构较复杂，因此显得深、难。要把词法同词汇学习结合起来，将词法向词汇学习分流。如学习名词复数，形容词和副词的比较级和最高级，动词一般现在时，单数第三人称，现在分词，以及规则动词的过去式、过去分词，等等，在掌握一般规律的前提下，要结合具体的词加以巩固和归纳。学习句子的基本成分时，要与动词的五种基本句型结合起来，并在此过程中进一步深化。许多语法上的重点和难点，如非谓语动词的意义和用法，都可以向词汇学习分流，即与熟记常用动词的搭配结合起来。如see, hear, feel, 以及have等动词都可以接不带to 的动词不定式、现在分词或过去分词作宾语补足语。如：I saw him come in; I saw him writing a letter; I'm glad to see the problem settled.这三句可以帮助我们进一步认识到：动词不定式只表示动作已发生或将发生这一事实，并不涉及动作的进行情况（如第一句）；现在分词常用来表示说话时正在发生的动作（如第二句）；过去分词表示"被动"和"完成"（如第三句）。

注意把语法向词汇适当分流，并在句子和语篇中进一步巩固、归纳、熟练、深化，会大大提高语法学习的效率，促进语言知识和运用能力之间的迁移。

3. 把握语法项目之间的结合点

要善于发现相关语法项目之间的"结合点"。如名词的可数与不可数涉及冠词、不定代词的使用，谓语动词的人称和数、such...that 从句，以及what引起的感叹句等，应该作为语法学习的重点。再如非谓语动词与各种主从复合句也有密切联系，多数分词短语的作用与从句相同。通过同义转换，不仅可以发现它们之间的相互联系，收到举一反三、融会贯通的效果，而且还可以学到从一般语法书上学不到的东西。请看下面的例子：

例1

a. It seems that he **knows** the place very well→ He seems to know the place very well.

b. It seems that you**'re worrying** about something. →You seem to be worrying about something.

c. It seems that they **have met** each other before. →They seem to have met each other before.

d. It seemed that they **had met** each other before.→ They seemed to have met each other before.

e. It is said that the old man **served** in the two World Wars.→ The old man is said to have served in the two World Wars.

f. It seemed that the boy **had been fooled** again.→ The boy seemed to have been fooled again.

通过这种转换，我们可以发现：动词不定式的一般式常用来表示与谓语动词同时发生的动作（如a 中的 to know），其进行式通常表示与谓语动词同时进行的动作（如 b 中的to be worrying），其完成式多用来表示先于谓语动词的动作（如 c 中的 to have met），其完成被动式表示在谓语动词动作之前已经发生的被动动作（如 f 中的to have been fooled）。通过转换，我们还可以看出：谓语动词的时态和非谓语动词的时态之间的联系，非谓语动词仅具有"相对的时态意义"，它的时态意义是以谓语动词动作发生的时间为"参照"，来表示"同时""先于""进行"或"完成"，因而并不像谓语动词的时态意义那样完整。如 c 和d 中分别运用了seems 和seemed 两种不同的时态，但转换为动词不定式时却都用了完成时态。这说明谓语动词的时态和非谓语动词的时态是"异中有同"。通过上述的转换，找出他们之间的"结合点"，我们就能够把谓语动词的时态意义和用法顺利迁移到非谓语动词中去，并加深对这一语法难点的理解。

例2

a. The boy **talking** with my brother is a friend of mine. → The boy who is talking with my brother is a friend of mine.

b. Yesterday we visited a factory **making** color TV sets.→ Yesterday we visited a factory which makes color TV sets.

c. Those **wishing** to go please sign up for it.→ Those who wish to go please sign up for it.

d. The white building **standing** at the corner of the street is the post office.→ The white building which stands at the corner of the street is the post office.

通过转换可以看出：a 中的现在分词扩展成定语从句后，从句谓语动词用进行时态，而其余几句中的谓语动词用的是一般时态。

这说明：现在分词不一定表示正在进行的动作，也可以表示与谓语动词同时发生的动作，或经常发生的动作，而说话时未必在进行（如b 中 的 making），或表示固定的状态或愿望（如c，d中的wish, stand等）。这就澄清了对现在分词意义和用法认识上的一个误区，从而使我们对这一重要语法项目的认识更为全面深入。

例3

根据例2a，我们可以发现这样一种现象：当定语从句中关系代词做主语，从句中包含be 的人称形式时，删去关系代词和be 的人称形式，就可以把定语从句简化为现在分词作定语。这是否适用于其他类型的短语？ 我们不妨加以验证：

a. Now TV sets （which are）**made in China** sell well on the international market.（过去分词短语）

b. The matter （which is）**to be discussed** at the meeting is of great importance.（不定式短语）

c. The women were carrying baskets （which were）**full of vegetables**（形容词短语）

d. The workers （who are）**out of work** are having a hard time now.（介

词短语）

e. Tell the children（who are）**over there** not to make so much noise.（副词短语）

上面的转换证实了这一推断。它不仅使我们学到了从书本上学不到的东西，而且可以通过观察、对比、分析、推断、验证来培养创造性学习能力。

4.话题、语境、结构、功能四位一体

根据现代语言学理论，语言学习和运用必须坚持"话题、语境、结构、功能四位一体"的原则，即把语言知识置于篇章的特定语境中，为实现一定的交际目的服务，而不是单纯讲语法。高考英语试题在语法测试中也集中体现了这样一条原则。近年来NMET语法填空部分的语境因素越来越强，大多数试题都是通过上下文的语言环境、主从复合句、并列句等来提供明确的语境。这就要求我们在语法学习中必须学会"抓住话题，明确语境，掌握（某一语法项目的交际）功能，选择（正确的）形式"这种学习方法。只有在话语篇章中深入理解语法知识的交际内涵，才能巩固语言知识，提高运用能力。

（三）如何培养阅读能力

《全日制高级中学英语教学大纲》中规定：在中学英语教学中要"进行听、说、读、写综合训练，侧重培养阅读理解能力"。大纲还进一步指出："阅读是理解和吸收书面信息的能力，有助于扩大词汇量，丰富语言知识，了解英语国家的社会文化背景。"尤其是在我们这样一个英语环境相对较差的国家里，阅读不但是获取信息的主要途径，而且也是提高英语水平的主要手段。形势的飞速发展，尤其是互联网的普及，对我们的英语阅读速度和理解质量提出了更高的要求。近年来高考英语试题中阅读理解题占的比例越来越大，文章的长度和难度也逐步提高。在满分150分中，阅读理解占40分。如果加上语法填空、完形填空、短文改错等必须以理解为前提的题型，测试阅读理解能力的题目的分值已高达95分。因此，如何培养阅读理解能力已经成为中学英语教学中的重中之重，这对提高学生今后进一步学习和使用英语的能力也具有十分重要的意义。如何培养阅读理解能力？我想我们最好通过实例来说明问题。请阅读下面这一段落（生词用斜体标出，在后面注释）：

If you are like most people, you suffer through three colds every year, each *lingering* three to ten days. Although a lucky few never catch colds, the average person misses several days of work each year with this illness. And this means that when you sneeze the economy catches a *chill*, too. *Seeking relief*, we buy all kinds of medicines to clear our heads and ease our pains. But doctors agree, sadly, that no practical cure has ever been found for this disease, which *occurs* more often than all others combined. [linger vi.停留；sneeze vi. 打喷嚏 economy n. 经济；chill n.凉；seek vt.寻找；relief n.解脱，免除；ease vt.减缓；occur v.发生；combine vt. 结合]

阅读中的直接困难当然来自生词、语法。不识单词，不懂语法，当然谈不上阅读理解。如在这一段中，如果不理解文中的关键词，不懂得 lingering，seeking relief，all others combined等分词短语以及各种主从复合句的意义和用法，便很难准确、全面地理解短文的意思。语言基础知识在阅读理解中的作用不容忽视。然而我们经常遇到这种情况：文中没有生词，也没有很复杂的语法现象，为什么阅读速度仍很慢，理解质量也很差呢？我们不妨换一种读法，看看效果如何。

首先通过扫读抓住短文的话题。尽管这段短文中有生词、难句，但其话题不难抓住：感冒（catching colds）。对此我们都有切身体会，阅读时自然会产生一连串联想：感冒是一种最常见的疾病，一旦感冒，少则三五天，多则十天八日好不了。感冒了就会打喷嚏、发冷，有时要耽误上班，就得看医生，吃药以清脑祛痛。无奈医治感冒并无灵丹妙药……

像这样抓住话题，与背景知识和生活经验挂钩，边读边联想、推断，并根据文中所提供的信息验证、修改，会大大缩短阅读者与所读材料之间的距离，理解起来便容易得多。这反映出培养阅读理解能力的几个关键性问题：

1. 明确阅读理解的心理过程，掌握正确的阅读理解模式

关于快速阅读的重要性，近年来已为越来越多的师生所认识，他们也采取了不少有针对性的措施。但是如果不了解阅读理解的心理过程，建立正确的阅读理解模式，盲目"加载提速"，很难真正提高阅读理解能力。

阅读理解并不是一种消极被动的"逐词译码"，而是阅读者根据所读材料的话题，借助于存储在大脑中的有关话题的背景知识，运用概念能

力，对所读材料进行不断的"预测""推断""验证""修改"这样一个积极主动的心理过程。阅读理解是阅读者的"概念能力""背景知识"和"加工策略"（指阅读者所掌握的语言知识和阅读技巧）这三方面相互作用的结果。"概念能力""背景知识"和"加工策略"构成了"理解三角"。我们以往阅读理解训练中存在的大量弊端是没有充分发挥智力和背景知识在阅读理解中的作用。"理解三角"中有两个角基本闲着。对"加工策略"这个角中最为重要的内容——语篇分析理解能力也缺乏研究，仅在语言知识上下功夫，当然无法从根本上培养阅读能力，提高理解效率。明确了阅读理解的心理过程，就必须依据此过程建立正确的阅读理解模式，即"抓住话题，调出内存，把握文脉，推断验证"。

构成语篇的一个先决条件是要有明确的话题。话题是纲，纲举目张，在阅读过程中围绕话题，抓住文中的关键词语，不断对文章的内容进行预测、推断、验证、修改，理解便会顺利得多。更为重要的是，抓住话题，调出内存后，文章中的已知信息增加了，不仅减少了理解的难度，而且会使我们对所读的内容产生亲切感，建立阅读理解的心理优势。

2.提高语篇分析能力

所谓语篇分析理解能力，就是领悟语篇的构成，以及词汇、语法、关联词语在衔接语篇中的作用的能力。首先要通过扫读短文，抓住关键词语和各种语篇衔接手段以把握篇章脉络，即文脉。把握文脉要注意以下几点：

研究语篇衔接的词汇手段

语篇并非词语、句子的简单堆砌，而是词语、句子围绕话题有组织的排列。叙述一个话题，总少不了某些相关词语。如上面那篇谈感冒的短文，少不了catch colds, sneeze, catch a chill, buy medicines, clear one's head, ease one's pains, doctors, cures等词语。共同出现在语篇中的词语交织出语篇的脉络或"纹理"。它们好像是到达目的地的"终点"，抓住这些关键词语，揣摩它们之间的语义联系，是把握文脉的最简单可行的方法。

还应注意语篇中同义词、近义词、同类词和反义词的使用。如在上一篇中，cold与chill, illness与disease都属于同义词，而后一组又是前一组的上义词（即具有概括意义的词）。在同一语篇中使用同义词、近义词和上义词，既避免了不必要的重复，又使表达更为准确，还可以保证语篇意义连贯。

反义词也是衔接语篇的重要词汇手段。如上文中的most（people）与（lucky）few, three colds every year 与never catch colds等词语便构成了反义对照。注意这一点，有助于从根本上把握语篇的结构。

要抓住语篇中词语之间的照应关系。出现于同一语篇中的词语经常是相互预示、照应的。前面的词语经常为后面的词语提供同现的条件或前提。而后面的词语常常照应、解释、补充、归纳前面的词语。如上文中cold的出现，便依次为suffer, linger, miss work, sneeze, the economy catches a chill, seek relief, buy medicine, clear one's head, ease one's pain, doctors, find practical cure 等词语创造了在语篇中同现的条件或前提，这有助于我们在阅读中不断根据上下文预测、推断，从而保证阅读过程迅速而流畅。

要注意指代、替代、省略、重复等语法或修辞手段。它们都是语篇衔接手段，也是把握文脉的重要线索，如上文中用了三个this以指示照应表示意义的承接或引申。

重视语法的语篇衔接作用

语法也是衔接语篇的重要手段之一。小到冠词a 或the ，大到各种主从复合句，都在语篇中起着重要作用。其中最值得重视的有以下几项：

A. 动词时态

动词时态从时间和动作发生的方式两方面交织出事件发展的过程，尤其在记叙文体中对于把握文脉作用更大。如现在进行时常用来表示说话时或现阶段动作的进行或过程的进展；一般现在时表示经常发生的动作或状态：一般过去时表示说话前发生的动作或状态，与现在没有联系；过去进行时经常用来交代故事发生的背景。完成时态多表示一种"联系意义"，现在完成时把过去发生的动作或存在的状态与现在的情况联系在一起，旨在说明现在；过去完成时把"较早的过去"与"较晚的过去"联系在一起，用来强调动作的先后关系，常说明因果关系。另外一般过去时、过去进行时和过去完成时还常用于追述或回忆。

由于汉语中的动词没有明确的时态变化，加上我们学习时态时往往仅在单句层面上进行，致使我们对动词时态的表意功能和在语篇衔接中的作用缺乏了解。

B. 主从复合句

主从复合句可以把语篇中句与句之间的关系表达得更明确，衔接得更紧密。如上面那篇短文中便使用了if连接的条件状语从句，although连接的让步状语从句，that引导的宾语从句，when连接的时间状语从句，以及which引导的定语从句。

近年来的高考阅读理解短文的句子结构越来越复杂，不少考生在阅读中抓不住头绪。因此对于各种主从复合句的意义和用法必须认真学习、熟练掌握。要以从属连词以及关系代词、关系副词为线索，明确各种主从复合句的结构与用法，这对于提高语篇分析理解能力，加快阅读速度都十分重要。

C. 非谓语动词

非谓语动词包括动词不定式、现在分词和过去分词以及动名词短语。英语中谓语动词的使用率要比汉语低，次要的动作常用非谓语动词来表示，以保证主次分明。不少非谓语动词短语的作用相当于一个从句，适当使用非谓语动词短语可以使语篇结构紧凑、简练。如上文中的each lingering three to ten days 这一现在分词短语，把感冒缠人的烦恼描写得非常形象。Seeking relief这一现在分词短语，all others combined 这个过去分词短语，以及to clear our heads and ease our pains 这一对动词不定式短语，都使文章结构更加紧凑、简洁。

以上提到的三项都是英语语法中的重点与难点，而且这些语法项目离开语篇很难被真正理解、掌握。在语篇训练，尤其是阅读训练中进一步学习和巩固这类语法项目，可以收到"一石二鸟"的效果。

发挥连接词语的篇章纽带作用。

连接词语包括并列连词以及起连接作用的词或短语。在上面的短文中，用and表示意义的引申，用but 表示转折，此外还有表示转折的however, in fact, as a matter of fact；表示例举的for example, for instance；表示解释的or, that is to say, in other words；表示总结的in a word, in short, to sum up；表示结果的so, as a result等连接词语在语篇中也经常出现。它们不仅起着篇章纽带的作用，而且是领悟语篇内各语段之间的语义联系的逻辑符号，可以帮助我们把握文脉，加快阅读速度。

学会从以上几个方面对文章的结构和意义加以分析，就能使我们对文章的理解由表及里，由浅入深，由现象到本质，由局部到整体。这样做，会把理解三角中概念能力、背景知识和加工策略这三个方面全面激活，从而大大提高阅读理解的效率。这便是当代语言学理论研究中的一个重要课题——语篇分析，它也是高考阅读理解命题的理论依据。这一理论乍看起来有些深奥，但通过阅读理解训练不断领会，便不难掌握。

3. 熟悉NMET阅读理解题的命题方法

NMET是现代语言学理论研究成果在英语测试中的运用。阅读理解题的测试要求、命题原则、命题方法，体现了阅读理解的基本要求，为阅读理解指明了方向。

首先要了解阅读理解的命题方法。从解题方法上来区分，NMET阅读理解主要分为以下几类：

直接解答题。这类题的答案可以在文中直接找到，主要考查考生通过扫读直接获取信息的能力。在NMET阅读理解题中属于低难度题，近年来呈下降趋势。在考查考生通过扫读获取信息能力时还时常使用。

词句理解题。这类题主要考查考生对短文重要词句，尤其是对说明文章主旨大意的关键词句的准确理解。命题方法多采用同义转换。词句理解题是NMET阅读理解题中最基本的题型，约占阅读理解题总数的一半以上。

归纳概括题。这类题主要考查考生预读筛选、提炼信息、形成概念、得出结论的能力。如归纳段意或全篇的主旨大意，有时采取为短文选择最佳标题的方式。在NMET阅读理解题中属于中上难度的题，约占阅读总量的三分之一左右。解答这一类题要根据短文的文体特点，明确主题句的位置。应用文体的文章，如新闻报道、广告、说明书、科普文章等，其主题句一般在文章或段落的首句，有时也在末句，以对文章的主旨大意进行归纳。记叙文的主旨大意常需要读完文章之后才能归纳出来。明确各种文体短文的主题句的位置，解答归纳概括题的速度就会快很多。

推理判断题。这类题主要考查考生根据已知信息以及语篇的内在联系去发掘、开拓文中没说出来的意思。包括作者的态度、意图等。这是NMET 阅读理解题中难度较高的题型。通常占总题数的15%—30% 之间。近年来这类题的比例和难度均有所下降。另外NMET阅读理解题中经常出现根据上下文推断词义，这类题也属于这种题型。

解答占NMET阅读理解题总数一半以上的词句理解题时，要在扫读全文，了解全文主旨大意和主要信息分布的基础上，认真研究试题及其选项，然后到短文中找到相关词句。正确的答案一定是相关词句的同义表达形式。

解答难度较高的推理判断题时最主要的心理偏差是把推理判断当成主观臆断。推理判断题的正确答案虽然无法从短文中直接找到，但是短文中一定提供了支持这种判断的依据。阅读者必须迅速、准确地找到这种依据，然后根据有关话题的背景知识，做出合乎逻辑的判断。考生做这类题容易犯的错误一是脱离短文的内容，二是违背一般人的思维逻辑，致使推理判断变成了主观臆断。

4. 促进语言基础知识和阅读能力之间的正迁移

培养阅读理解能力要注意防止两种倾向：一是前面说过的违背阅读理解的心理过程，忽视智力和背景知识在阅读理解中的作用，仅在语言知识上下功夫。这是影响阅读理解能力提高的主要倾向。另一方面，我们也应该注意防止忽视语言基础知识的作用，空谈培养阅读理解能力的不良倾向。

语言学家在研究阅读理解的心理过程中发现：阅读理解是一种信息处理和方法处理同步运作（即破译语言编码以获取信息）的心理过程。较高的思维能力、较丰富的背景知识以及较扎实的词汇语法等语言知识对于提高阅读理解能力同样重要。

目前随着NMET阅读理解题以及高中英语新教材中阅读量的增大，掌握阅读技巧和策略越来越被重视，但如何从词汇、句型、语法等语言基础知识抓起，扎扎实实地培养阅读理解能力这一关键问题，尚未引起师生们应有的重视。培养阅读理解能力不能靠灵丹妙药，不能走捷径，必须扎扎实实打基础，促进语言基础知识和阅读理解能力之间的正迁移。为此，必须抓好以下基础训练：

① 词汇训练

不掌握一定的词汇量是无法提高阅读理解能力的。近年来存在一种不良倾向——过分强调推断词义。这种做法对英语学习，尤其是提高阅读理解能力危害极大。还是应该强调正确使用词典，尽可能多地掌握一词多义、词组、搭配和习语。

对一词多义掌握的程度是衡量一个人语言水平的重要标准之一。英语中越是常用的词，词义越多，因此也就越容易被误解。如Father was reading in his study when he heard a loud noise .一句中的study在这里作"书房"解。如果不知道这一义项，便很难准确理解这句话的意思。如前所述，根据上下文推断词义（尤其是多义词在上下文中的确切意义）是NMET阅读理解题的测试要求之一，在词汇学习中对此必须密切注意。

要结合词组、短语、搭配和句子掌握一词多义。如state一词在the three states of matter 和 be in a good state 中表示"状态"，在Party and state leaders 中表示"国家"，在the northern states of the USA 中表示"州"。对于这类多义词，必须结合词组、短语、搭配、句子学习才能掌握。

多义词各不同义项之间经常存在着这样一种内在联系：次要意义围绕着主要意义呈"辐射状"排列。多义词的次要意义是其基本词义在不同的上下文中，借助不同的搭配衍生、演变而来的。如head一词，在 the head of a walking stick, the head of a nail 等中是"顶部"的意思；在the head of a page, the head of a bed 中表示"上端"；在the head of state 中作"首脑，首长"解；在the head of the river中的意思是"源头，源泉"；在 use your head 中表示"头脑，才智"……它的词义还有很多，但万变不离其宗，都与其中心词义"头"有密切联系。在词汇学习中注意分析多义词的主要意义与次要意义、中心词义与衍生词义之间的内在联系，养成以其基本词义为"根目录"，以其衍生意义为"子目录"，借助词组、短语搭配成句子，将多义词各主要意义在大脑中作有序排列，会大大提高词汇学习的效率，并有助于培养阅读理解能力。

要学会根据话题或功能归纳学过的词语、搭配。在前面我们已经说过：叙述同一个话题，总是离不开某些词组、短语、搭配。这些词组、短语、搭配围绕话题构成了一个"词汇套"。在平日学习中我们要善于对学过的词语进行归纳，使之进入我们的心理语言系统。我们在阅读或写作中一见到某一话题，头脑中就自然浮现出一系列相关词语，这样会大大提高阅读和写作的效率。

②语法训练

前面我们已经谈到语法手段，如动词时态、非谓语动词、连词，以及替代、重复、省略等在语篇衔接中的作用，其实语法在阅读理解中的作用远不仅于此。

阅读理解的理论和实践都证明了这样一点：人们在理解过程中，实际上并不需要逐词逐句"尽收眼底"。熟练的阅读者往往抓住一句话中的关键词语即可领悟其义。如 It is already made clear that everyone should do his best.一句，抓住 made clear, everyone, do, best 等几个词语，句子的意思便不难理解。这种句式识别能力对于提高阅读理解速度非常重要。不少同学读不懂结构较复杂的文章，除了思维能力和背景知识方面欠缺外，很重要的原因之一就是缺乏这种句式识别能力。提高句式识别能力首先要从动词的五种基本句型抓起。英语中的句子千变万化，但归根结底离不开动词的五种基本句型。这五种基本句型是：

A.主语+谓语（He lives alone.）

B.主语+谓语+宾语（I teach English.）

C.主语+谓语+间接宾语+直接宾语（He gave me some good advice.）

D.主语+谓语+宾语+宾语补足语（His success made his parents proud of him.）

E.主语+系动词+表语（She is a nurse.）

这五种基本句型揭示了英语句子的基本语义和结构模式。如"主、系、表"句型主要说明人或事物的性质或状态，即"是什么"或"怎么样"。"主、谓、间宾、直宾"句型代表性语义模式是"给某人某物"。"主、谓、宾、宾补"句型多表示"认为某人（某物）如何"或"使某人（某物）怎么样"。由于可以用于后三种基本句型中的动词数量毕竟有限，所以识别这些句型，可以帮助我们快速理解句子的意义。

另外几种常用句式有：

A.强调句式：It +be+ ... that ...

B.倒装句式：Never has he met such an interesting person.

C.真实主语或宾语后置

It is never too late to learn.

It was a pity that you missed such a good movie.

I find it necessary to improve my English.

诸如此类的常用句式还有很多。

在识别句式的基础上，要学会在最短的时间内捕捉句式中的关键词并进行语义编码。如理解 It was his poor health that really worried me.一句时，应尽快捕捉health worried me 这几个关键词。这样既能加快阅读速度，又能巩固、深化语言基础知识。

③ 语篇训练

语篇训练是提高阅读理解能力的根本途径。语篇训练应坚持"精读、泛读并举"的原则。

要充分发挥精读的指导作用。要选择难度适宜，可读性强的文章，运用前面提到的语篇分析方法进行精处理，从宏观（语篇结构）到微观（词汇、语法和关联词语在语篇衔接中的作用）的结合上掌握阅读理解策略，并以此指导泛读。目前在阅读训练中过分强调阅读量和阅读速度，忽视精读的指导作用的倾向值得警惕。

泛读是培养和提高阅读理解能力的基本保证。只有通过大量的阅读才能夯实基础，培养能力。各种题材、文体的文章都要多读一些，以拓宽知识面，积累足够的知识背景。泛读以获取信息为主，对所读材料不必加工过细，但也不应忽视语言知识。在阅读训练中应遵循前面提到的"'词''语''句''文'的双向循环"的原则。要养成这样的习惯：在理解所读材料的基础上，注意其中的词汇、句型、语法的意义与用法，真正做到"开卷有益"。

语言学习有规律，但无捷径。只有遵循阅读理解的规律，采用正确的方法勤学苦练，才能真正学好语言，培养、提高阅读理解能力尤其如此。提高阅读理解能力的重要意义不仅在阅读理解本身，而且也为提高"听""说""写"的能力打下了基础。

④ 抓好听说读写综合训练

"听、说、读、写"能力是中学英语教学大纲对中学英语教学的基本要求，也是学习和掌握英语的必要途径。

"听"和"读"属于"输入"，"说"和"写"属于"输出"。加强"听""读"训练是提高"说""写"能力的基本保证。

必须重视听力训练。当前和今后的形势发展对听力理解能力提出了更高的要求。听力训练的重要性我们在前面已经讲过，这里只简要说一说训练中应注意的问题。

首先要发音正确。听不懂英美人讲的英语与我们自己不能识别标准的英语语音语调有很大关系。

要特别注意句子重音。在话语中单词的发音与词典或词汇表上的注音不尽相同，有的词重读，有的词连读，有时发生音变。有些材料听不懂，并不完全是语言上的问题，不熟悉上述情况，常常是听不懂的重要原因之一。因此，提高听力要加强重读、弱读、连读、意群、节奏等朗读技巧方面的训练。

要把听和读结合起来。确实听不懂时，可以对照文字材料分析原因，然后再听，慢慢就会感到"耳顺"。

要尽量模仿本族语人的语音、语调、语速和节奏，把听与朗读、背诵结合起来。只有坚持模仿、练习，才能保证听得明白，说得地道。

练习听力时要努力克服心理障碍。听不懂不要发慌，不要老是想着没听清的那个词或那句话，要抓住话题，利用背景知识，一边听一边积极地预测、推断、验证。要注意抓所听材料的主旨大意和关键信息，不要在枝节上过多纠缠。

练英语口语首先必须克服害羞，怕出错心理。其实与不少非英语国家的人相比，我们中国人学习语言的天赋很高。我们往往过于追求"完美"，不敢开口。实际上英语国家的人对非英语国家的人所讲的英语往往采取很宽容的态度。只要明白你的意思，它们不会在乎你的语音、语调、用词和语法方面的错误。因此，不论课上课下都要大胆开口讲英语。同时要利用一切可能的机会，如"英语角""英语日"，以及与外国朋友交往等。实在没机会，可以"自言自语"。口语是练出来的，闭着嘴只能学到"哑巴英语"。

英国著名哲学家培根曾经说过："Writing makes an exact man（写作使人精确）"。写作能力既是一种重要的表达能力，又是巩固、深化语言知识，训练思维能力的必要方式。

要坚持写。一开始不必追求长度或文采。要从听、读中汲取营养，尽量把学到的词语、句式用上，要养成用所学的语言知识监控表达的习惯。

在写作训练中，既要注意遣词造句，更要重视布局谋篇。首先要明确写作目的，围绕文章的主旨大意，考虑要点。务必克服"逐词硬译"的不良习惯。尤其对汉语中一些惯用词语的意思要再三理解，然后考虑在英语中如何准确表达。要点想好了以后还要考虑文章的结构和前后衔接，以保证结构完整，意思连贯。

抓好"听""说""读""写"的综合训练有利于提高英语学习的效率。可采取以下步骤：

（1）从《新概念英语》这类书中选择一篇难度适宜的短文，先听短文的录音1至2遍，着重抓主旨大意和重要信息，同时记下重要的词语。

（2）根据短文的主旨大意和所记录的词语复述短文的内容，然后缩写短文。

（3）对照文字材料，看看自己复述或缩写时漏掉了哪些必要情节，哪些地方理解有误，并从词汇、短语的意义和语法等方面分析原因。

（4）重新阅读短文，对照自己的缩写，研究原文在布局谋篇和遣词造句等方面的可取之处，可以运用学过的知识，采用简化或扩展等同义转换方式改写原文。

（5）找出短文中重要的词汇、短语、句型和语法现象，结合词典等工具书，认真研究，加以归纳总结，并做造句等巩固性练习。

综合训练可分四步走：

第一步是借助听力理解练习，克服"逐词译码"的不良阅读习惯，训练并掌握"抓住话题，调出内存，预测推断，验证修改"这一正确的阅读理解模式。

第二步既是对听力理解的检查，也是一种写作练习。这种缩写不应（也不可能）是对短文内容的简单重复，而要求抓住短文的主旨大意和留在记忆中的关键信息，借助记录下来的词语，写出短文的梗概。由于只是听过一二遍，所以写的时候必须在结构和词语使用上多加考虑。这样既提高了布局谋篇和遣词造句的能力，同时也容易暴露我们在这两方面存在的问题，为进行下一步做好准备。

三四两步实际上是对原文的"研读"。目的是发现原文中值得借鉴之处，并找出自己的差距。通过这种对照，既有助于对原文宏观结构的把握，又可以巩固词汇、短语、句型、语法等语言知识，再加上最后一步巩固性练习，就构成了一种全方位、高效率的听、说、读、写综合训练。

后　记

于正平

那天雨后，一只蜘蛛沿墙向着支离破碎的网艰难地爬去。由于墙壁湿滑，它爬着爬着，爬高一点就跌落了下来。可它一次次地跌落，又一次次地攀爬……

这情景，第一个人看到了，他叹了口气自言自语道："我的一生正如这只蜘蛛，忙忙碌碌而一无所得。"从此，他更加消沉了。

第二个人看到了，说："这只蜘蛛真愚蠢，何不从旁边干燥处绕一下爬上去？"于是他变得聪明起来。

第三个人看到了，他被蜘蛛屡败屡战的劲头深深感动。他此后变得坚强起来。

三个人见同一景象竟是三种心态。消极的可以葬送前途，积极的可以改变命运。

凡有成功心态者，处处时时都能感受到成功的力量，而教育的功能恰恰就在这里，教学的艺术恰恰也在这里。

不可讳言，现在一些学生的心态令人担忧：有的失去了梦想和激情，变得麻木、呆板；有的失去了积极的人生态度，变得消极、沉重；有的失去了天真、乐观向上的品质，变得少年老成；有的失去了良好的学习习惯和动力，把读书视为苦差事，不一而足。教育是培养有高度科学文化素养和人文素养的人，它关系到国家的兴衰和社会的发展，这就是要进行基础教育课程改革的缘由了。

基础教育课程改革已施行十余年，可在观念上我们老师改变了什么，教法上又改变了多少？须知，我们面对的是新世纪的有思维、有个性、有丰富内心情感的活生生的人。确实，我们不能再用20世纪的老观念、老办法继续以灌输、填鸭、训斥为手段，来禁锢学生的活跃思维，使之唯唯诺诺而不敢越雷池一步了。

基础教育课程改革是以"一切为了学生的发展"为核心理念的，这就从根本上颠覆了教育方式的习惯性思维。基础教育课程改革要求我们再不能以扼杀学生的天性和个性为代价，再不能以空耗学生的精力大搞题海战术为"法宝"，再不能割断知识的系统性以"春天捅一棍，秋天吃一顿"的零打碎敲为模式，再不能以依纲靠本、照猫画虎、因循守旧为教学常态。不更新教育理念，就不能适应瞬息万变的互联网时代，就不能驾驭崭新的、内容丰富的教育活动。

我们的教师应当成为教育的探索者、研究者、心灵的雕琢者。我们面临的课题是严峻的：如何让学生主动参与、勤于动手、乐于探究；如何让学生具有搜集和处理信息、获取新知识的能力；如何让学生具有分析和解决问题的能力；如何让学生具有交流合作的能力，等等，这一切都是我们亟待解决的。

为此，我们必须唤起学生的内驱力。唤起内驱力是教学的关键一步，因为它是学生求知的强大引擎。我们三十年前创立的风靡全国的"学案学法"正是以调动内驱力，以达到学生"自己动手、丰衣足食"为目的的。激发学生的创造力，挖掘学生的潜能，焕发学生的多彩个性，这是教育者的崇高使命。

我国南方有一种毛竹，在生命里的最初四年它只有3—4厘米高，呆呆的几乎没有明显的生长痕迹，岂不知它此刻正在全力壮大自己的根系呢。四年过后的毛竹，竟以每天近三十厘米的速度急速生长，六周内就神奇地长到二十多米高。

毛竹创造了生长的奇迹。何也？毛竹是用由内向外的内驱力来对抗外界的一切阻挠，以积极向上的姿态去攀爬成长过程中的一个个险峰。

无疑，发扬毛竹精神，会让莘莘学子寻找到最好的自己，会让大大小小的一切的一切由不可能变为可能。

2017年春